LA TRANSMIGRATION DES AMES

ET L'ÉVOLUTION INDÉFINIE DE LA VIE AU SEIN DE L'UNIVERS

PAR

VICTOR GIRARD

PARIS
LIBRAIRIE ACADÉMIQUE DIDIER
PERRIN ET Cie, LIBRAIRES-ÉDITEURS

Tous droits réservés.

LA
TRANSMIGRATION
DES AMES

ET L'ÉVOLUTION INDÉFINIE DE LA VIE
AU SEIN DE L'UNIVERS

LA TRANSMIGRATION

DES AMES

ET L'ÉVOLUTION INDÉFINIE DE LA VIE AU SEIN DE L'UNIVERS

DU MÊME AUTEUR

EN PRÉPARATION

Le Génie moderne et les grandes religions de la terre, au point de vue de la civilisation générale.

LA TRANSMIGRATION DES ÂMES

ET L'ÉVOLUTION INDÉFINIE DE LA VIE AU SEIN DE L'UNIVERS

PAR

VICTOR GIRARD

PARIS
LIBRAIRIE ACADÉMIQUE DIDIER
PERRIN ET Cie, LIBRAIRES-ÉDITEURS
35, QUAI DES GRANDS-AUGUSTINS, 35

Tous droits réservés.

LIVRE I

DESTINÉE EXTRA-TERRESTRE DE L'HUMANITÉ

I

ÉVOLUTION DES IDÉES. — INSUFFISANCE DES CROYANCES RELIGIEUSES DU PASSÉ. — RELIGION DE L'AVENIR.

Les symboles de l'enfance des peuples, les mythes du passé, les dogmes, les croyances des religions antiques, les mœurs, les institutions, tout tend de nos jours à se transformer ou à disparaître pour faire place aux conquêtes définitives de la science, de la raison et de la conscience humaine rectifiée par sa culture morale et agrandie par le progrès incessant des idées.

Au sein de ces transformations continues qui ont si souvent changé la physionomie des siècles, il est néanmoins une conception grandiose, qui a survécu à toutes les révolutions morales de ce monde et qui nous semble conforme au développement progressif et indéfini de l'humanité dans ses inexprimables élans vers la réalisation de ses aspirations les plus splendides, et de son idéal le plus élevé. Nous voulons parler de la préexistence de notre personnalité morale et de ses renaissances au sein de la vie universelle et éternelle des êtres animés. De toutes les manifestations de l'idée religieuse sur la terre, celle-ci est la seule qui puisse nous donner la solution des problèmes les plus redoutables qui s'agitent parmi les hommes en même temps que l'explication des grandes énigmes de la création.

Cette conception, si naturelle et si consolante de la destinée de l'homme au sein de l'infini n'est point un idéal perdu dans les vaines spéculations de la pensée, ni une fantaisie de l'esprit à la recherche du merveilleux, mais l'expression d'une loi morale qui domine tous les événements de la vie. Sans doute, dans l'état où elle nous a été transmise par l'antiquité, cette conception ne saurait répondre aux besoins de l'âme moderne qui, ballotée, de croyance en croyance, ne sait sur quelle mer jeter l'ancre de salut; aussi avons-nous consacré tous nos soins à la dégager des idées grossières et puériles, qui en altérèrent dans le passé le véritable esprit et à substituer aux indications vagues, incomplètes et souvent contradictoires que nous possédons, une théorie philosophique digne de notre époque, et capable de satisfaire les intelligences les plus élevées.

L'indifférence et le doute ont, depuis longtemps, remplacé cette naïve confiance dans la foi du passé qui soutenait nos ancêtres aux heures de découragement, mais le doute et l'indifférence ne sont que des faits transitoires dans le développement de l'idéal religieux que poursuivent les peuples, car le problème de la destinée humaine est un de ceux qui se posent éternellement à notre curiosité et malgré tant de tentatives sans résultat et toutes les réponses équivoques des philosophies et des religions, nous voulons quand même savoir ce que nous étions avant cette existence, ce que nous deviendrons après le dernier jour de la vie, ce qu'il y a avant la naissance et ce qui existe après la mort; est-ce le néant absolu, est-ce l'éternelle vie?

Cette doctrine, comme toutes celles qui ont existé, a eu et aura dans l'avenir des adversaires systématiques, des intelligences hostiles, indifférentes ou intéressées à la combattre, nous ne nous faisons aucune illusion à cet égard; mais il en fut presque toujours de même des plus sublimes conquêtes du génie et nous savons que la plupart des vérités supérieures, qui honorent le plus l'humanité furent, jusqu'à leur triomphe définitif, accueillies par l'ironie et le mépris; considérées comme de chimériques visions ou réléguées parmi les mythes enfantins, les fictions ou les utopies les plus insensées. Le progrès est habitué à faire ainsi son entrée dans l'histoire, maudit par le passé qu'il dérange ou détruit, mais béni par l'avenir qu'il féconde et transfigure.

Toujours debout sur les grandes cimes de l'idéal,

l'Esprit humain, qu'il soit poussé par les brises favorables ou soulevé par la tempête qui gronde autour de lui n'en déploie pas moins ses ailes, pour s'élancer en avant du côté où resplendit sa vision immortelle.

MISÈRES ET SPLENDEURS DE LA DESTINÉE.

Jeté sur cette terre sans ressources, sans appui, l'homme ne pourrait y vivre un seul instant sans le secours de ses semblables et à mesure qu'il avance dans la vie, tout ce qui l'entoure le rappelle sans cesse au sentiment de son impuissance et de sa fragilité, et, pourtant les pensées les plus audacieuses le tourmentent sans repos pendant sa courte existence ici-bas. Il embrasse l'éternité dans ses rêves et l'infini dans ses vœux, il arrange dans le lointain avenir, pour ses fils et les fils de ses fils de brillantes destinées quand la mort vient le visiter au milieu de ses projets et de ses espérances éphémères.

Si tout devait se borner, pour lui, aux choses de ce monde, il se laisserait aller au désespoir et accablé sous le poids de ses infortunes et de ses déceptions, il passerait sa vie à maudire sa destinée. Mais un autre sentiment, celui de sa puissance morale et intellectuelle le pousse sans cesse vers les hautes régions de la pensée. Il espère que son départ d'ici-bas n'est pas une descente vers la nuit et le néant, mais une montée vers la lumière et la vie ; il sait qu'il possède une souveraineté incontestée sur tous les êtres de la création et que c'est grâce à lui que la nature soumise et domptée par son génie offre, en souriant à l'humanité triomphante, les trésors infinis cachés dans son sein.

L'homme, il est vrai, ne peut mettre en œuvre que les forces que lui fournit la nature et dans un grand nombre de circonstances il ne saurait entrer en lutte avec elle, mais il a pour lui le rayon divin de l'intelligence qui centuple son action et lui permet de remporter sur elle d'éclatantes revanches. Sans doute il ne peut point faire jaillir de terre des montagnes gigantesques, telles que les Alpes ou l'Himalaya, ni des torrents enflammés d'un volcan, il ne peut déchaîner les tempêtes, ni soulever les flots de la mer et les roulements du tonnerre n'obéissent point à sa puissance ; mais, il crée les merveilles de Babylone, les magnificences de Thèbes et de Ninive ; il bâtit les pyramides d'Égypte ; il construit l'Acropole et le Parthénon d'Athènes, le Colysée et Saint-Pierre de Rome ; il perce le Mont-Cenis et creuse sous les flots de l'Océan un tunnel qui semble le défi de l'industrie moderne jeté à l'impossible ; il entoure le globe d'un fil métallique et, à l'aide de ce simple fil, un messager mystérieux fait instantanément connaître sa pensée à l'extrémité du monde ; bientôt des flottes aériennes planeront sur nos têtes dans l'immensité de l'espace. Là, ne s'arrête point son génie : l'homme, enfin sculpte pour l'éternité dans les Vénus de son amour, le type de la beauté idéale : il fait revivre sur la toile des formes impérissables, devant lesquelles les générations passent et s'inclinent avec respect, il étend quelques cordes sur un morceau de bois et avec un archet, il plonge dans des joies extatiques et dans un ravissement que les langues humaines n'exprimeront jamais ; il jette quelques caractères sur une feuille de papier et cela lui suffit pour immortaliser ce qu'il aime, ce qu'il chante ou ce qu'il pleure ! Il lève son front vers les cieux étoilés et du regard et de la pensée, il salue avec ivresse toutes les splendeurs de l'infini.

Oh ! je voudrais revivre sur cette terre dans mille ans. Que de révélations la science fera d'ici là, quelles surprises réserve à ceux qui nous suivront, l'électricité, cette âme inconsciente de l'univers matériel, que de transformations dans la vie des peuples ? La sphère du bien toujours agrandie, l'empire du mal diminué jusqu'à sa disparition. C'est aux penseurs d'élite qu'il appartient d'élever les masses au pressentiment de ces grandes choses, car le génie seul sait donner à la conversation même la plus familière un caractère élevé. Aux fantaisies puériles, aux banalités de la vie, il sait mêler les plus grands problèmes de la destinée de l'homme sur la terre, au milieu des entretiens les plus frivoles, il fait revivre les grandes tragédies de l'histoire, aux petites personnalités d'un jour, il oppose les types éternels de notre admiration, au-dessus de la Patrie que nous aimons tous, mais qui n'est qu'une abstraction magnifique et passagère, et dont l'amour s'arrête aux frontières apparaît l'humanité, la patrie universelle de tout ce qui vit et pense.

L'avenir flamboyant, se montre à nous tout illuminé d'espérances et de rêves sublimes. Les guerres, les désordres, les misères effarées, disparaîtront sous le grand ciel étoilé; les maladies elles-mêmes après avoir décimé les vivants seront exterminées à leur tour; presque inoffensives à leur origine elles atteignent dans la suite une intensité épouvantable, puis s'éteignent comme les générations dans leur décrépitude et leur vieillesse. Un grand nombre d'elles et des plus terribles n'existent plus ou sont sur leur déclin. La science dans sa merveilleuse ascension leur signifiera leur ordre de départ, un jour elle les conduira toutes au néant, à l'oubli vengeur.

Cette évolution incessante vers le mieux ne s'arrête ni à notre planète, ni aux phénomènes physiques et intellectuels qui tombent sous nos sens : elle est la loi de tous les mondes, elle dirige l'esprit depuis les notions les plus élémentaires de la connaissance jusqu'aux plus hautes conceptions du génie; elle préside à l'extension de la vie, agrandit sans cesse sa durée depuis l'existence qui disparaît après quelques secondes jusqu'à celles qui persiste jusqu'à l'immortalité.

Comment se fait-il que d'aussi brillantes perspectives ne puissent suffire à l'homme, pourquoi ce souverain actuel de l'univers, qui sera peut-être un jour remplacé sur la terre par un être plus parfait que lui, a-t-il toujours ses regards inquiets tournés vers ce monde ou levés vers les blondes étoiles? Que cherche-t-il ici-bas? les traces fugitives d'un bonheur rêvé ou évanoui? Qu'espère-t-il trouver dans la contemplation des mondes qui constellent la splendeur de ses nuits? Pourquoi dans ses épreuves comme dans ses félicités les plus enviées a-t-il l'âme triste et le cœur toujours saignant? Pourquoi parmi les joies terrestres n'en est-il aucune qui puisse le consoler? Ah! c'est qu'il sent que de toutes les œuvres que son génie léguera à la postérité et qui font l'admiration des contemporains, aucune ne peut le satisfaire et que rien ne saurait combler ses vœux ici-bas. Il pense à l'avenir, il pense à la mort, et en présence de cet inconnu formidable son cœur se remplit d'une indicible émotion; il veut enfin connaître les lois mystérieuses qui président à l'universelle vie; il veut savoir d'où il vient, où il va, ce que deviennent ses morts bien-aimés quand ils sont enlevés à ses brûlantes tendresses; de là ses inexprimables mélancolies et son ardente curiosité pour tout ce qui lui parle de ces sublimes mystères.

Qu'il se console, ils revivront ceux qu'il a connus et aimés, nous retrouverons un jour quelque part toutes ces idéales figures enfantines dont le doux sourire et l'innocence ravie remplirent toute maison de joie; la jeune fille qui fit éclore le ciel dans le cœur de l'adolescent, la jeune épouse qui apporta la joie infinie parmi les tristesses de la terre ; pères, mères, frères, sœurs et amis. Tout ce que les yeux ont contemplé, tout ce que le cœur a aimé revivra. Douce espérance, touchante illusion, dont rit le sceptique ou l'esprit fort, c'est-à-dire, l'esprit faible et borné, mais qui trouble les plus grands génies, pourquoi ne seriez-vous pas une suprême certitude?

III

L'AME ET LE CORPS AU SEIN DU TEMPS ET DE L'ESPACE.
NÉCESSITÉ D'UNE VARIÉTÉ INFINIE D'EXISTENCES.

Quelle mystérieuse histoire que celle de l'âme et du corps au sein du temps et de l'immensité ! Histoire étrange faite de sourires et de larmes, de réalités tragiques et de rêves enchantés ; quel livre que la physionomie humaine, quelle main y a tracé tant d'impressions senties, que de transformations et de métamorphoses dans toutes les existences vécues, que de souvenirs éteints, que d'éléments divers empruntés aux milieux toujours changeants où ils se sont développés ?

A tel moment notre corps peut se trouver composé d'atomes ayant appartenu à des sages de l'Inde et de la Grèce, à des courtisanes de Babylone ou d'Athènes, à des animaux féroces ou inoffensifs, à des plantes bienfaisantes ou vénéneuses. Dans les yeux de la beauté rieuse et folle, il peut se trouver des particules d'hydrogène ou de carbone qui firent partie du corps de Jésus ou de Messaline. Ce composé de tant de choses, fournies par la nature vivante ou inanimée, fait de chacun de nous l'une des plus grandes énigmes de la création. Non moins complexe et modifié est l'être intellectuel et moral. Dans les existences qui ont précédé celle-ci, que d'impressions ont laissé en nous les spectacles de la nature; les arts, les civilisations des sociétés que nous avons connues! Que d'amours, d'amitiés, d'antipathies latentes de ce lointain passé? Quelle trace aussi a dû laisser dans l'âme la méditation des œuvres de l'esprit de tous les mondes que nous avons habités? Quiconque lit une œuvre, se l'assimile dans ce qu'elle a de compatible avec sa nature et en subit l'influence salutaire ou néfaste, si à la noblesse des sentiments, à la grandeur des vues, à l'élévation et à l'originalité des pensées se trouvent associées la richesse et la chaleur communicative du style, l'esprit du lecteur sera changé et le sang qui coulera dans ses veines ne sera plus le même, sa postérité aussi sera modifiée, et dans mille ans et pendant l'éternité, l'action continue du livre se retrouvera toujours vivante chez les descendants de cet homme.

Paternité auguste que celle du génie, quelquefois les époux ne font que la statue, tel penseur, qui dort peut-être depuis de longues années dans quelque coin obscur de ce monde l'a animée par ses inspirations immortelles. En tel enfant qui vivra dans plusieurs siècles éclatera l'influence du livre.

Ces destinées diverses, ces situations si variées sont indispensables à la manifestation complète de chaque individualité. Il est juste et logique que l'homme se trouve placé dans des milieux propres à susciter au jour ses facultés, de même que tous les côtés de sa nature. Il serait impossible de le juger d'une manière équitable s'il ne s'était montré sous les aspects infinis dont il est susceptible. Pour bien l'apprécier, il faut qu'il ait été placé dans les conditions nécessaires au développement complet de toutes les aptitudes qui existent virtuellement en lui, que ses instincts, ses aspirations, ses goûts, ses passions, etc., aient pu se produire librement. Votre vie passée dans les austérités de la prière, et les mortifications de la chair a été chaste, c'est bien, mais placé au milieu des séductions de la beauté et vivant dans un monde frivole, que seriez-vous devenu ? Né dans l'indigence, vous avez vécu humble et sans ambition, dans la pratique des devoirs modestes, n'ayant qu'une passion, celle du bien. Né dans l'opulence, peut-être auriez-vous cédé à l'ivresse du pouvoir; oseriez-vous affirmer que les grandeurs et les dignités de ce monde ne vous auraient pas séduit? La destinée a été clémente pour vous, tout vous a souri dans la vie, la mort elle-même a attendu jusqu'au dernier jour pour vous séparer de ce que vous aimiez. Vous avez remercié la Providence d'un bonheur si rare et dans votre reconnaissance vous l'avez glorifiée du fond de votre cœur. Mais si à trente ans, ce Dieu que vous avez adoré vous eût pris votre sainte mère, votre vieux père, votre jeune et belle fiancée, vos chers enfants ; si votre fortune disparue, vous eût fait sentir les tortures de la faim et les angoisses de la misère, qu'auriez-vous fait et qu'auriez-vous été ? Nul ne le sait, et c'est pour le savoir que nous renaissons, c'est pour réaliser nos projets et nos conceptions emportés dans l'inconnu de la mort que nous devons revivre, c'est pour faire de nouvelles expériences de la destinée, pour arriver à des états de plus en plus parfaits que nous revivons.

Riches ou pauvres, nés dans l'opulence ou la misère, auriez-vous été ce que vous avez été si les rôles eussent été intervertis ? La riante espérance en vous berçant de ses douces chimères, vous a montré un avenir que vous n'avez pu atteindre ; cette gloire intellectuelle que vous rêviez à vingt ans, qu'est-elle devenue ? hélas ! vous avez dû y renoncer parce que pour manger un peu de ce pain qui entretient la vie et perpétue vos misères il a fallu donner toutes vos heures au travail du corps.

Vos espérances n'ont point fait naufrage, elles ne sont qu'ajournées ; vous revivrez pour vous purifier ; votre vocation a été brisée, vous la suivrez un jour, de vastes projets sont restés inachevés, ils le seront plus tard ; de blanches, d'ineffables visions, sont descendues avant l'heure dans le sépulcre, emportant votre cœur, vous revivrez ensemble et les siècles passeront en vain sans altérer votre joie d'aimer, car tout ce qui est d'essence divine, comme l'amour, la jeunesse et la beauté, est éternel. Quand l'âme fait ses adieux à ce pauvre corps qui fut son compagnon ici-bas; Dieu la marque à cet instant suprême des reflets de l'immortalité.

Quand dans les dernières années de la vie, nous nous trouvons en possession de cette expérience des hommes et des choses que nous avons tant désirée et pour laquelle nous avons tant travaillé et souffert; un amer regret s'empare de nous, car elle nous semble alors inutile, n'ayant que quelques jours à vivre comment la mettre à profit? de là ce proverbe si connu : Si jeunesse savait, si vieillesse pouvait. Erreur, sans doute, mais excusable chez ceux pour qui la vie présente est tout. Eh bien, non, cette expérience tardive, cause de tant d'amertumes n'a point été acquise inutilement, nous la retrouverons un jour dans les existences qui suivront celle-ci et pourrons nous en servir alors.

Le vieillard au terme de sa vie conçoit de vastes projets, il orne avec soin le séjour qu'il va bientôt quitter, il ne cesse de l'embellir, il sème, plante et crée jusqu'à sa dernière heure, et pourtant il sait qu'il va mourir. Un vague instinct lui dit qu'il ne travaille pas en vain et qu'il peut habiter de nouveau cette terre. Il laisse sa pensée et son œuvre au monde où il a vécu; il en naît des progrès ultérieurs qu'il pourra trouver à son retour et dont il profitera ainsi que ses descendants et leurs contemporains. Enfin quel que soit le monde où il ira revivre, il y trouvera toujours un théâtre pour utiliser son expérience de la terre.

Ce monde ne suffit ni au cœur sans espérance que le vent du malheur ou la perfidie des hommes a glacé, ni aux âmes en perdition qui se sont brisées aux écueils de la vie. Ceux qui désespèrent de tout et qui ont connu le néant des joies et des grandeurs de la terre, comme ceux qui comptent sur l'avenir ne peuvent se contenter de la vie actuelle; de cette vie que personne ne voudrait recommencer et qui pour être acceptée a besoin, pour un grand nombre, d'être soutenue par l'espérance qu'on marche vers un idéal plus élevé, une justice plus parfaite et un bonheur moins précaire.

IV

HYPOTHÈSE ET RÉFUTATION D'UNE EXISTENCE OU D'UNE ÉPREUVE UNIQUE.

L'insuffisance d'une épreuve unique pour réaliser les aspirations du cœur humain, ne saurait faire l'objet d'aucun doute. L'homme le plus modeste, même avec l'existence la plus longue et la mieux remplie ne peut qu'effleurer une très faible partie des objets offerts à son activité.

Quelle idée nous ferions-nous d'un maître qui, ayant à ses gages des serviteurs d'aptitudes différentes, dont le plus grand nombre n'aurait pu s'acquitter d'une manière satisfaisante de la tâche qui lui aurait été confiée, les congédierait en brisant à jamais leur avenir? Il n'y aurait pas assez d'anathèmes pour maudire un pareil tyran. Mais si récompensant non seulement ceux qui ont répondu à son attente, il disait aux autres : L'œuvre que je vous avais confiée a été mal faite, néanmoins je vous garde avec moi, et vous permets de recommencer votre travail ; faites tous vos efforts pour bien vous en acquitter; perfectionnez-vous de plus en plus dans votre métier et vous recevrez selon votre mérite; cette manière de voir ne vous semblerait-elle pas conforme à la justice et ne mériterait-elle pas toutes nos sympathies?

Dans l'hypothèse d'une épreuve unique et décisive, si vous remplissez mal votre mission, votre destinée se trouve brisée d'une manière irrévocable; quelques années mal employées décident de l'éternité. Si au contraire on admet une série d'existences ou d'épreuves où il nous sera permis de recommencer l'œuvre mal comprise ou mal exécutée, nous pourrons mettre à profit l'expérience du passé. Prédestinés au bien et au bonheur, l'arbitre de nos destinées nous accorde les moyens et nous donne le temps pour y parvenir.

La tradition biblique nous montre la perfection à la naissance du monde et l'enseignement de l'Église d'accord avec la tradition mosaïque veut que le bonheur ou l'âge d'or de l'humanité ait existé à l'origine de la création. L'histoire des civilisations primitives nous apprend au contraire que les premiers hommes vécurent dans l'état le plus misérable. L'idéal humain n'est pas un don spontané de la nature ni un fruit du hasard, mais le résultat naturel d'efforts, de luttes, de souffrances séculaires. Ce n'est qu'après une longue suite d'existences consacrées au bien et passées dans l'exercice des facultés supérieures de l'être humain qu'on arrivera à cet idéal. Il faut d'abord vouloir passionnément, car le désir est le premier pas vers la possession des choses et il les crée bien souvent. Une volonté tenace, énergique, inébranlable et constamment tendue vers le même objet opère pour la réalisation de cet objet des miracles inattendus.

Les préjugés religieux et mille motifs intéressés peuvent expliquer la croyance si longtemps admise à une épreuve unique mais quoi qu'on puisse dire il faut des existences qui aient précédé celle-ci pour expliquer les précocités sublimes et les génies enfants.

Il faut des existences avant celle-ci pour comprendre la diversité infinie des aptitudes, des conditions et des instincts.

Il faut de nouvelles existences après celle-ci pour renouer nos amitiés éteintes, nos affections brisées et mener à bien l'œuvre commencée dans ce monde et non terminée à l'heure du départ.

Il faut une croyance en des vies nouvelles pour toutes les espérances déçues, pour toutes les infortunes imméritées, pour tous les dévouements méconnus comme pour tous les sentiments incompris.

Il faut que l'existence se continue sur d'autres mondes pour revivre avec les êtres et les choses que nous avons aimés ici-bas plus que nous-mêmes et afin de conserver dans nos souvenirs d'outre-tombe la sainte image de tout ce qui a fait notre enchantement sur cette terre.

Il faut que le flambeau de la vie se rallume après la mort pour que nous puissions continuer, sous des cieux plus cléments les amours bénies de la terre et afin que nos beaux rêves aux ailes d'or se réalisent un jour.

Il faut que l'existence s'éternise de cieux en cieux pour que la destinée puisse tenir toutes les promesses qu'elle nous fait au matin enchanté de la vie. Il faut que nous renaissions tous un jour quelque part, les justes et les criminels; les victimes et les tyrans, afin que la vertu et le crime n'aient pas le même héritage pour sanction.

Si tout enfin devait se terminer avec notre dernier soupir, Dieu nous aurait trompés!.. Trompés? mais pourquoi cela? Pourquoi aurait-il allumé dans nos âmes cette soif ardente de l'infini qui ne nous abandonne jamais? Pourquoi dès notre enfance ces rêves de l'éternité qui ne nous quittent plus?

Briser la destinée des êtres et les juger après l'unique épreuve de la vie actuelle, c'est briser la lyre du poète lorsqu'il bégaie ses premiers chants et que son génie fait les premiers essais de son instrument divin; c'est étouffer l'enfant dans son berceau et enlever à l'homme l'occasion de se montrer ce qu'il peut devenir.

La vie présente aussi bien dans le domaine des faits positifs que dans celui du mystère est absolument impossible à expliquer et à justifier si on ne veut admettre que nous avons vécu avant notre arrivée sur la terre et que nous vivrons après l'avoir quittée.

Notre idéal terrestre embelli par les fraîches illusions des jours heureux de ce monde, par tous les rêves de la poésie et par toutes les extases du cœur ne peut pas être une hallucination de notre esprit ou une imposture de la Providence. Puisque cet idéal est en nous, il doit avoir sa raison d'être, et cette raison ne peut pas être de ne se réaliser jamais. La justice, la vérité, la sympathie, l'amitié, l'amour, la jeunesse et la beauté ne sont pas des chimères, il faut bien que dans l'avenir ces choses soient sur un astre quelconque des réalités existantes dans leur idéale pureté. Elles pourront disparaître encore, mais pour renaître de nouveau dans les rajeunissements sans fin de la nature éternelle.

Les songes de notre jeunesse comme les méditations de nos derniers jours reportent sans cesse notre pensée vers l'infini, ce pressentiment qui est de tous les siècles et qui existe chez tous les peuples ne peut pas être trompé. Que notre esprit étudie les réalités de le terre ou qu'il s'élève aux plus hautes contemplations des choses célestes, il se trouve toujours dans la nécessité d'admettre, pour l'explication de notre destinée des existences qui ont préparé celle-ci et d'autres existences pour la compléter

V

CONTRADICTIONS DE LA VIE PRÉSENTE. — EXTENSION DE NOS
FACULTÉS DANS L'AVENIR.

Dans le présent, toute vie est un tissu d'inextricables contradictions. Comment en effet concilier des ambitions si vastes avec une vie si incertaine et si fugitive ; des passions si viles avec des pensées si élevées, des connaissances si profondes sur tant de choses futiles avec tant d'ignorance sur les choses les plus graves et qui importent le plus à notre félicité ; un désir si vif et si général d'être heureux avec tant d'obstacles insurmontables à la possession du bonheur ; une aspiration si constante vers la liberté et l'indépendance avec une si grande résignation à la servitude ; un instinct si profond de la vie avec tant de raffinement pour l'abréger ou la détruire et tant de docilité, en temps de guerre, à mourir, pour un homme qu'on n'a jamais vu et pour des motifs qu'on ne connaît presque jamais ?

A peine nés, il faut partir, tourmentés par la

crainte de mourir et de perdre ceux que nous aimons, aucune de nos joies n'est parfaite.

Pour subvenir à nos besoins, il faut travailler et combattre sans repos ; trop heureux encore si pour nous nourrir, il nous est permis de faire les choses que nous aimons à faire, et pour lesquelles nous sommes nés.

Le cœur, la raison, l'instinct, l'intérêt, les divers sentiments sont en contradiction perpétuelle. Le cœur se passionne pour des objets que la raison réprouve, le désir et l'instinct nous poussent souvent vers ce qui est contraire à nos intérêts et à notre santé. Plus l'érudition du penseur est grande, moins il brille dans le monde, le commerce des grands hommes ne lui laisse aucun instant pour étudier les singeries des petits. Nous ne voulons point dire par là que l'usage du monde bien compris soit une chose futile ; il peut au contraire donner à l'homme une certaine valeur et d'inestimables avantages dans un grand nombre de situations. Certes l'exquise urbanité des manières, la rencontre heureuse, le regard assuré, l'art de parler agréablement, même sur les mille riens qui composent le train ordinaire de la vie et qui peuvent l'adoucir sont des qualités secondaires, si l'on veut, mais qu'on aurait tort de dédaigner. Le tact, la finesse, les saillies heureuses de l'esprit, l'à-propos bien choisi, les allusions ingénieuses, la répartie prompte, le maintien modeste, le geste sobre, l'attitude simple et naturelle, la contenance bien composée, une imagination vive et enthousiaste, dédaignant la raillerie incisive, l'ironie mordante, donnent un grand attrait aux choses bien dites et une bonne opinion de celui qui possède ces qualités. Xavier de Maistre disait avec raison que l'étude approfondie du monde ramène toujours ceux qui l'ont faite avec fruit, à paraître simples et sans prétentions.

Chacune de nos facultés se perfectionne aux dépens des autres, plus notre savoir et nos idées s'étendent, plus nos sentiments sont pauvres; les rêves de l'imagination disparaissent à mesure que nos connaissances s'agrandissent. Les romanciers et les poètes, ces grands magiciens de l'idéal, en nous berçant de leurs douces ivresses, rendent la réalité pénible, ils nous enlèvent parfois en nous charmant les mâles énergies des âges héroïques.

Et pourtant cette harmonie si nécessaire au bonheur de notre existence, tous les êtres la possèdent, excepté l'homme.

Les existences sans fin qui nous attendent nous faisant les arbitres ou les maîtres de nos destinées futures, nous pouvons nous les préparer telles que nous les désirons. Les richesses intellectuelles et morales acquises dans tant de vies porteront toutes nos facultés à un degré de perfection bien supérieur à celui que nous admirons chez les génies exceptionnels qui vivent parmi nous; et que se-

-raient nos grands hommes si nous pouvions les comparer aux êtres qui vivent au sein des humanités supérieures que, dans leur route infinie, les planètes emportent dans l'espace.

Supprimons dans l'avenir l'ennui, les maladies, les accidents, les motifs de haine, d'envie, les soucis, les humiliations, la honte, la guerre, les querelles, les procès, les rivalités, la perfidie, l'ingratitude, la corruption, l'indigence, le vol, les infirmités, les cataclysmes de la nature, les tracas pour la nourriture, le vêtement, le choix d'un métier, l'ambition, les puérils honneurs, les niaiseries de l'étiquette, les singeries de la mode et vous aurez un monde déjà bien différent de celui-ci. Il y a des passions qui rabaissent l'homme, il y en a qui donnent un puissant essor à ses facultés.

Dans le grand voyage où nous sommes engagés, dans la migration sans terme que nous faisons tous à travers les astres ou les terres aériennes suspendues dans les cieux, nous ignorons les détails de nos existences ultérieures, mais la loi du progrès nous permet d'affirmer que les conditions générales des mondes que nous habiterons seront en harmonie avec le degré de perfection que nous aurons atteint au moment d'y entrer.

Il est certain que dans l'avenir nous posséderons des organes plus parfaits et exempts des infirmités sans nombre qui nous torturent et que nous pourrons prendre notre libre essor vers les splendeurs que nous aurons rêvées. Affranchi de plus en plus des besoins matériels qui étouffent ses aspirations, consument ses énergies et absorbent la meilleure partie de sa vie ; l'homme pourra s'élever aux notions supérieures à peine pressenties ici-bas, son intelligence pourra embrasser l'ensemble majestueux ainsi que les détails infinis des questions les plus complexes et les plus délicates pour lesquelles les sciences de la terre n'ont aucune explication. Le mystère et le miracle auront des interprétations naturelles, claires et positives. Les organes qui offrent tant de prises à la maladie, les fonctions de notre vie si vite épuisées auront une force, une durée et une vigueur qui les maintiendront dans une santé parfaite, notre mémoire actuelle qui ne conserve que le souvenir confus de quelques faits récents, sondera les lointains de l'histoire et fera revivre les siècles avec leur véritable physionomie, tout notre passé se présentera à nous avec ses mille souvenirs oubliés, nous retrouverons les émotions du cœur; la poétique image des lieux connus de nos enfances et de nos jeunesses d'autrefois s'offrira à nous dans toute sa fraîcheur; sentiers ombragés, limpides ruisseaux, beaux cieux étoilés, confidents muets des doux entretiens avec les êtres aimés qui furent le charme, le soutien et la consolation de nos jours. Au lieu de ne parcourir, comme nous le faisons ici-bas, avec beaucoup de temps et de peine que de faibles distances, nous franchirons sans difficultés et en quelques secondes d'immenses espaces. Notre vue supérieure aux plus parfaits instruments d'optique de nos sciences aura des jouissances inouïes de vision ; la jeunesse dans la plénitude de ses joies et de ses énergies ne finira qu'avec la vie exempte de tristesse et de dégoût. La beauté de la nature et la douceur des choses feront de tout lieu un paradis, l'amitié, toujours prête au dévouement et à l'abnégation sera exempte de calculs intéressés. L'amour enfin sera pur et éthéré comme nous rêvons celui des anges. La vie s'idéalisant sans cesse s'épanouira dans des formes que les fictions les plus merveilleuses de la poésie seraient impuissantes à reproduire, et, pourtant, dans la fraîcheur de vos jeunes années, vous êtes belles ô vierges de ce monde, mais si vous êtes si belles sur cette terre qu'êtes-vous donc, ô femmes, qui peuplez les étoiles de l'infini, jeunes filles qui habitez les paradis de l'espace.

Belles filles de l'idéal et de la poésie qui nous souriez dans nos rêves de la vingtième année, créatures de la féérie, visions séraphiques qui peuplez notre imagination enthousiaste d'objets si charmants, douces lueurs passagères d'une vie inconnue, qui captivez nos regards et vers lesquelles nous nous acheminons le cœur gonflé de joie dites-nous si les labeurs de ce monde, les luttes et les sacrifices pour le devoir seront stériles.

2.

VI

SUCCÈS ET DÉCEPTIONS DE L'EXISTENCE. — LA VIE AU POINT DE VUE DU MATÉRIALISME ET DU SPIRITUALISME.

L'homme s'extasie volontiers devant les succès inattendus qui élèvent certains êtres au sommet de la fortune ou de la gloire, de même qu'il reste stupéfait en présence des catastrophes qui les précipitent du faîte des grandeurs humaines. La destinée semble parfois semer au hasard les biens et les maux dans ce monde. Tel homme qui en semblait le moins digne se trouve tout à coup l'objet de ses faveurs. Une divinité bienfaisante veille sur ses jours et réalise tous ses vœux. Gloire, richesses, honneurs, considérations, succès, rien ne lui fait défaut, tout arrive à propos et au gré de ses désirs; tout dans sa destinée lui sourit. Tel autre au contraire, qui a toujours vécu *ici-bas* dans la pratique du devoir, qui a tout sacrifié à la vertu se trouve accablé par l'infortune et le malheur, aucune déception ne lui est épargnée. La justice distributive, l'harmonie du mérite et du bonheur seraient donc sur cette terre des pièges tendus aux âmes vertueuses.

Sur la route infinie qui relie toutes nos existences, il y a des luttes toujours renaissantes, des rivalités tenaces, d'âpres combats, de dures épreuves, des défaites, des revers accablants, des victoires éclatantes. Les vaincus jettent tout sur le compte de la capricieuse fortune ou du hasard, ils n'aiment pas à penser que leur mérite est inférieur à celui des vainqueurs ; les caractères fièrement trempés acceptent avec un juste sentiment de leur force les conditions de la lutte et s'y préparent au lieu de se plaindre sans motif. Cette théorie philosophique, ce côté militant de la vie ne peut pas plaire à tout le monde, on aime mieux tout obtenir sans peine, Cette théorie n'en a pas moins pour elle, la logique et l'équité.

Si le succès est si prompt et si facile pour les uns, c'est que l'œuvre lentement élaborée dans les existences qui ont précédé celle-ci, était arrivée à maturité et qu'au moment de mourir on allait y mettre la dernière main et aborder au port. Après de pénibles travaux, de longs efforts et des luttes désespérées on était arrivé au seuil de la terre promise. On n'a pas eu le temps d'y entrer, mais on y est parvenu en passant à travers le tombeau. Car quelle que soit la route que nous suivions, nous allons tous à la gloire, à la perfection, à l'immense idéal, qui emplit nos âmes. Dans la route il faut accepter avec courage, les conditions de la lutte.

Quand notre tâche semble achevée dans un monde, nous nous endormons dans le repos de la mort où nous nous débarrassons de nos organes fatigués, de notre corps usé et hors d'état de continuer la route, puis l'âme qui vient de léguer à la terre un cadavre épuisé se revêt d'un corps nouveau, débordant de jeunesse et de vie, de sève et d'énergie qui lui permet de reprendre sur une autre terre, sa tâche où elle en était restée au moment du départ. D'autres existences suivront où mille choses inachevées seront reprises, perfectionnées et menées à bonne fin. Nos connaissances, nos vertus, toutes les qualités que nous aurons conquises dans le passé se transmettent de monde en monde aux formes multiples que nous revêtons à chaque nouvelle vie, chacune de nos existences reçoit les richesses de l'état antérieur et augmente ainsi indéfiniment notre avoir ; c'est de ce trésor séculaire et de cet accroissement continu que naissent les chantres sublimes dont les rêveries nourrissent l'éternelle mélancolie des hommes en élevant leur idéal terrestre jusqu'aux plus hautes régions de l'Esprit ; puis les législateurs, les philosophes, les artistes et les penseurs, qui, après avoir passé au milieu de nous comme des êtres d'une autre race ont jeté leur nom a l'immortalité. Christna, Job, Orphée, Homère, Confucius, Socrate, Eschyle, Phidias, Pythagore, Platon, Sophocle,

Jésus, Tacite, Dante, Guttemberg, Christophe-Colomb, Michel-Ange, Raphaël, Galilée, Cervantes, Rabelais, Shakspeare, Képler, Newton, Molière, Beccaria, Mozart, Beetthoven, Fulton, Montgolfier, Washington, Stephenson, Victor Hugo, Michelet, etc. sont des génies colosses en avance sur nous de bien des siècles, ils furent nos messies, nos poètes, nos instituteurs et nos frères, mais nous suivons la route qu'ils nous ont tracée ; citoyens de la même famille nous nous élançons dans les voies qu'il nous ont ouvertes, vers les mêmes patries, avec l'ardente certitude de les égaler un jour

Plus haut est le sommet, plus grand est l'effort pour l'atteindre, mais nulle cime n'est inaccessible à l'âme humaine, nulle grandeur n'est au dessus de ses forces.

« Faites-vous, disait Jésus, un trésor que le temps ne puisse détruire, amassez-vous dans les cieux des richesses qui ne périssent jamais[1].

Quand vous voyez un homme vertueux, faisant le bien, évitant le mal ; accablé par le malheur vous dites que la destinée est injuste envers lui ; cet homme sacrifie sa fortune, sa santé et son temps à secourir les infortunés qui frappent à sa porte, et pour tant de bienfaits la main de la destinée ne cesse de s'appesantir sur lui. Si on vous disait : Cet homme, que vous admirez et plaignez,

---

1. S¹ Luc, chap. XII, 33.

eh bien, c'est *Néron* qui, revenu au sentiment du devoir depuis peu, revit aujourd'hui sous la forme que vous voyez, quelques années de vertu, n'ont pu encore racheter l'immensité de ses forfaits, il est donc juste qu'il souffre, il est naturel qu'il expie son passé odieux. Quel serait alors votre jugement sur cet infortuné revenant à la vertu ?

La justice humaine qui ne peut embrasser que *la vie présente*, n'a aucune explication à nous donner ; la morale des hommes établie sur une seule existence, s'incline sans comprendre ce que nous appelons effets du hasard, caprice de la fortune, force des choses ; la justice absolue qui embrasse *l'ensemble de toutes nos existences passées*, nous juge d'après les faits de cette vie et de celles qui l'ont précédée. Il ne faut pas oublier, enfin, que les succès et les revers de ce monde, les bonheurs inespérés et les déceptions imprévues sont une récompense, un châtiment ou une épreuve. Si nous ne devions point renaître, cette vie ne serait qu'un monstrueux guet-apens au profit des méchants ; car ceux-ci se jouant de la vertu et employant selon le but qu'ils poursuivent, le bien ou le mal, la vérité ou le mensonge, ont d'incontestables avantages sur l'honnête homme qui n'emploie que le vrai et le bien et se présente toujours le front découvert ; celui-ci ne combat qu'avec des armes loyales et courtoises, le sachant inoffensif, les hommes ne font pour lui que ce qui leur plaît : le

méchant redouté de ses semblables obtient d'eux
ce qu'il désire ; il possède à fond la science du mal
inconnue à l'homme simple et de bonne foi, aussi
tombe-t-il constamment dans les pièges qui lui
sont tendus. Sans doute, nul effort pour le
triomphe de la vérité ne sera stérile, nul acte de
justice ne sera perdu, nul sacrifice, nulle souffrance
pour la vertu, nul dévouement pour le devoir ne
seront oubliés, aucun rêve de bonheur ne sera
trompé. Est-ce à dire qu'il faille laisser le méchant
dans la tranquille jouissance de sa domination ?
Non, non, il faut au contraire sans attendre les réparations d'outre-tombe, lui disputer sans repos
la conquête de la terre.

Bien des gens pensent que le matérialisme en
faisant tout finir avec cette vie : la personnalité
morale et la chaîne des misères de ce monde, peut
inspirer des résolutions viriles et des actes d'une
stoïque grandeur. L'homme qui ne craint ni châtiments dans l'avenir, et n'espère nulle récompense
après sa mort pour ses bonnes ou ses mauvaises
actions, aura contre la tyrannie des révoltes terribles ; il sera peu disposé à souffrir les persécutions imméritées d'un maître odieux, le désir du
bien sera très faible chez lui. Dans la grande
bataille de la vie, il se résoudra difficilement à accepter le rôle de dupe, ses explosions de colère, sa soif
de vengeance contre quiconque voudrait lui nuire
se donneront libre carrière.

Le spiritualisme, en ouvrant à nos aspirations une ère de justice et de réparations dans une autre vie, peut affaiblir chez certaines personnes le sentiment des revendications terrestres. Le mal devant être puni par un juge suprême et le bien récompensé, ce n'est plus qu'une question de temps entre le persécuté et les persécuteurs, entre le bourreau et la victime, autant se résigner et laisser à un autre le soin de nous faire justice.

L'homme sceptique, en rejetant un idéal de bonheur et de joies dont la certitude ne lui semble pas absolue poursuit avec une ardeur plus vive ce qu'il appelle les honneurs et les félicités de ce monde dont la réalité est certaine.

Ces considérations pourraient servir dans une certaine limite la moralité : les méchants qui ne croient pas aux châtiments d'une autre vie, mais qui trouveraient en face d'eux des hommes d'énergie, résolus à demander une réparation immédiate pour le mal commis, refouleraient leurs mauvais instincts et hésiteraient devant les conséquences de leur conduite.

Car comme l'a dit Sénèque : « Pour nuire nous sommes tout puissants, et il n'est si humble mortel qui n'espère, avec raison, tirer satisfaction de l'homme le plus haut placé[1]. »

Mais ce que le matérialisme peut inspirer à

---

1. Sénèque, *De la colère*, l. I.

quelques hommes, le sentiment du devoir et de la dignité personnelle, ne peut-il pas le commander et l'autoriser dans de nombreuses circonstances. Parce qu'on espère la réparation du mal dans un avenir indéterminé, est-ce une raison pour accepter toutes les humiliations, tous les outrages et se résigner au rôle de bouc émissaire ou d'agneau inoffensif au milieu d'êtres sans scrupules, de loups affamés ou de tigres altérés de sang ? Assurément non. L'idée de justice implique la réparation de toute offense, et il est des cas où notre devoir nous oblige à demander cette réparation. Nous savons d'ailleurs que l'impunité accordée à la plupart des hommes est trop souvent une prime d'encouragement donnée aux malfaiteurs, une porte ouverte à la perversité des méchants.

Mieux vaut prévenir le mal que d'avoir à le punir sans doute, mais on n'est pas toujours libre de faire ce qui est le mieux.

Soyons indulgents et humains, aimons nos semblables, encourageons-les dans la vertu, plaignons-les dans leurs erreurs et leurs misères, tendons leur une main amie, mais pour les exciter au bien et non pour les jeter dans les sentiers du mal ou les pousser dans la voie du crime.

VII

VIDE DE LA VIE SANS L'ACTION ET LE DEVOIR.

C'est par le travail, par l'action sous toutes ses formes que nous forgeons l'avenir. Même limité aux résultats du présent, le travail n'en resterait pas moins l'une des plus précieuses prérogatives de l'espèce humaine. L'homme est né pour travailler comme l'oiseau pour voler, disait Job, aux pauvres et aux riches de son temps ; aux oisifs rongés par l'ennui. Malheur aux êtres inutiles qui donnent leurs jours à la volupté, mère du dégoût et du sanglot. Quand le masque tombe et que l'illusion s'évanouit, il est souvent trop tard pour remonter le courant. Oh ! alors, la tête vide, les sens blasés, le cœur mort et le corps usé, on comprend que l'homme n'est point né pour jeter ainsi tous les dons de l'âme et de la nature au vent du caprice et de la fantaisie. Du sommet de ces ruines le suicide apparaît parfois comme un libérateur que suit le néant ; mais la vie dans son développement indéfini est ce qu'il y a de plus indestructible dans la création, et quelle que soit l'idée qu'on se fasse sur la destinée des vivants après leur disparition de ce monde, il n'existe aucune conception vraiment scientifique de la mort absolue de notre individualité. L'espérance de ceux qui ont recours au suicide pour échapper aux amertumes de cette vie ou pour habiter une planète supérieure à celle-ci et revoir les êtres aimés qu'ils ont perdus ne peut qu'être incertaine. Ce n'est pas en désertant le combat qu'on obtient la victoire ; ce n'est pas en transgressant les lois les plus sacrées de la nature qu'on avance l'heure où doivent s'ouvrir les portes de ce monde meilleur qu'habitent ceux dont on ne peut supporter la séparation.

S'il n'est donné qu'à un petit nombre de personnes de réaliser un certain idéal de bonheur ici-bas, tous du moins possédent un talisman merveilleux qui peut contribuer puissamment à leur félicité et à celle de leurs semblables ; c'est le travail noblement compris et dignement accepté. C'est lui qui non seulement crée la fortune universelle et enfante des merveilles mais qui est en même temps un baume délicieux pour les maux et les chagrins de la vie, qui rend la paix à l'âme, calme les orages du cœur, arrache notre imagination aux sombres réalités de l'existence, aux souvenirs douloureux du passé, aux tristesses du présent et aux angoisses de l'avenir. Grâce à l'attention soutenue qu'il exige, à la volonté, à l'activité qu'il demande, le travail modéré entretient le jeu des organes, prépare une digestion facile et un doux sommeil, répare les forces et nous donne d'exquises jouissances.

Voilà bien des motifs qui devraient militer en faveur du travail, pourtant ils ne suffisent pas toujours.

Il faut à l'homme, en général, une occupation sérieuse, il est souvent heureux pour lui que la nécessité ou tout autre motif lui impose une tâche à laquelle il ne puisse se soustraire trop facilement. Dans cette situation, il aspire, il est vrai, à l'indépendance, mais à peine est-il libre que le sombre ennui accourt auprès de lui pour ne plus le quitter. Oh! que le poids de l'existence est lourd pour les gens inoccupés, comme le sentiment du temps compté minute par minute est accablant pour les désœuvrés; comme les douleurs, les misères et les événements de ce monde retentissent péniblement dans une telle vie! Ah! combien plus encore dans l'isolement, dans la solitude forcée.

La vie a un but sacré que nous devons nous efforcer d'atteindre; nous avons à remplir ici-bas une mission à laquelle il nous est interdit de nous dérober. Les plus cruelles souffrances, les douleurs les plus vives, les regrets les plus déchirants, les déceptions les plus inattendues, les injustices les plus criantes ne nous autorisent point à quitter le poste qui nous fut confié. Nous ne sommes point ici-bas pour la satisfaction de nos sens, mais pour perfectionner notre être, développer nos facultés, consoler l'infortune, ramener les égarés dans la bonne voie, ajouter aux dons magnifiques de la vie de nouvelles richesses, augmenter, sans nous lasser jamais, le trésor des générations, faire aujourd'hui de tous les impossibles posés par la science ou la destinée des réalités saisissables pour le bonheur universel des êtres.

Plaignons ou blâmons ceux qui ont vécu sur cette terre sans un regret dans le passé, sans une espérance dans l'avenir, qui n'ont ni lutté ni souffert pour le devoir. N'avoir jamais connu la douce poésie du sentiment, ne s'être jamais proposé une noble tâche, n'avoir jamais eu de vastes ambitions, n'avoir jamais poursuivi un but élevé, inaccessible, avoir passé ses jours dans le terre à terre, à la recherche des satisfactions les plus vulgaires de ce monde, est-ce donc là avoir vécu?

N'y a-t-il rien sur cette terre qui soit digne de tenter votre ambition ou d'éveiller les sentiments généreux qui sommeillent en vous! Vous êtes riches, eh bien, vous ne pourrez pas faire un pas dans la vie sans trouver une infortune à soulager, il n'y aura pas une minute dans votre existence où chaque pièce de monnaie tombée de votre main dans celle du pauvre, où chaque parole d'encouragement sortie de votre cœur ne fassent bénir votre nom.

Ah! si la fortune m'avait comblé de ses dons, j'aurais toujours eu table servie et gîte commode pour les abandonnés de toutes conditions, de tout âge, de tout sexe, de toute religion ou opinion ; un doux abri ouvert à tous les délaissés et placé dans les meilleures conditions possibles, avec de vastes jardins, des jeux de toutes sortes, salles de bain, de récréation, de lecture et de travail, un dispensaire donnant tout gratuitement ; un cabinet médical où des médecins célèbres, auraient donné sans argent, leurs conseils ; j'aurais fondé des bibliothèques, des écoles où auraient enseigné des professeurs éminents. Si j'avais de grandes richesses, j'encouragerais de toutes mes forces l'agriculture, le commerce, l'industrie, je favoriserais toutes les découvertes utiles. Les lettres, les sciences, les arts auraient toujours en moi un admirateur passionné et un serviteur généreux, je parcourrais la terre, avec une légion de savants exécutant des fouilles, déchiffrant les monuments des siècles, étudiant les civilisations afin de rapporter aux générations quelque étincelle de vérité, quelque parcelle de bonheur. Pour toute personne de bien ayant le droit pour elle, mais sans moyen de le faire triompher, j'aurais les mains pleines d'or et un avocat de grand talent pour la défendre contre un adversaire puissant.

L'ingratitude ne me toucherait guère, et ne m'arrêterait jamais dans l'acomplissement d'une bonne action ; je serais indifférent aux éloges ou aux avantages personnels que pourraient me procurer mes œuvres ; la satisfaction d'avoir fait un peu de bien en passant parmi mes semblables me suffirait amplement, je m'endormirais dans la paix des sages, estimant ma destinée terrestre remplie et emportant de cette terre le désir de recommencer les mêmes œuvres, vivre la même vie, semer en silence les mêmes joies, les mêmes félicités autour de moi dans un autre monde.

LIVRE II

DE LA PRÉEXISTENCE DE L'HOMME

I

L'HOMME AVANT SA NAISSANCE. — PLURALITÉ DES EXISTENCES DE L'AME DANS LES PREMIERS SIÈCLES DU CHRISTIANISME. — ORIGINE DES IDÉES. — GENÈSE DE NOS CONNAISSANCES.

L'Inde enseigna le dogme de la préexistence des âmes. La réussite des affaires de ce monde, disait son grand législateur, est soumise aux lois du destin, réglées par les actions des mortels dans leurs existences précédentes et leur conduite ici-bas[1].

Dieu, en parlant à Jérémie, fils d'Helcias, lui dit : « Je vous ai connu avant que je vous eusse formé dans les entrailles de votre mère, je vous ai sanctifié avant que vous fussiez sorti de son sein[2]. »

L'idée de la préexistence de l'âme se trouve clairement citée dans plusieurs passages du Nouveau-Testament. Les premiers chrétiens avaient embrassé cette doctrine qui résumait si bien leur pensée.

1. *Lois de Manou.* l. VII.
2. *Jérémie*, ch. Ier, 5.

— 52 —

Lorsque le Messie apparaît, tout Israël veut savoir quel est le personnage qui revit en lui. Est-ce Élie ? Est-ce Jérémie ? Ces idées étaient si naturelles alors que Jésus lui-même demande à ses contemporains ce qu'ils pensent de lui, et on lui répond que les uns pensent qu'il est Élie, les autres Jean-Baptiste ; les trois évangélistes Mathieu, Luc et Marc portent témoignage de ce fait. Nous lisons dans St-Mathieu que Jésus en parlant de St-Jean disait : « Je vous le dis en vérité, il ne s'est pas élevé entre les enfants des femmes, un homme plus grand que Jean-Baptiste ; *c'est lui-même qui est Élie.* » Et dans St-Paul : « Lorsqu'ils n'étaient point encore nés, j'ai aimé Jacob et j'ai eu Esaü en aversion. » St-Jérôme nous apprend de son côté dans sa lettre à Démétriade, que la pluralité des existences de l'âme fut pendant longtemps l'objet d'un enseignement secret dans les premiers âges du christianisme.

« En vérité, a dit Jésus, j'existais avant qu'Abraham fut né[1]. »

Ces faits sont très explicites et néanmoins Jésus nous apprend qu'il ne révéla qu'une partie de sa pensée, dans son enseignement public. « J'ai encore beaucoup de choses à vous dire, mais vous n'êtes pas actuellement en état de les comprendre[2]. »

---

1. St *Jean*, ch. VIII, 38.
2. St *Jean*, ch. XVI, 12 et 13.

Le dogme de la préexistence étant admis, on nous objectera peut-être que si les douleurs et les tribulations qui nous accablent dès notre entrée dans cette vie sont le châtiment de nos existences antérieures, ce châtiment est mérité et alors personne ne nous plaindra, aucune main amie ne pansera nos blessures, nul cœur dévoué ne s'empressera de soulager nos infortunes, bien plus, on nous croira d'autant plus coupable que nos souffrances et nos revers seront plus grands; la plupart des hommes trouveront qu'il est juste qu'on soit puni pour les fautes qu'on a commises, dans ce cas nous ne rencontrerons nulle pitié dans le malheur, nulle estime parmi nos concitoyens. Au lieu des secours, des sympathies et des consolations qu'on est heureux d'offrir aux souffrances ou aux revers immérités, on nous regardera avec indifférence et mépris et on nous dira : Vous êtes pauvre et persécuté, vous avez mérité un tel sort, acceptez-le donc avec résignation; votre voisin est riche, puissant, heureux, il a mérité un tel bonheur par sa conduite dans ses vies antérieures; ainsi toute servitude, toute tyrannie, se trouve justifiée.

Ce livre tout entier est une protestation contre une semblable thèse. Chaque existence est autre chose qu'une expiation ou le produit du passé; elle est une épreuve, un apprentissage pour l'avenir.

Et d'ailleurs n'y eût-il ici-bas que des coupables

expiant leurs fautes qu'il serait encore du devoir de tous et d'un puissant intérêt social d'aider ces infortunés à revenir au bien : enfin pour se dévouer l'homme marche à la souffrance comme le soldat marche au combat où le salut de la patrie l'appelle.

Il y a dix-huit siècles, une scène d'un sublime incomparable se passait sur la montagne des Oliviers. Des scribes et des pharisiens voulant tenter Jésus, lui amenèrent une femme qu'ils venaient de surprendre en adultère et lui dirent : Seigneur, que pensez-vous de cette femme? Que celui d'entre vous, répondit Jésus, qui est sans péché lui jette la première pierre ! Pas un de ces hommes n'osa jeter une pierre à la belle pécheresse; tous s'éloignèrent pensifs et attendris; alors Jésus se trouvant seul avec la coupable prosternée à ses pieds, lui dit : Femme où sont vos accusateurs, personne ne vous a-t-il condamnée? — Non, Seigneur, — Eh bien, je ne vous condamnerai point non plus; allez et ne péchez plus.

N'est-ce pas ce même Jésus dont la popularité dégagée des éléments étrangers qui en altèrent la grandeur, est remontée pure et radieuse à travers les siècles jusqu'à nous qui a prononcé ces grandes paroles de pardon et d'oubli. « Il y aura plus de joie dans le ciel pour un seul pécheur qui se convertira que pour quatre-vingt-dix-neuf justes qui n'auront pas besoin de pénitence. » Le bon père ne reçoit-il pas avec les démonstrations d'une allégresse profonde le fils qu'il croyait perdu et qui revient au foyer délaissé? Les meilleurs vins de la cave, les plus belles fêtes et les plus tendres caresses de la famille ne lui sont-ils pas prodigués avec effusion?

Les rêves les plus insensés, les plus étranges, comme les plus poétiques et les plus merveilleux ont leur origine en nous. Ils sont des réminiscences, des souvenirs de la vie actuelle et de celles du passé ; ces rêves mêlés aux intuitions, aux pressentiments de nos existences à venir ainsi qu'aux préoccupations du présent forment un amalgame fantastique.

Pour rêver d'une chose, dit M. Luys, il faut l'avoir vue, l'avoir perçue d'une façon ou d'une autre, je suis de l'avis du célèbre physiologiste, mais comme nous rêvons de mille choses que nous n'avons jamais vues sur la terre, il faut bien admettre que nous avons vu ces choses sur d'autres planètes que nous avons habitées.

Ces faits nous donnent l'explication de l'instinct, du savoir-faire, des aptitudes brillantes et spontanées que nous déployons dans tel art ou telle circonstance donnés.

Le rêve est une révélation incomplète des mystères de la destinée humaine; il est l'expression naïve, naturelle, sincère, spontanée, directe et réfléchie de notre pensée, de notre vie intime. Chez l'homme pensant ou éveillé au contraire, la réflexion, la volonté, la raison, les préoccupations du moment, les préjugés, l'imagination modifient ses idées et sa véritable individualité.

Le somnambulisme naturel où on se livre endormi à ses occupations habituelles et où, dans l'obscurité la plus complète on va et vient avec une précision et une sûreté infaillibles, le somnambulisme provoqué, l'hypnotisme où obéissant à des suggestions étrangères l'être le plus inoffensif peut commettre les crimes les plus monstrueux et où la femme la plus vertueuse peut devenir l'instrument inconscient d'actes étranges tels que ceux dont plusieurs jeunes filles de la haute aristocratie offrirent, au commencement du seizième siècle dans les couvents de Madrid, de Loudun et de Louviers, le scandaleux spectacle, la catalepsie où on peut vivre pendant six mois, un an, dans un sommeil continu, sans prendre la moindre nourriture, n'impliquent-ils pas, dans l'être humain des facultés latentes extraordinaires? Nous savons aujourd'hui que ces faits sont des états pathologiques où n'intervient ni le mystère ni le miracle.

L'origine des idées ou vérités premières a divisé, dans tous les temps, les philosophes en deux écoles célèbres.

L'idéalisme, qui admet que cette origine est en nous, c'est-à-dire dans notre esprit, et, que ni les sens, ni l'expérience ne peuvent expliquer ces idées, que par conséquent les idées sont *innées*.

Sous les formes variées que cette théorie a revêtu dans les différents âges de la philosophie, nous la voyons représentée chez les anciens par les premiers penseurs de l'Inde, de l'Égypte, de la Perse, par Platon, Aristote, etc; dans les temps modernes par Descartes, Leibnitz, Kant, Herbert Spencer, etc.

Le sensualisme, au contraire donne pour origine de ces idées, les sens, c'est-à-dire qu'elles sont dues à nos sensations ou à l'expérience, les principaux représentants de cette école sont Epicure et Condillac.

Selon nous, l'origine des idées se confond avec l'origine de la vie. Nous possédons des idées innées et des idées acquises, nos idées innées ici-bas sont celles qui nous possédions en finissant notre dernière existence ; nos idées acquises sont celles dont nous avons fait l'acquisition dans la vie actuelle ; dans notre prochaine existence, ces dernières idées seront des idées innées. Ce problème de l'origine des idées se trouve ainsi simplifié et n'a besoin d'aucune hypothèse pour être résolu.

Cultiver sa vocation individuelle avec une persévérance inébranlable, concentrer sur le seul objet de cette vocation toutes ses forces, sans se laisser détourner de son but par les soins frivoles de ce monde, ses plaisirs ou ses distractions, voilà le secret des grands résultats et de toutes les créations merveilleuses que nous offre l'esprit humain dans toutes les phases de son développement.

L'homme ne s'élève pas d'un seul bond à la célébrité ; la perfection en toute chose est un fruit du temps et du travail. Il semble que la possession de tant de choses qu'on n'a pas acquises et la connaissance de tant de faits qu'on n'a pas eu le temps d'apprendre soient un don de seconde vue ; il n'en est rien, ces faits, nous les avons déjà étudiés, ces choses nous les avons conquises et possédées avant cette vie. On dirait qu'en tel enfant, se condensent, se développent les aptitudes, les connaissances et pour ainsi dire la vie de ses ancêtres.

II

LA JUSTICE DIVINE ET LA DIVERSITÉ DES CONDITIONS. — DES FACULTÉS EXTRAORDINAIRES AU DÉBUT DE LA VIE.

Quiconque ne croit pas que l'âme ait existé quelque part avant cette vie, n'a qu'à considérer cette variété infinie de conditions et d'aptitudes qu'on remarque dès la naissance de l'homme. Le Dieu qui nous aurait assigné des rôles si divers et aurait établi une telle justice sur la terre serait un bien pauvre législateur ou un philanthrope bien méchant.

Voici, par exemple, une famille qui croupit dans une misère hideuse et où tous les membres vivent dans la dépravation la plus monstrueuse; père, mère, frères et sœurs dorment sous le même toit et quelquefois sous la même couverture ; là un être vient au monde ; les yeux de cet enfant ne verront que des scènes d'orgie et de désordre ; la haine, les mauvais traitements, le besoin, ne peuvent manquer de porter un jour leur fruit et de faire naître une perversité précoce, ou du moins de laisser chez cet être inexpérimenté une impression profonde contre laquelle il lui faudra peut-être lutter toute sa vie pour revenir au bien; que d'efforts, que d'énergie seront nécessaires pour échapper à la contagion du mal?

En voilà au contraire, un autre qui nait dans une de ces familles privilégiées où une aisance modeste et l'exemple semblent prédestiner l'enfant au bien. Au sein de cette atmosphère de tempérance et de vertu si propre à développer tout ce que l'âme contient de bon; la pratique du bien lui semblera naturelle et ne lui imposera aucun sacrifice; à l'abri du besoin, il ne sera pas contraint de faire le mal pour vivre. Si ces deux enfants ont des droits égaux devant Dieu, pourquoi une destinée si différente? Jetons un regard impartial sur les inégalités frappantes qui affligent la pensée du moraliste, voyons l'application de la justice dans l'ordre social et demandons-nous s'il est possible de concilier ces faits avec l'hypothèse religieuse qui fait de la terre le théâtre des débuts de la vie.

Voyez comme les préjugés les plus niais, les plus dangereux sont vivaces, robustes; comme le génie a de mal pour les déraciner, que d'insultes, d'outrages réservés aux grandes âmes, à tous ceux qui tentent de substituer la vérité, la justice à l'erreur acceptée, aux iniquités en usage. Comme le bien est timide et tremblant, comme le mal est puissant, comme il promène librement ses joies insolentes ?

A l'âge où fermentent en nous les passions généreuses de la jeunesse, nous nous créons un monde d'harmonie et de bonheur d'où nous bannissons le mal ; mais l'expérience ne tarde pas à nous enlever cette douce illusion en nous montrant que de la naissance à la mort, la justice humaine est constamment foulée aux pieds. Pourquoi sommes-nous venus sur cette terre ? Nous n'en avons pas exprimé le désir. Les uns naissent au sein de l'opulence, tout leur sourit, leur vie est comme un long jour de fête, à eux tous les honneurs, toutes les félicités, toutes les caresses, les brillantes carrières, les emplois lucratifs, rien ne manque à leur ambition. Les autres naissent au sein d'un dénuement lamentable ; les premières paroles qu'ils entendent sont les malédictions de la famille, toutes les portes leur sont fermées excepté celles de la misère, du vice et de l'hôpital. Quelques-uns naissent bien doués, bien constitués, d'autres apportent avec eux des infirmités physiques et morales qui feront le tourment de leur misérable vie. Voilà la justice divine si nous commençons la vie ici-bas et si elle s'y éteint pour toujours. Pourquoi tant de miel pour les uns et tant de fiel pour les autres ? Aux premiers toutes les joies, toutes les ivresses ; aux derniers, toutes les amertumes, toutes les tribulations de la vie. Ni les uns ni les autres n'ont rien fait pour mériter ces faveurs ou encourir cette disgrâce. Comment justifier la Providence dans la distribution de sa justice avec les idées généralement reçues ? Cela est impossible assurément et cette justification ne se trouve que dans une série d'existences dans le passé comme dans l'avenir.

Prenez deux enfants à leur naissance. élevez-les dans les mêmes conditions, faites que l'éducation, l'instruction, les relations soient les mêmes, que tout soit identique autant que possible chez eux. En dépit de toutes ces précautions, malgré tous ces soins vous constaterez qu'à toutes les périodes de leur développement, ces enfants différeront l'un de l'autre autant par les mœurs, les goûts, les aptitudes, le caractère, les sentiments que par la physionomie. Voyez quelle prodigieuse distance sépare le pauvre rapin, badigeonnant des enseignes de bateleurs, de Raphaël, du Corrège, etc.

Quel abîme dans le domaine de l'éloquence entre l'homme inculte et Démosthènes ou Mirabeau ? Quelle différence dans l'art d'écrire entre l'homme ignorant ou instruit mais qui ne possède point l'étincelle sacrée et Platon. Les uns useront leur vie, pour ne mettre au jour, que d'informes ébauches, les autres produiront en se jouant mille pages sublimes. Que de degrés entre les banalités et le radotage de certains esprits et les pages vivantes de Shakspeare, de V. Hugo, de Michelet etc. ? Le style, c'est l'homme, a dit Buffon. On ne peut y mettre que ce qu'on possède.

Que d'échelons entre ces milliers d'artistes inconnus qu'on entend chaque jour et Paganini?

Pour les œuvres de l'intelligence, les uns ont la fortune et les loisirs nécessaires pour faire de brillantes études; grâce à leur situation, ils passent leur vie avec des esprits d'élite; ils peuvent consulter les bibliothèques, les musées, faire des voyages, se procurer des matériaux et des documents précieux; ils peuvent donner tout leur temps à leur œuvre. Les autres, sans fortune, sans loisirs, n'auront qu'une instruction élémentaire, incomplète; les collections diverses leur seront interdites; ils auront un métier, un emploi, ou exerceront une fonction quelconque pour vivre; ils aligneront des chiffres, mesureront des étoffes, battront le fer suivront la charrue ou pousseront le rabot; ils vivront dans un monde prosaïque, étranger à tout idéal. Les froissements continus, les déceptions, la dignité humiliée, la vocation violentée, tout en un mot refoulera les aspirations de leur intelligence.

Nos diverses facultés se développent par l'exercice, et s'atrophient par l'inertie. Les organes souvent en action acquièrent une puissance, une force, une vigueur extraordinaires, tandis que ceux laissés en repos s'étiolent rapidement.

Des exemples aussi nombreux que frappants

attestent chez tous les peuples la prodigieuse inégalité des intelligences au début de la vie Mozart, Beethoven, Pascal, etc. peuvent être cités comme des enfants prodiges. Qui ne connaît l'histoire de cette charmante enfant Thérosita Milanollo, qui a l'âge de neuf ans, excita au commencement de ce siècle l'admiration de toute l'Europe en jouant du violon. A l'âge de dix-huit ans, Grandmanche, dans une séance publique qui eut lieu à Paris en 1853, répondit sans hésitation et sans poser un seul chiffre à deux questions, qui résolues de tête, offrent une prodigieuse difficulté [1].

Mondeux calculait également de tête avec une facilité inouïe. Il trouvait instantanément le logarithme d'un nombre donné, et le nombre correspondant à un logarithme quelconque. Il trouvait en se jouant les puissances et les racines des nombres les plus élevés [2].

Ces faits sont concluants, nous pourrions en citer un grand nombre qui nous causeraient non moins d'étonnement. Dans le domaine de notre

---

1. Ire Question. — Combien un boulet de canon, faisant une lieue en 20 minutes, mettrait-il de temps pour arriver au soleil en le supposant à 34 millions 600 mille lieues de la terre ?
Réponse : 21 ans 344 jours 6 heures 22 minutes 20 secondes.
IIe Question. — Quelle est la somme des 52 premiers nombres ?
Réponse : 1275.
2. Quelle est, lui demanda-t-on dans l'une de ses séances, la 21e puissance de 13 ?
Il énonça le chiffre suivant sans hésiter :
247,064,529,073,450,392,701,413 !

activité, telle aptitude par suite d'une longue culture, acquiert une puissance qui semble tenir du merveilleux ; on la met en réserve, comme un fonds acquis, quoi d'étonnant alors, que dès le début d'une vie, certaines facultés, ainsi développées soient si brillantes.

Ces facultés n'ont pu arriver, en aussi peu de temps, à un si haut degré de perfection, des inégalités aussi étonnantes, des différences aussi remarquables, entre les hommes n'ont pu se produire en quelques années, elles ne peuvent être par conséquent, que le résultat de nos existences passées qui ont permis aux uns de partir dès les premiers pas sur cette terre riches de trésors conquis, tandis que les autres sont arrivés ici-bas, pauvres. De là des aptitudes des dispositions si variées entre les individus. Chacun emploie pour réaliser son idéal ou ses ambitions les moyens appropriés à son tempérament, à ses forces et suit la route qu'il croit la meilleure ou la plus commode, Périclès s'immortalise en protégeant les lettres. Erostrate en incendiant le temple d'Éphèse, Néron par ses crimes, Cornélie par ses vertus ; les uns arrivent à la célébrité par leur mérite ou leur génie, les autres par leurs infamies ou leurs folies. La supériorité des uns sur les autres ne peut être attribuée aux organes car nous serions lès instruments de la matière, nous savons d'un autre côté que nous n'avons pu être créés inégaux,

4

c'est donc l'homme lui-même qui s'est différencié de ses semblables par l'usage qu'il a fait de ses facultés dans son passé; c'est ainsi que peuvent s'expliquer les plus grandes énigmes de la philosophie. Nos facultés exceptionnelles ne sont pas un don gratuit de Dieu ou de la nature, mais une acquisition due à la volonté, à l'effort persévérant, au travail opiniâtre, à la culture assidue. Si on rejette le dogme de la préexistence, il n'y a pas plus de mérite à posséder le génie qu'à posséder une grande fortune après un opulent héritage, le génie et la fortune ne venant pas de nous. Le génie qui se révèle ici-bas n'est pas le résultat d'une libéralité surnaturelle; il s'est créé et enfanté lui-même dans les âges antérieurs, il est le fils de ses œuvres, de ses labeurs et c'est là ce qui en fait la beauté et la véritable grandeur. A l'éveil du sentiment, au sein des harmonies de la nature, il semble entendre une langue qu'il aurait parlée jadis, puis secouant ses ailes, il continue les chants d'un autre monde ou l'œuvre commencée ailleurs.

Quelle révoltante et cruelle injustice, Dieu ne commettrait-il pas en accordant le génie aux uns et en le refusant aux autres?

Un père qui aurait plusieurs enfants ayant les mêmes titres à son amour, et qui le pouvant, placerait les uns sur un trône, et jetterait les autres dans un bagne ferait des biens et des maux de la vie, une distribution aussi équitable que celle qu'on attribue à Dieu.

Ce désordre, ces inégalités sans explication dans les divers systèmes religieux, avaient inspiré Lucien, quand il plaçait dans la bouche de Momus les paroles suivantes :

« Il y a bien longtemps que je m'attendais à la triste situation dans laquelle se trouvent en ce moment nos affaires. Car que peuvent penser des dieux, les hommes qui voient l'immense désordre des choses de cette vie ; les âmes vertueuses méprisées ou accablées par les maladies, l'indigence ou l'esclavage, tandis que les scélérats et les fripons sont comblés d'honneurs et de richesses, les misérables sont laissés en paix ou se dérobent à la justice, mais les innocents sont mis en croix. Comment s'étonner qu'en voyant de telles choses les hommes puissent s'empêcher de croire que nous n'existons pas ? [1]

Le dogme de la pluralité de nos existences peut être étudié à tous les points de vue, envisagé sous toutes ses faces, il défie toute objection, car il répond aux désirs, aux aspirations les plus intimes et les plus profondes de l'humanité, sans lui la justice, la morale, la vie humaine dans son développement général ne sont plus qu'une comédie ou un drame insensés, livrés aux caprices du hasard ou à la brutalité des faits.

1. Lucien, *Jupiter tragique.*

III

L'IDENTITÉ.

L'identité est la grande objection qu'on oppose sans cesse à la préexistence de nos âmes. On peut nous dire : Vous affirmez qu'avant ses manifestations actuelles, l'âme a connu d'autres cieux, habité d'autres mondes, qu'elle a aimé, haï, lutté, souffert, qu'elle a eu des joies et des tristesses qui n'étaient pas de cette vie ; mais alors comment se fait-il, qu'aucun fait, qu'aucun détail de ce passé ne revive dans notre mémoire, comment expliquer que nous ne conservions aucun souvenir de ces existences passées?

En admettant le fait comme démontré, ce qui n'est pas ; ce ne serait là qu'une objection spécieuse et sans valeur. Dans l'espace de quelques semaines notre corps se trouve complètement renouvelé, l'homme a usé pendant sa courte existence des centaines de corps, et malgré ce changement perpétuel de vêtement, l'âme reste toujours la même, son identité éclate à chaque pas, elle se rappelle les souvenirs de son passé et sait qu'ils se rapportent bien à elle. Certains faits oubliés depuis plusieurs années, pendant lesquelles deux ou trois cents corps ont pu disparaître, se réveillent tout à coup ; le souvenir de ces faits n'a point fait naufrage avec le corps ou les organes que nous possédions au moment où ils s'effacèrent de la mémoire ; la matière n'a pu conserver ces souvenirs puisqu'elle disparaît entièrement elle-même et est remplacée à chaque nouveau corps ; quelque chose pourtant les a conservés, l'être immatériel. L'âme et la matière (dont le corps est formé) sont donc deux choses essentiellement distinctes.

Au terme actuel de notre développement, la mémoire ne saurait conserver tous les faits du passé. Nous ne nous souvenons point que nous avons passé neuf mois dans le sein de nos mères, ce temps n'en a pas moins existé ; les deux ou trois premières années de notre enfance n'ont laissé aucune trace dans notre mémoire et pourtant nous existions pendant ces premières années. Les facultés de notre intelligence sont trop limitées, trop imparfaites ici-bas pour pouvoir conserver sans inconvénient le souvenir de toutes les manifestations de nos existences passées. Si l'érudition acquise poussée à l'abus sur la terre seulement, étouffe le sentiment et émousse nos sensations, qu'arriverait-il si nous conservions les détails infinis de toutes les vies que nous avons vécu? Est-ce que pour la vie actuelle il y aurait quelque utilité à nous rappeler qu'à l'âge de six mois nous faisions des faux pas, qu'à deux ans nous parlions mal notre langue?

L'enfant a comme le vieillard le sentiment de son être, de son identité; ce sentiment a même chez l'enfant une énergie plus grande. Les souvenirs de nos premières années s'effacent parfois pendant une longue période de temps pour apparaître dans toute leur force, au moment où nous quittons la vie. Notre identité devrait donc varier avec la plus ou moins grande intensité de nos souvenirs? Mais l'identité est, ou elle n'est pas; ce n'est donc point le souvenir des manifestations de notre être dans le passé qui la constitue.

Ne pouvant nous rappeler, me direz-vous, les misères de nos existences passées, ni nos fautes, ni profiter de l'expérience acquise, choses si précieuses pour nous guider dans cette vie, nous sommes sur la terre comme si nous vivions pour la première fois. Non, nous possédons l'intuition de ce passé, et cela nous suffit; un vague, mais sûr instinct nous conduit au port, nous conservons de ces souvenirs tout ce qui est nécessaire à notre destinée générale, des détails trop nombreux gêneraient notre essor et entraveraient notre liberté d'action.

Et du reste ce souvenir existe: l'âme le retrouve vivant en elle-même à ses heures de rêverie ou de méditation ; elle le retrouve avec ce vague indéfinissable et mystérieux qui entoure les événements des âges lointains. Que de fois emportés sur les ailes de l'imagination dans les régions de l'infini, n'avons-nous pas vu passer devant nos regards étonnés et ravis de splendides tableaux, de magiques apparitions, se présentant à nous avec tous les caractères de choses déjà vues, possédées ou aimées. Quel est celui d'entre nous, qui dans les belles années de sa vie, n'a jamais senti son cœur déborder d'émotion et d'extase aux accents des plus suaves mélodies ? Belles nuits de l'adolescence et de la jeunesse, rêves tissus d'or, illusions, enfants du paradis, visions ineffables du sommeil où dans un songe élyséen, nous contemplons les êtres connus ou aimés sur la terre ou sur d'autres mondes que nous avons habités, formes gracieuses, ravissants fantômes, dites-nous, ne savez-vous rien de ce mélancolique passé ?

IV

SYMPATHIES ET ANTIPATHIES SANS MOTIF CONNU, EXPLICATION
— PRÉEXISTENCE DE L'ENFANT A L'UNION DES PARENTS. —
MARCHE ASCENDANTE DE L'AME HUMAINE.

Comment expliquer les sympathies ou les antipathies si vives, si profondes et si invincibles qui existent entre certaines personnes, si on ne veut admettre que ces personnes qui s'aiment ou se haïssent sans motifs dans la vie présente aient déjà vécu ensemble dans le passé. Telle personne nous plaît et nous ravit à première vue, telle autre nous déplaît, au contraire, et nous inspire un sentiment de répulsion que nous ne pouvons maîtriser. Les révélations soudaines de l'amour, chez les êtres qui se voient pour la première fois; les inimitiés irréconciliables ne peuvent s'expliquer que par la préexistence de ces êtres.

Tyrans orgueilleux et cruels, petits despotes qui encombrez les avenues de la vie et pour qui tout homme n'est qu'un instrument qu'on jette au rebut, quand usé par les services qu'il a pu vous rendre, il devient un objet d'embarras, vous pensez que l'heure de la justice ne sonnera jamais, l'expiation viendra en son temps, soyez-en sûrs ; la victime ne disparaît point pour toujours, elle renaîtra au jour marqué et malheur alors à quiconque l'aura persécutée, si animée de sentiments de vengeance envers ses bourreaux, elle veut leur infliger les maux dont ils l'accablèrent. Quel puissant encouragement pour faire le bien et fuir le mal. Ne semez donc dans le champ de la vie que la semence du bien et vous recueillerez un jour dans la joie le fruit de vos bonnes œuvres, tôt ou tard le mal produit des fruits amers qui empoisonnent toutes les heures.

« Je crois que nous vivons éternellement ; que le soin que nous prenons d'élever notre âme vers le vrai et le beau, nous fera acquérir des forces toujours plus pures et plus intenses pour le développement de nos existences futures. Il y a, j'en suis sûr, de vagues rêveries, des mondes inconnus dans ces âmes engourdies (d'enfants) peut-être, qu'ils se souviennent confusément d'une autre existence et d'un étrange voyage à travers les nuées de l'oubli[1] ».

La cessation de toute vie est à la fois une mort

Note. — Au Groënland et chez un grand nombre de peuplades sauvages, on croit que l'âme qui vient animer le corps d'un enfant, appartient à l'un des ancêtres de la famille ; c'est ainsi qu'ils expliquent la ressemblance physique et morale de l'enfant avec ses parents immédiats, ou le fait, plus curieux, de l'enfant ayant les prédispositions heureuses ou maladives de tel ancêtre remontant à plusieurs générations.

1. Georges Sand.

et une naissance ; l'adieu à un monde et l'arrivée dans un autre ou le retour dans le dernier.

Conformément à l'opinion de saint Jérôme et à celle de l'Eglise romaine, Dieu après avoir créé l'âme d'Adam et celle d'Eve, crée successivement et sans matière préexistante les âmes des enfants au moment de leur naissance.

Ici se présente une grave question. L'enfant doit-il la vie au caprice fugitif ou à l'union réfléchie de deux êtres de sexe différent? Ou bien existait-il virtuellement de toute éternité? L'enfant préexistait à cet acte de génération ; sa naissance dans ce monde est indépendante de la volonté du père et de la mère. Si cet enfant est venu choisir sa place dans votre famille, c'est parce que dans ses existences passées et les vôtres il existait quelque conformité de sentiment, des affinités inconscientes mais réelles. Une autre âme aurait pu venir habiter le corps de l'enfant que vous venez de mettre au monde. Si cet enfant est venu s'asseoir à votre foyer, vivre au milieu de vous c'est parce que cette place lui était assignée par sa conduite dans le passé ; ou que des liens quelconques l'attachaient à vous dans des vies antérieures. Mais son existence ne date point du jour où il est venu habiter ici-bas avec vous ; avant d'égayer ou d'attrister votre foyer, il a vu d'autres terres, et s'est assis à d'autres foyers ; il vient donc de loin, de très loin, il vient du plus profond des siècles. Pourquoi, direz-vous, ayant déjà vécu, renaître enfant? Nous savons tous que dans l'enfance les impressions son infiniment plus vives et plus durables qu'à tout autre âge; dans les premières années, les caractères sont plus malléables, plus dociles aux conseils de l'expérience, l'âme se pétrit alors comme une cire molle, à ce point de vue, l'enfance est nécessaire. Nous ne savons pas enfin comment nous naissons sur les autres planètes; l'enfant aspire à devenir homme et l'homme à monter plus haut dans l'échelle de la création.

On remarque dans certaines familles, le peu d'affection que l'enfant porte à ses parents ; cela peut tenir dans beaucoup de circonstances à ce que l'enfant devine les motifs intéressés des sympathies dont il est l'objet; on l'a mis au monde par attrait de la volupté, pour servir l'ambition des parents ou protéger leurs vieillesse, il est quelquefois délaissé, on voulait une fille, on a un garçon ou *vice versa*. L'enfant est pour la famille un charme si attendrissant, il lui donne des joies si pures, si nombreuses et si douces que souvent il ne croit point devoir de reconnaissance à ceux qui ont retiré de lui tant de satisfactions et qui pendant plusieurs années, a été la plus grande joie de leur vie.

Le soleil chez les sauvages comme chez les nations civilisées à souvent symbolisé et d'une manière touchante les diverses phases de la vie humaine. Son lever joyeux a été comparé à la naissance de l'homme, le milieu de sa course, où plein de force et de vigueur, il répand sur la terre toutes ses énergies, à la virilité et enfin son coucher à la mort. C'est ce motif qui a déterminé les peuples à considérer l'Orient comme la région de la lumière, de la joie et de la vie, et l'Occident comme la demeure des morts, la région des ténèbres. C'est pour cela que presque partout on enterre les morts dans la direction de l'Orient à l'Occident.

La marche ascendante et progressive de l'âme humaine est dans les lois divines ; quelques chutes accidentelles n'infirment point ces lois. Chaque progrès que nous faisons est acquis à notre avoir et aucune puissance ne saurait nous en déposséder. Le dévelopement général de l'homme n'a pas lieu en même temps ; il arrive fort souvent que son intelligence s'élève au plus haut degré de perperfection, tandis que sa moralité reste stationnaire : aussi voit-on parfois les grands génies dominés par les plus viles passions. Par contre, il existe des intelligences vulgaires en possession d'une âme grande et vertueuse. A un moment quelconque de nos existences, telle faculté se développe avec éclat tandis que d'autres sommeillent : plus tard, ces facultés endormies se réveilleront et progresseront à leur tour.

La folie, l'idiotisme, l'impuissance, l'atrophie

de certaines facultés sont la conséquence naturelle de l'abus que nous avons pu faire de ces diverses facultés ; elles peuvent être aussi une épreuve.

Le jeune homme ne peut revenir, pendant *sa vie actuelle*, vers son passé où tout était joie, innocence ; où le cœur n'avait pas un regret, ne connaissait aucune passion, où l'esprit était sans méfiance. L'homme mûr a beau regretter sa jeunesse, il ne reviendra point vers cet âge heureux, où sous ses pas fleurissaient les espérances enthousiastes et les rêves bénis. Ces deux époques de la vie sont des époques de croyances naïves, de religions faites de légendes et acceptées sans examen. Il faut parler à l'enfant et au jeune homme un langage simple, clair, figuratif, mais l'homme fait a besoin d'un enseignement plus élevé, grâce à sa culture intellectuelle. L'humanité dans son âge d'émancipation, comme l'homme dans sa virilité, sont tenus de marcher en avant et toutes les légions de la terre se briseraient inutilement contre cette évolution des idées.

Représentons-nous un homme ayant vécu pendant plusieurs années dans plusieurs petites localités d'un État quelconque où il a fait naître l'aisance, creusé des canaux, tracé des routes, fondé des institutions philanthropiques, donné l'exemple des plus nobles vertus, développé son intelligence par de profondes études et que le chef de cet État, frappé de tant de mérite, comble cet homme de faveurs et l'appelle à un poste éminent dans une ville importante. Les habitants de cette dernière ville ne connaissant rien du passé du nouveau venu feront mille commentaires, et ne pourront comprendre qu'arrivé d'hier parmi eux, il soit l'objet de tant de faveurs. Prenons maintenant un malfaiteur conduit par deux gendarmes au bagne de cette ville, personne ne connaissant le passé de ce criminel, les habitants ne s'expliqueront pas un pareil supplice.

Mettons à la place des petites localités dont nous venons de parler, les mondes où nous avons vécu et à la place de la dernière ville, la terre, remplaçons le chef de cet État par l'arbitre de la création et nous aurons une explication facile des conditions de chacun de nous ici-bas, avec cette réserve que le présent est le résultat direct du passé ou une initiation, une épreuve, etc.

LIVRE III

RENAISSANCE DE L'HOMME OU IMMORTALITÉ DE L'AME

I

VAUT-IL MIEUX VIVRE AVEC L'ESPÉRANCE DE RENAITRE QU'AVEC LA CONVICTION QUE TOUT FINIT A LA MORT?

On s'est demandé bien souvent s'il est préférable pour l'homme de vivre avec l'espérance de renaître après la mort que de passer sa vie dans la conviction que tout finit en quittant la terre. Que de gens bondissent d'effroi et d'indignation à l'idée de recommencer une nouvelle existence. Les impressions de celle-ci leur font désirer le repos après les tourmentes de la traversée. Pour un grand nombre les tortures de la chair et de la conscience, le spectacle du mal, les séparations poignantes, etc., suffiraient pour leur faire désirer le néant et repousser la vie.

N'est-ce pas, en effet, une chose douloureuse que ces séparations d'êtres faits pour s'aimer, que cette dispersion des familles à tous les coins du monde, que cet abandon du foyer autour duquel l'ambition, la nécessité, le goût des aventures ou de l'inconnu, les alliances font le vide?

Tout laisse des regrets, rien ne nous satisfait

pleinement. Enfant, nous demandons toutes les chimères de notre imagination, jeune homme, nous donnerions tous les trésors de ce monde pour les caresses de la beauté, mais à peine possède-t-on le divin joujou que le charme s'évanouit et que l'illusion s'envole, homme fait, on poursuit la gloire et les honneurs sans que leur possession puisse jamais remplir le vide du cœur et offrir des satisfactions complètes.

Recommencer ici ou sur une autre terre, pensent certaines personnes, les tribulations adoucies ou augmentées de ce monde, perdre et pleurer encore ce que nous pourrions aimer ailleurs, à quoi bon? Quand nous ne serons plus, quand notre pauvre cœur aura cessé de battre, quand dans le sommeil de la mort nous dormirons dans l'oubli de toutes choses, ne nous réveillez pas, ô Dieu clément, laissez-nous ainsi pendant l'éternité dans notre néant; offrez à d'autres ce triste don de la vie que nous vous supplions de ne pas nous forcer d'accepter. L'homme devant vivre éternellement, il est difficile d'admettre que le petit nombre d'années que nous passons sur la terre, comparé aux siècles infinis de notre vie générale, puisse nous mériter une existence très différente et de beaucoup supérieure à celle-ci. Si nos rêves de bonheur doivent se réaliser un jour, ce ne sera sans doute qu'après bien des existences et bien des épreuves.

On peut faire deux parts des hommes : les bons et les méchants, les innocents et les coupables, les victimes et les bourreaux et se demander quelle croyance est la plus avantageuse aux uns et aux autres de l'immortalité ou du néant. Examinons d'abord l'immortalité.

Les coupables, ceux qui n'auront pas vécu selon les prescriptions du devoir, auront tout à craindre de l'existence qui suivra leur mort ; ils devront expier le mal qu'ils auront fait ici-bas. On dira qu'après l'expiation et le pardon, ils pourront rentrer dans le grand concert des justes et participer au bonheur promis à l'homme de bien. Quant aux innocents, aux persécutés, à tous ceux qui auront pratiqué le devoir, aux amants qui, après s'être juré de s'aimer éternellement, ont été séparés brusquement, ils seront récompensés, mais avant ils peuvent souffrir encore, être persécutés, s'aimer de nouveau, puis être séparés encore et cela pendant plusieurs existences.

Dans l'hypothèse du néant, les criminels pourront perpétrer tous les forfaits, jouir de toutes les voluptés en ayant toutefois soin de déjouer la justice humaine, à cette condition ils seront plus ou moins heureux dans cette vie et laissés en paix dans l'autre. Les justes, les nobles cœurs auront perdu leur temps et leurs peines à faire un métier de dupes.

Qu'importe aux uns et aux autres le néant ?

Pour regretter des joies espérées, des félicités rêvées, il faut évidemment exister; si on n'existe jamais après la mort tout est indifférent. Le caillou ne s'inquiète pas de ce qui se passe autour de lui : dans son néant l'homme est insensible à tout, ni les angoisses du cœur, ni les remords de l'âme ne peuvent l'émouvoir; que lui importent les joies troublées et les misères de ce monde? Les murs d'une salle de festin envient-ils l'ivresse heureuse des convives; le lit sur lequel se tord le mourant dans les affres de son agonie ressent-il quelque douleur? la couche moelleuse sur laquelle la jeunesse et la beauté viennent goûter les voluptés terrestres les plus enivrantes désire-t-elle quelque chose de ces voluptés? Pour que le bonheur l'emporte sur le malheur, il faudra trop d'existences encore pour qu'on ne préfère le néant à la vie.

La meilleure ligne de conduite à suivre est celle qui pourra procurer le plus d'avantages : l'intérêt bien compris, l'emploi des moyens les plus propres à satisfaire nos désirs. Que la vie soit courte, mais bonne, éviter la peine, donner à son égoïsme l'extension la plus large, nul souci du grand peut-être qui suivra.

Pour plaindre ou pour envier le sort de ceux qui meurent il faudrait enfin, disent bien des gens, connaître avec une certitude absolue le mystère d'outre-tombe, savoir d'une manière incontestée, ne laissant place au moindre doute, ce qui suit, ce qu'on devient après la dernière minute de vie passée sur la terre, mais à qui s'adresser pour connaître le secret de notre avenir en sortant de ce monde, aux philosophes, aux savants, aux moralistes, aux penseurs? Ce serait peine inutile, l'énigme resterait indéchiffrée.

Quand la vie de ceux qui nous sont chers devient une perpétuelle agonie, notre devoir est de nous séparer d'eux, et le plus beau témoignage de dévouement que nous puissions donner à une vieille mère, à un vieux père, à une épouse, à un enfant gémissant sous le poids de maux intolérables et incurables sera de les débarrasser de leurs souffrances en leur ôtant la vie. Quelques particules d'oxyde de carbone ou tout autre recette empruntée à la pharmacopée ou à la froide imagination du désespoir, et les voilà à l'abri du besoin ou des tourments de la vie, on recueille leur héritage, il y a profit des deux côtés. Le meurtre des plus aimés devient un devoir. Plus de pitié pour les malheureux qui souffrent, si la vie leur est insupportable, le suicide leur ouvre les portes du néant où on ne souffre plus; nul besoin de travailler ou d'obéir à un maître qui est quelquefois un tyran.

Ainsi donc à ne la considérer que par ses aspects superficiels, la vie semble être tout à la fois, un drame lugubre et une comédie burlesque faite des joies échevelées de l'enfer et des béatitudes du ciel; d'inexprimables agonies et de tranquilles félicités; d'ivresses délirantes et de sanglots désespérés. De temps en temps un tintement de cloche retentit au sein de cette mascarade étrange pour rappeler les acteurs au sérieux de leur destinée. Un convoi passe, celui d'une jeune fille, d'un enfant. C'est la nuit, la profonde nuit pour le convive disparu !

Les ténèbres enfin se dissipent, le firmament resplendit, la terre s'entr'ouvre, le voile du temps se déchire, et la main de Celui en qui réside toute vie jette ses sondes dans le puits de la mort puis remonte le cercueil dans les cieux, pour recueillir de nous ce qui pleure, mais aussi ce qui aime; ce qui souffre, mais ce qui mêle à sa douleur le pressentiment des joies de l'infini ; ce qui passe comme une ombre sur la terre, mais ce qui ne peut périr, ce qui ronge le temps, use les siècles et se trouve contemporain de toutes les éternités.

II

DISTINCTION DU CORPS ET DE L'AME. — INFLUENCE RÉCIPROQUE
DU PHYSIQUE ET DU MORAL. — PERSISTANCE DE L'ÊTRE.

Quand l'homme étudie ses sentiments et ses actes, il semble reconnaître en lui deux êtres de nature fort différente. L'un dont les aspirations, constamment tournées vers les choses célestes, vit dans les pures régions de l'esprit, dans la contemplation du beau ; l'autre exclusivement préoccupé des affaires de ce monde, ne s'attache qu'aux réalités visibles ou palpables. De là tant d'admirables élans vers l'idéal, et de défaillances douloureuses, tant de rêves divins mêlés aux plus abjectes dépravations, voilà pourquoi la noblesse et la délicatesse des sentiments se trouvent associées aux passions bestiales, au culte de la matière, à l'idolâtrie de la chair.

« En méditant sur la nature de l'homme, j'y crus découvrir deux principes distincts, dont l'un l'élevait à l'étude des vérités éternelles, à l'amour de la justice et du beau moral, et dont l'autre le ramenait bassement vers lui-même, l'asservissait à l'empire des sens, aux passions qui sont leurs ministres et contrariait par elles tout ce que lui inspirait le sentiment du premier. En me sentant entraîné, combattu par ces deux mouvements contraires, je me disais : « Non, l'homme n'est point un ; je veux et je ne veux pas, je me sens à la fois esclave et libre ; je vois le bien, je l'aime et je fais le mal ;... et mon pire tourment quand je succombe est de sentir que j'ai pu résister [1]. »

L'âme (le Moi) possède des caractères qui la distinguent du corps. Aucun des sens ne peut nous donner l'idée de son existence ; ni la vue, ni l'ouïe, ni le toucher, etc., ne peuvent nous révéler quelque chose qui nous permette de la connaître ; la conscience seule nous offre le sentiment de sa réalité. Nous pensons, nous voulons, nous connaissons l'amour ou la haine, la joie ou la douleur par la conscience et non par les yeux, ou tel autre organe. L'âme est indivisible, une, car ce n'est pas telle partie d'elle-même qui aime, telle autre qui hait, mais elle tout entière. Vous n'éprouvez pas de joie dans telle partie de votre corps, vous n'êtes pas triste dans vos poumons. Le remords n'est pas dans la rate, dans la vessie ou dans les mains, mais vous pouvez avoir mal aux pieds, froid aux mains, souffrir à la rate. Observez ce qui se

---

1. J.-J. Rousseau, *Émile*, l. IV.

passe chez l'homme qui n'a pas été vicié par une longue habitude du mal, c'est-à-dire dévoyé de sa véritable nature. Quand il accomplit une action vertueuse, sa conscience est satisfaite, si au contraire, par suite d'une conduite déréglée, il se rend coupable de quelque infamie, sa conscience se révolte, un sentiment de malaise intérieur, d'inquiétude sourde, de mépris de soi-même suit le coupable, une satisfaction pure, une douce quiétude accompagne chacun de nous dans les belles actions de sa vie. Tout le monde sent cela. Comment croire que ces joies intimes et ces remords poignants de la conscience qui vous suivent jusqu'au seuil d'une autre vie puissent naître de la matière éternellement en mouvement?

L'indifférence des hommes sur l'immortalité de l'âme ne peut s'expliquer que par la conviction où l'on est que la démonstration positive de cette immortalité est impossible. S'il n'y a rien à espérer après la mort, toutes les actions de notre vie ne peuvent être les mêmes que si nous pouvons compter revivre dans notre individualité pensante à travers les siècles. Mais où serait la raison d'être de cette vie où l'enfant d'un jour peut mourir avant le vieillard de quatre-vingts ans? Le résultat ou les conséquences de nos actions sont trop souvent un défi à la raison ou à la morale, une ironie de la destinée pour qu'on puisse justifier l'existence actuelle, sans l'hypothèse de nos renaissances.

Oh ! comme on doit tenir aux joies de ce monde, quelle douleur doit causer leur durée éphémère; quelle angoisse épouvantable doit faire naître leur fuite dans le cœur de celui qui pense que ces joies sont l'unique trésor qu'il possédera jamais. Comme il doit être avide de jouir de cette minute de vie qui lui est offerte dans l'éternité vivante sur ce coin de terre qu'il croit seul habité dans la nature. Quiconque croit à la persistance de l'homme à travers le temps se détache plus facilement des choses de la terre et des préoccupations humaines, il s'achemine avec une sérénité idéale et une résignation plus douce vers le but suprême que le génie et la science de la vie assignent à notre existence terrestre.

L'homme social qui va et vient, travaille, souffre, lutte, que tout le monde connaît, est dans une certaine mesure ce que les nécessités de l'existence, l'éducation, les préjugés de race, de famille, les hasards et les passions du milieu où il s'est développé l'ont fait. Mais il y a dans l'individu un autre moi très différent du premier et qui lui est infiniment supérieur, que personne ne voit, qui reste inconnu de tous, qui sommeille résigné ou dont les aspirations sans cesse refoulées se révèlent dans l'être visible par un sombre désespoir. Ah ! néanmoins, le moi invisible, le vrai a le temps pour lui et quel que soit son âge ici-bas, il est toujours jeune de l'éternelle jeunesse de toutes les existences de son avenir.

Le matérialisme croit avoir trouvé une preuve sans réplique en faveur de sa thèse dans l'influence du corps sur l'âme ou du physique sur le moral, mais le spiritualisme peut répondre avec certitude que l'influence du moral sur le physique est bien autrement considérable que l'influence contraire et que si le corps et ses organes sont indispensables à la manifestation de nos sentiments, il ne s'ensuit pas que le corps soit l'essentiel chez l'être. L'artiste a besoin d'un instrument pour exprimer son talent, Paganini d'un violon, Raphaël d'un pinceau, mais un violon n'est pas Paganini ni un pinceau Raphaël.

Les maladies en général, celles du cerveau surtout, ainsi que les affections nerveuses, exercent une très grande influence sur le moral ; les sexes agissent aussi sur l'âme, la femme diffère de l'homme par son caractère, son organisation, son intelligence. Bien que l'homme s'accommode assez facilement aux divers climats, ceux-ci n'en exercent pas moins une action assez marquée sur son moral. Les narcotiques troublent profondément les actes de l'intelligence et peuvent produire la folie. L'âge a aussi une action très visible sur l'âme. L'enfant, avec la vivacité de ses impressions; le jeune homme, avec sa plénitude de vie, sa foi, ses espérances dans la destinée ; l'homme mûr dont l'énergie s'attiédit, l'ambition se développe, ainsi que la prudence; le vieillard, dont la vie s'amoindrit et les facultés s'affaiblissent devient égoïste et tend à se replier sur lui-même, ont chacun des impressions diverses qui doivent influer d'une manière très grande sur le moral.

Mais qui ne connaît le prodigieux empire de l'imagination sur le corps? Nous pourrions citer un grand nombre de malades, guéris avec des remèdes fictifs, présentés comme infaillibles, et d'autres tués avec des poisons imaginaires donnés comme réels. La joie ou les craintes excessives peuvent amener la mort. La colère, la honte, la haine exercent sur le corps des effets désastreux.

Quiconque a étudié la médecine sait quel étonnant empire le remords, le désespoir, l'humeur gaie exercent sur l'organisme et les différentes fonctions de la vie. Une joie vive, extrême a tué bien des gens, d'autres à l'annonce d'un grand malheur ont vu leurs cheveux blanchir en une nuit ou sont morts subitement.

Il y a certains faits mixtes, dont la démarcation est moins nette et qui relient d'une manière plus intime les actes corporels à ceux de l'âme, par des transitions à peine sensibles, comme celles qui relient le règne végétal au règne animal.

Le corps est perçu par les sens et composé de nombreuses parties. Chaque fonction s'exécute à l'aide d'un organe déterminé : la circulation du sang par les veines et les artères, la respiration par les poumons, etc. L'âge, les maladies et les aliments modifient profondément le corps; les particules dont il est composé à un moment précis disparaissent entièrement dans un très court espace de temps et sont remplacées par d'autres, tandis que l'âme reste la même pendant toute la durée de notre vie.

Si le but de l'homme est le même que celui de l'animal, l'homme doit envier le sort de la bête et s'efforcer de vivre comme elle. Alors Vitellius a raison contre Jésus, Sardanapale contre saint Vincent de Paul. L'animal se procure sans peine des plaisirs et des voluptés dont la jouissance ne lui laisse ni inquiétude ni remords; doué d'une force et d'une vigueur extraordinaires, sa santé reste intacte. L'homme n'a ni la force du lion, ni l'œil de l'aigle, ni l'odorat du chien, ni la robe soyeuse du castor, ni le vol de l'oiseau, ni la longévité de certains animaux. Sous ces divers aspects, la vie de l'animal est donc préférable à celle de l'homme. L'animal vit tout entier dans le présent tandis que l'homme vit dans le passé par le souvenir et dans l'avenir par la prévision, ce qui lui donne souvent des regrets dans le passé et des craintes dans l'avenir. La mémoire ne reporte point l'animal vers des scènes aimées, l'espérance ne vient jamais embellir le présent : mais au milieu de ces joies précaires de l'homme, que de déceptions et d'amertumes! L'animal, indifférent au passé comme à l'avenir, possède cette sérénité calme, cette insouciance, cette quiétude que nous lui envions tous. Les tortures de la conscience, les écarts de l'imagination, si poignants pour nous, n'ont aucune action sur l'animal; la crainte de la mort ne trouble point sa vie.

Dans l'état de nature, aucun souci pour le vêtement et la demeure, point de soumission à un maître, la liberté, les libres voyages, la vie abondante sans rien posséder. Il a sa placidité que rien ne trouble, tandis que la crainte, mille appréhensions empoisonnent nos jours. Si l'illusion ne lui montre point les horizons joyeux de la vie, elle lui épargne les désenchantements qui suivent de près. Si l'homme connaît les vives jouissances de l'esprit, il en connaît aussi les tourments, il sait que l'intelligence grandit et que son génie se développe proportionnellement à sa capacité de souffrir. L'homme primitif, le sauvage, le paysan, tous ceux adonnés au travail du corps et peu à celui de l'esprit, sont doués d'une vigueur physique très grande; ils supportent plus facilement la mort, la douleur, les maladies. Les Fuégiens voient tomber le givre sur leur corps nu sans se plaindre; les Yakoutes à peine vêtus se livrent à leurs occupations ordinaires quoique couverts de givre. Chez les tribus sauvages, l'accouchement de la femme ne lui cause ni trouble ni souffrance. Le système émotionnel très peu développé, l'intelligence rudimentaire, les sens obtus, peu exercés, du sauvage, du travailleur musculaire, ainsi que de l'enfant préservent ceux-ci des grandes tristesses morales. Si les milieux étaient moins imparfaits, l'humanité à ses débuts serait, comme l'enfant vis-à-vis de l'homme fait plus heureuse que dans l'état d'extrême civilisation où les fonctions cérébrales trop surmenées développent outre mesure la sensibilité, un rien alors nous émeut, nous trouble, nous fait souffrir. L'abus des facultés supérieures rend la vie insupportable, le développement harmonique, l'exercice modéré du corps et de l'esprit contribuent à notre bonheur.

Que d'aliments pour l'être sensible : les cimetières, les hôpitaux, les dépôts de mendicité, les réceptacles de la misère, les cours d'assises, les amphithéâtres où la chair sanglote sous la main de l'opérateur, les épidémies, les champs de bataille, tout l'afflige, le rend malheureux, rien de toutes ces choses n'attriste l'animal, c'est un avantage sur l'homme. Chateaubriand disait : Heureux ceux qui n'ont point vu la fumée des fêtes de l'étranger et qui ne se sont assis qu'aux festins de leurs pères! On a dit souvent : Heureux ceux qui sont pauvres d'esprit, de cœur, de sentiment.

Michelet admet une âme chez les animaux, une âme ébauchée.

« Ouvrons les yeux à l'évidence, laissons là les préjugés, les choses apprises et convenues. De quelque idée préconçue, de quelque dogme qu'on parte, on ne peut pas offenser Dieu en rendant une âme à la bête. Combien n'est-il pas plus grand s'il a créé des personnes, des âmes et des volontés que s'il a construit des machines [1] ? »

La mort dispute, en vain, l'empire de la nature à toute vie qui s'épanouit sur cette terre. Nulle âme ne disparaît à jamais dans l'univers. Qu'on jette les vivants dans une robe de planches, de plomb, de marbre, ou de porphyre, le vêtement n'y fait rien, pour le riche comme pour le pauvre, pour les grands comme pour les petits, la mort est impuissante à supprimer la vie, le cadavre revit sous des formes infinies : fleur parfumée des cimetières, arbre vénérable au fond des sombres forêts, perle au fond des mers ; rien ne disparaît et tandis que le corps se transforme ainsi, l'âme souriante et radieuse contemple ceux qui, prosternés autour de la fosse encore béante, pleurent son départ.

En vain les peuples sèment leurs os dans les champs fertiles qui ne devraient se recouvrir que de bienfaisantes moissons ; en vain ils inondent de leur sang les plaines fécondes qu'ils ont si longtemps arrosées de leurs sueurs, en vain les épidémies passent sur les générations, la vie subsiste toujours !

Schopenhauer envisage la mort par son côté mélancolique. Chaque fois, dit-il, qu'un homme meurt,

---

1. Michelet, l'*Oiseau*.

c'est un monde qui meurt, le monde que renfermait son cerveau ; plus les facultés de cet homme étaient puissantes, plus sa mort est affreuse. L'indicible douleur que nous cause la perte de tout être ami, naît de ce sentiment que dans chaque être il y a quelque chose d'inexprimable et d'irréparable qui n'appartenait qu'à lui.

Lucien l'envisage sous un aspect plus gai : « Allons, dit un fils à son père, puisque tu parais ignorer comment on pleure les morts, je vais te l'apprendre.

« Ah! mon pauvre enfant, tu n'auras plus soif, tu n'auras plus faim ni froid ; tu es à jamais perdu pour moi, tu as échappé aux maladies, tu es à l'abri de la fièvre, des tyrans et des ennemis, tu ne seras jamais tourmenté par l'amour, la volupté n'épuisera plus tes forces. Tu ne seras jamais un vieillard méprisé de tous[1]. »

---

1. Lucien, *sur le deuil*.

III

LA TERRE, AU CENTRE DE LAQUELLE CERTAINES RELIGIONS ONT PLACÉ L'ENFER, AINSI QUE LA PLANÈTE ASSIGNÉE AUX ÉLUS DEVANT DISPARAITRE UN JOUR, L'ENFER ET LE PARADIS CHRÉTIENS NE PEUVENT ÊTRE ÉTERNELS. — OPINIONS DIVERSES SUR L'IMMORTALITÉ DE L'AME.

Nous savons, d'après les données les plus positives de la science, que la terre doit disparaître un jour et que par conséquent l'immortalité de l'âme ne peut être certaine que s'il existe d'autres astres habités où elle puisse continuer à vivre.

Le christianisme ayant placé l'enfer au centre de la terre, tous ceux qui habitent ou habiteront ce lieu, disparaîtront nécessairement avec elle, les châtiments de l'enfer chrétien ne peuvent donc pas être éternels. Le paradis, c'est-à-dire l'empyrée ou la demeure des élus, disparaîtra également à son tour et les élus comme les damnés ne pourraient vivre éternellement; car, comme tous les astres, la planète où l'Église a placé l'empyrée est soumise aux lois de la vie et de la mort. Enchaînées à des dogmes et à des conceptions scientifiques établis comme des vérités indiscutables, les religions ne peuvent les renier sans affaiblir ou détruire la confiance des fidèles en leur enseignement.

La science qui ne poursuit que la vérité et les conséquences utiles qui en dérivent, nous montre la vie universelle et éternelle au sein de l'infini, les humanités poursuivant leurs destinées sur les astres innombrables de la création. Les princes de la pensée et les gloires de l'intelligence humaine ont toujours proclamé l'immortalité de la vie, dans chaque individu. L'antiquité a exprimé, sous des formes symboliques, dans les livres sacrés de ses religions, tels que le *Véda*, le *Code de Manou*, le *Bhagaveda-gita*, l'*Avesta*, les monuments de l'Égypte, ces grandes vérités. Zoroastre, Anaximandre, Xénophane, Parménide, Socrate, Platon, Virgile, Locke, Leibnitz, Newton, Voltaire, Condillac, Hervey, Kant, W. Herschell, Secchi, Michelet, V. Hugo, etc., en ont été les éloquents défenseurs.

La connaissance fort ancienne du mouvement des astres, de leurs distances, de leur densité, de leur volume, de leur poids ainsi que la composition des aérolithes pouvaient laisser planer bien des doutes sur l'habitabilité des terres célestes, aujourd'hui il n'en est plus ainsi, les travaux des savants illustres, les merveilleuses découvertes de l'analyse spectrale et de la photographie céleste en faisait connaître les éléments chimiques et la constitution physique des astres et en démontrant qu'il existe autour d'eux une atmosphère, comme le soutenait Démocrite plus de 400 ans avant Jésus-Christ, ne permettent guère le doute.

Les anciens avaient sur la vie future de riantes et d'ingénieuses conceptions. En mourant on s'endormait dans un songe et au réveil on se trouvait au sein de vastes campagnes, toutes resplendissantes de vie et de beauté, des êtres doux et gracieux nous recevaient au seuil de ce nouveau monde qu'illuminait un autre soleil et qu'embellissaient des merveilles inconnues à la terre, une nouvelle vie commençait alors pour nous dans cet Elysée de nos rêves.

> Morte carent animæ, semper que priore relictæ,
> Sede novis domibus vivunt habitantque receptæ [1].

Que nous aimerions à revoir, quand nous ne serons plus, cette chère maison de notre enfance, qui rappelle à l'homme tant de douces choses; qu'il serait agréable pour les uns, triste pour les autres, de traverser, après avoir quitté ce monde, les espaces solitaires pour visiter chaque lieu connu et revivre pendant quelques instants d'une existence tout idéale, avec ceux qui penseraient encore à

---

1. Les âmes ne meurent point, mais après avoir quitté leur premier domicile, elles vont habiter et vivre dans de nouvelles demeures. Ovide, *Métam.*, XV.

nous ! Soyons dignes d'abord de tout ce que le cœur espère et désire et la destinée ne trompera point nos espérances, elle a autre chose à nous offrir que les vaines apparences du bonheur et des voluptés terrestres.

Quelques philosophes pensent que l'âme qui vient habiter notre corps émane de l'intelligence universelle où elle retourne après la vie ; si cette doctrine était vraie, l'âme perdrait son individualité et la fin serait la même pour tous les hommes.

Puisées à la même source et venant habiter parmi nous, sans avoir eu le temps de se modifier, les âmes seraient toutes les mêmes, nous avons vu qu'il n'en est rien. Si tout devait aboutir au néant, si l'avenir devait être le même pour tous, pourquoi mettre un frein à ses passions, pourquoi ne pas se livrer à la satisfaction de tous ses désirs, pourquoi ne pas donner un libre cours à ses ambitions dans la mesure du possible, à quoi bon tenir compte de l'opinion, du souci et de l'intérêt d'autrui, puisqu'en quittant cette vie le résultat serait le même ? Pourquoi ne pas prendre pour guide de sa conduite son intérêt bien entendu, excepté dans les circonstances où certaines considérations commanderaient de faire taire ses appétits égoïstes ? On est saisi d'effroi en songeant aux conséquences morales et politiques d'une telle philosophie. Cette doctrine, si bien faite pour pervertir les mœurs, corrompre et détruire les sociétés, a cependant trouvé d'habiles sophistes pour la présenter à l'inexpérience des masses, sous une forme attrayante; mais le bon sens général fait tôt ou tard justice des faux systèmes qu'on voudrait lui imposer, et la vérité finit toujours par triompher de l'erreur.

« L'esprit humain, tiré de l'esprit divin, ne peut être justement comparé qu'à Dieu [1]. »

« Rien dans le monde visible ne peut nous expliquer l'origine de cet invisible qui est en nous et que nous appelons esprit ou âme : rien ne se montre dans les corps, tels que nous les considérons, qui ait mémoire et pensée, qui retienne le passé, prévoie l'avenir, embrasse le présent; ces facultés sont divines et l'on ne trouvera jamais qu'elles puissent venir à l'homme autrement que par Dieu; que par conséquent ce qui sent, ce qui sait, ce qui veut, ce qui vit en un mot est céleste et divin, et que pour cette raison même il est de toute nécessité que ce principe qui est en nous et qui est nous, soit éternel [2]. »

Appollonius de Tyane, qui vivait au temps du Christ et que ses admirateurs égalèrent à Jésus, nous a laissé, dans une lettre écrite à Valérius, un véritable monument des croyances antiques sur l'immortalité. Nul ne pouvait s'exprimer sur un

---

1. Cicéron, *Tusc. Disp.*, l. V., 15.
2. Cicéron, *Fragm, De consolatione.*

tel sujet avec autant d'autorité que le disciple de Pythagore. Initié à tous les mystères des vieilles religions, il connut à fond les croyances des anciens ; il passa sa vie à visiter les temples et à interroger les grands hommes de tous les cultes; les prêtres égyptiens avec lesquels il vécut longtemps lui révélèrent toute leur doctrine, il visita également l'Inde ; en communication constante avec les brahmanes et les érudits, aucun secret ne lui échappa. Voici cette curieuse lettre :

« Rien ne meurt qu'en apparence, dit Appollonius, de même que rien ne naît qu'en apparence. Quand quelque chose passe de l'état d'essence à l'état de nature, nous appelons cela *naître;* de même que nous appelons *mourir* retourner de l'état de nature à l'état d'essence. Toutefois en réalité une chose n'est jamais ni créée, ni détruite, mais seulement elle devient visible ou bien elle devient invisible ; dans le premier cas à cause de la densité de la matière, dans le second à cause de la ténuité de l'essence, qui du reste est toujours la même et ne diffère jamais que par le mouvement et le repos... La modification des êtres visibles n'appartient en propre à aucun de ces êtres individuellement, mais toute modification appartient au seul être universel. Et comment la nommer, cette cause de tous les phénomènes, sinon l'essence première, laquelle indubitablement agit et consent, et devient tout en toutes choses? Dieu éternel qui seulement, par la variété des noms et des représentations, perd à nos yeux son propre nom, quoique à tort.

« Mais c'est peu que de se tromper ; on fait plus : on se désespère quand d'homme on devient dieu, en changeant de modification, mais non pas de nature et d'essence. Cependant si vous vouliez avoir égard à la vérité, la mort ne serait point pour vous une source de deuil ; mais au contraire vous n'auriez pour elle que de l'amour et du respect. »

On ne peut tout accepter dans cette lettre qui contient tant de vues profondes mêlées avec quelques idées panthéistiques.

« Les hommes sentent d'un pôle à l'autre qu'on doit être juste, honorer son père et sa mère, aider ses semblables, tenir ses promesses ; ces lois sont de Dieu, les simagrées sont des mortels. Je vous propose la religion qui convient à tous les hommes, celle de tous les patriarches et de tous les sages de l'antiquité, l'adoration d'un Dieu, la justice, l'amour du prochain, l'indulgence pour toutes les erreurs et la bienfaisance dans toutes les occasions de la vie. C'est cette religion digne de Dieu que Dieu a gravée dans tous les cœurs[1]. »

Si nous étions immortels, nous serions des êtres très misérables. Il est dur de mourir, sans doute, mais il est doux d'espérer qu'on ne vivra pas toujours et qu'une meilleure vie finira les peines de

1. Voltaire.

celle-ci. Si on nous offrait l'immortalité sur la terre, qui est-ce qui voudrait accepter ce triste présent? Quelle ressource, quel espoir, quelle consolation nous resterait-il contre les rigueurs du sort et contre les injustices des hommes? L'ignorant qui ne prévoit rien sent peu le fruit de la vie, et craint peu de la perdre; l'homme éclairé voit des biens d'un plus grand prix, qu'il préfère à celui-là. Il n'y a que le demi-savoir et la fausse sagesse qui, prolongeant nos vies jusqu'à la mort, et pas au delà, en font pour nous le pire des maux. La nécessité de mourir n'est à l'homme sage qu'une raison pour supporter les peines de la vie. Si l'on n'était pas sûr de la perdre une fois, elle coûterait trop à conserver [1]. »

« Dieu, dit-on, ne doit rien à ses créatures. Je crois qu'il leur doit tout ce qu'il leur promit en leur donnant l'être. Or c'est leur promettre un bien que de leur en donner l'idée et de leur en faire sentir le besoin. Plus je rentre en moi, plus je me consulte, et plus je lis ces mots écrits dans mon âme : *Sois juste et tu seras heureux.* Il n'en est rien pourtant, à considérer l'état présent des choses; le méchant prospère et le juste reste opprimé. Voyez aussi quelle indignation s'allume en nous quand cette attente est frustrée! La conscience s'élève et murmure contre son auteur; elle lui crie en gémissant : tu m'as trompé!

---

1. J.-J. Rousseau, *Émile*, l. II

« Je t'ai trompé, téméraire, et qui te l'a dit? Ton âme est-elle anéantie? As-tu cessé d'exister? O Brutus! ô mon fils! ne souille point ta noble vie en la finissant; ne laisse point ton corps et ta gloire aux champs de Philippes. Tu vas mourir, penses-tu? Non, tu vas vivre, et c'est alors que je tiendrai tout ce que je t'ai promis!

« On dirait aux murmures des impatients mortels, que Dieu leur doit la récompense avant le mérite... N'exigeons pas le prix avant la victoire... Quand je n'aurais d'autre preuve de l'immortalité de l'âme que le triomphe du méchant et l'oppression du juste en ce monde, cela seul m'empêcherait d'en douter. Le juste infortuné, en proie à tous les maux de cette vie, sans en excepter même l'opprobre et le déshonneur, n'aurait nul dédommagement à attendre après elle et mourrait en bête après avoir vécu en Dieu! Non, non... Jésus, que ce siècle a méconnu parce qu'il était indigne de le connaître, le sublime Jésus ne mourut point tout entier sur la croix [1]. »

« Notre devoir à tous, qui que nous soyons, les législateurs comme les évêques, les prêtres comme les écrivains, c'est de faire lever toutes les têtes vers le ciel, de diriger toutes les âmes, de tourner toutes les attentes vers une vie ultérieure... Ne l'oublions pas et enseignons-le à tous; il n'y aurait aucune

---

1. J.-J. Rousseau, *Émile*, l. IV.

dignité à vivre, et cela n'en vaudrait pas la peine si nous devions mourir tout entiers...

« Quant à moi... j'y crois profondément, à ce monde meilleur; il est, pour moi, bien plus réel que cette misérable chimère que nous appelons la vie;... j'y crois de toutes les puissances de ma conviction, et, après bien des luttes, bien des études et bien des épreuves, il est la suprême certitude de ma raison, comme il est la suprême consolation de mon âme[1]. »

« Et maintenant représentons-nous si nous le pouvons les trésors infinis d'un esprit enrichi par les souvenirs d'une innombrable série d'existences entièrement différentes les unes des autres, et cependant admirablement liées toutes ensemble par une continuelle dépendance! A cette merveilleuse guirlande de métempsycoses traversant l'univers avec un fleuron dans chaque monde, agrandissons notre vie tout en l'immortalisant et marions noblement notre histoire avec l'histoire du ciel, bannissons de la terre l'idée du désordre en ouvrant les portes du temps au delà de la naissance; comme nous avons banni l'idée de l'injustice en ouvrant d'autres portes au delà du tombeau. Élevons sans crainte notre existence terrestre au-dessus de l'existence imparfaite de ces élus du Christ, qui ont dépouillé l'espérance et dont la mémoire n'est

---

1. Victor Hugo.

plus qu'un point dans l'abîme de l'éternité[1]. »

« L'humanité se rajeunit incessamment et ne perd rien de sa substance; les relations de ses membres sont diversifiées par leurs transformations, jamais interrompues; aux heures solennelles où elle évoque ses ancêtres et sa postérité, où elle jure par leurs cendres et leurs germes, elle sent vibrer en elle tous les anneaux d'une chair vivante. Nous avons beau ignorer où, comment, sous quelle forme nous persistons au delà de la tombe, nous voulons être immortels; nous nous demandons ce que Dieu réserve à tant de générations qui viennent et vont, mais qui ne périssent pas. Nous sommes aujourd'hui, nous serons demain [2]. »

« Ne vous est-il pas arrivé de rencontrer devant une église un corbillard, une voiture de mariage emportant une charmante jeune fille couronnée de fleurs d'oranger, accompagnée de son mari et de ses parents et en même temps une sage-femme portant dans ses bras un nouveau-né qu'elle allait présenter aux fonts baptismaux ?

« Une pareille coïncidence n'est pas rare, elle m'a souvent frappé. Ne sont-ce pas là en réalité les trois phases les plus solennelles de la vie : la naissance, le mariage et la mort? D'où vient-il, ce nouveau-né? D'où viendront-ils, ceux qui naîtront de ce jeune couple? Où va-t-il, celui dont tant de

---

[1]. J. Reynaud.
[2]. Barrault, Le Christ.

parents et d'amis affligés accompagnent la dépouille mortelle? »

« Ils viennent de Dieu! Ils vont à Dieu! Ce double mouvement ne s'effectue pas au hasard, il s'effectue en vertu d'une loi générale qui régit la création entière depuis l'atome impalpable et impondérable jusqu'aux astres immenses groupés par myriades dans l'étendue sans limites [1]. »

« Qui osera dire que l'absolu, que la perfection ne soit pas ou que le monde lui-même soit la perfection exacte? Quand les vers s'empareront de notre corps, notre âme s'élancera vers ce Dieu qu'elle a entrevu, qu'elle a rêvé, dont elle a démontré l'existence et qui ne nous a pas donné la pensée et l'amour pour que nous rendions ces trésors à la pourriture et au néant; se peut-il que Dieu soit, et que le malheur et l'injustice soient? Si je dois finir avec mon corps, pourquoi Dieu m'a-t-il fait libre? Pourquoi m'a-t-il donné un cœur que nul amour humain ne peut assouvir? Hélas! qu'est-ce donc que cette vie? Une suite de déceptions amères, des amours pures qu'on trahit, des enthousiasmes dont nous rions le lendemain, des luttes qui nous épuisent, des désespoirs qui nous tordent le cœur, des séparations qui nous frappent dans nos sentiments les plus chers et les plus sacrés, voilà la vie, si nous devons périr et voilà la provi-

---

[1]. Louis Jourdan.

dence! Périr! eh quoi! n'avez-vous jamais vu la justice avoir le dessous dans ce monde? Le crime n'a-t-il jamais triomphé? N'y a-t-il pas eu des criminels qui sont morts au milieu de leurs succès, dans l'enivrement de leurs voluptés impies? La postérité, cette ombre que le juste invoque, entendra-t-elle son dernier cri [1]? »

« L'ignorance des temps barbares avait fait de la mort un spectre, la mort est une fleur.

« Dès lors elles disparaissent, ces répugnances du sépulcre... Rien ne m'y retiendra, à peine y laisserai-je trace. Pendant que vous pleurez et me cherchez en bas, déjà plante, arbre et fleur, enfant de la lumière, j'ai ressuscité vers l'aurore... Pour le corps ainsi que pour l'âme, mourir c'est vivre et il n'y a rien que de la vie en ce monde [2]. »

« L'animal vit et meurt, mais il ne sait pas qu'il vit ni qu'il doit mourir. L'homme, au contraire, sait qu'il porte une existence et qu'il doit la déposer à la fin de la journée. Dieu a mis la mort devant nous, comme une vigie sévère, pour nous rappeler chaque jour à notre destinée. Si l'homme n'avait la prescience de la mort, il glisserait sur le temps et fuirait, dispersé, à chaque souffle du hasard, sans travailler un instant à faire provision d'éternité. Mais la fosse est là, toujours béante sous son regard ; l'homme la voit et l'homme ne veut pas

1. Jules Simon, *Le Devoir*.
2. J. Michelet.

mourir, ne peut pas, en vertu de sa nature, consentir à mourir. Il songe alors que la vie est quelque chose de plus que la mort.

« Un juste va mourir; il est le plus humble, peut-être de sa vallée; il a toujours vécu parmi les petits; il ne possède d'autres richesses qu'une journée de sa charrue; le vent n'a jamais porté son nom plus loin que le son de la cloche de son village, mais il a modestement pratiqué, à l'écart, la loi du devoir; il a fait le bien en silence, sans même dire à la main gauche l'œuvre de la main droite; mais rien de ce qu'il faisait n'était perdu. Maintenant, couché sur son lit d'agonie, il attend l'explication dernière, et à ce moment Dieu, incliné du fond de l'infini sur la face du mourant, reçoit cet esprit, désormais divin, et le pose devant lui comme un monde nouveau vêtu de plus d'éclat, dans sa vertu, que l'étoile de l'espace et le lis de la vallée [1]. »

« Et aussitôt ce corps, tombé dans la mort, devient quelque chose de sacré comme si le doigt de Dieu l'avait touché. On dirait l'autel désormais éteint du sacrifice dont la flamme est remontée au céleste parvis. Pourquoi ce respect pour le moule brisé de l'homme, si l'homme ne devait être au dénouement de la vie qu'un peu de fumier?

« Ce respect est involontaire, impérieux, de

---

[1]. Eug. Pelletan, *Heures de travail.*

tous les temps, de toutes les nations. Il fait partie de l'âme humaine : il est né avec elle comme un élément constitutif de son essence[1]. »

A côté de ce juste qui a toujours pratiqué le bien en silence et dont le nom n'a point été recueilli, voici un criminel qui, lui, a fait le mal avec éclat ; sa vie entière a été une longue insulte au devoir, il a opprimé le faible, tyrannisé l'innocent, souillé la vertu ; à la pauvre mère qui lui tendait la main, il a dit : Ta fille est jeune et belle, voilà de l'or ; parjure et hypocrite, il a, pour arriver à ses fins, endormi la crédule simplicité, tendu des pièges à l'âme candide, arraché au malheureux le morceau de pain trempé de ses sueurs et de ses larmes, et, malgré tous ces forfaits, il a joui de l'estime de ses semblables, en les trompant, à sa mort, il s'endort le cœur tranquille. Et l'on voudrait que la destinée dans l'avenir soit la même pour ces deux êtres, c'est-à-dire que le sort soit le même pour le juste et le criminel ! Qui ne se rappelle l'inoubliable et immonde orgie de sang, de larmes, d'égorgements disciplinés, de pillage et de bombardements incendiaires sans utilité stratégique réglée par le grand état-major du brigandage d'outre-Rhin et exécutée à froid par les hordes abêties du caporalisme prussien ? Quel est l'homme sensé qui oserait affirmer que de tels faits puissent avoir la même

---

[1] Eug. Pelletan, *Profession de foi au XIXe siècle*.

sanction que celle réservée aux luttes pacifiques de l'intelligence dont le but est d'élever la nature humaine dans les sereines régions de la pensée et de charmer notre existence par les plus douces émotions, d'ouvrir des voies nouvelles de fécondité à l'agriculture, au commerce, aux arts, à l'industrie afin d'accroître indéfiniment le patrimoine des générations.

IV

TOUT CE QUE L'HOMME ACQUIERT DANS UNE EXISTENCE L'ACCOMPAGNE DANS CELLES QUI LA SUIVENT.

L'homme qui a consacré sa vie à agrandir son intelligence, à développer toutes les qualités de son âme, peut-il avoir travaillé en vain? Non, ce patrimoine, objet de tant de soucis, qui s'acquiert par la pratique du bien, par l'amour éclairé du beau, par la recherche de la vérité, par la contemplation assidue, par la sainte et ineffable méditation des chefs-d'œuvre impérissables que la main du génie a laissé tomber sur la longue route des siècles, ne peut pas lui être ravi, il faut qu'il lui soit rendu sur l'autre rive du sépulcre. La terre étant un théâtre insuffisant pour nos aspirations, on se demande comment nous pourrons traverser les espaces afin d'habiter une autre planète. Il nous suffira de nous élever au-dessus de cette erreur générale qui croit que le corps humain est l'être réel au lieu de l'âme pensante, pour comprendre ce passage d'un monde à un autre. Puisque la lumière qui nous vient des astres lointains franchit plusieurs milliards de kilomètres en quelques minutes, pourquoi l'âme humaine infiniment supérieure à la lumière ne possédera-t-elle pas des facultés égales ou plus parfaites que celles que nous attribuons à cet agent? On craint que la mort anéantisse ce rêve caressé par tant d'âmes croyantes; mais si la mort est la fin d'une vie, elle est aussi le commencement d'une autre; c'est un messager invisible, une amie austère qui verse pour un instant l'oubli sur nos sens fatigués, nous endort dans ses bras, retrempe nos forces dans un sommeil momentané, laisse le corps à la terre et dépose l'âme éveillée sur les rives inconnues d'un autre monde. De même que le réveil suit chaque sommeil d'ici-bas, de même aussi il y aura des réveils après chaque mort; car dans le combat éternel du néant et de la puissance créatrice, c'est toujours la vie qui triomphe. Observez un insecte bien connu, le ver à soie : d'abord simple chenille, il devient chrysalide, puis papillon, mais sans cesser de vivre pour cela. Pourquoi l'homme serait-il moins favorisé que cette humble larve? Est-ce que sa fonction dans la nature est moins digne de la sollicitude de celui qui l'a créé que celle du ver à soie? Pourquoi n'y aurait-il pas pour l'homme des métamorphoses, dans la mort, l'élevant sans cesse à un état meilleur, plus parfait, et s'adaptant au développement de tout son être?

L'intelligence, que tous les siècles et toutes les générations ont suscitée à la vie, peut-elle disparaître à jamais en un instant? La nature peut-elle livrer au néant l'œuvre de ses mondes et de ses éternités? Ces puissances qui ont soutenu l'homme dans le passé le soutiendront dans l'avenir et lui feront franchir, grâce à ses énergies acquises dans ses existences antérieures, ce point noir, cette chose lugubre que nous nommons la mort, mais qui n'est qu'un pont jeté entre deux existences, et qui a moins d'importance et occupe moins de place dans les torrents de la vie universelle que l'infusoire sur la surface des mers.

« Chez les morts, quand la vie a cessé, la pensée ne meurt pas, non plus que meurt le ciel où l'esprit retourne. Voici d'où vient aux mortels la passion de vivre : nous savons ce que c'est que la vie ; mais c'est parce que nous ne connaissons pas la mort que chacun redoute de dire adieu à la vie [1]. »

« Pourquoi le sage meurt-il avec tant de calme et les autres avec tant de trouble? C'est que celui qui voit le plus distinctement et le plus loin sait qu'il va vers une vie meilleure ; l'autre a la vue trop courte et n'aperçoit rien au delà [2]. »

On voudrait qu'à peine entré dans la vie, avant la lutte, on devînt un savant sans études, un géné-

1. Euripide.
2. Cicéron, *De Senectute.*

ral illustre sans combats, sans connaissances stratégiques ; mais les palmes du triomphe, la gloire, le génie ne s'acquièrent pas sans peine, sans soucis, sans sacrifices, la loi du progrès ou du perfectionnement exige la lutte, le travail. Plus on forge, plus on devient habile à bien forger.

Il est naturel que l'homme qui aura donné toutes les années de sa vie aux profondes méditations de la science renaisse avec plus de savoir et avec une intelligence plus élevée que celui qui aura passé ses jours dans les tripots et les vulgaires débauches.

La conviction d'avoir déjà vécu, en nous offrant l'explication de la vie actuelle, et l'espérance de renaître afin de recueillir le résultat des efforts de la vie présente, constituent une nécessité tellement naturelle de l'ordre général, de la justice, qu'à défaut de preuves directes, cette nécessité logique de la préexistence et de la renaissance des êtres vivants s'impose à l'esprit avec une évidence presque égale à une vérité démontrée. Voilà pourquoi cette théorie plane au-dessus de toutes les religions, de toutes les philosophies, de toutes les croyances et de tous les cultes de la terre. A l'heure des grandes séparations où la vie abdique en face de la mort, l'âme emporte dans son mystère sombre quelque chose des visions éternelles.

Nous revivrons et nous verrons la réalisation de notre idéal inutilement poursuivi sur la terre. Nous assisterons au triomphe de la justice sur l'injustice, du bien sur le mal, de l'intelligence sur l'ignorance, du bonheur sur le malheur. Nous savons que c'est là le but vers lequel l'humanité s'achemine dans son mystérieux pèlerinage au sein du temps, et que ce n'est qu'au prix de ses luttes, de ses souffrances, de ses épreuves qu'elle l'atteindra un jour. Quiconque lutte, souffre et pleure accomplit la loi de sa vie. Chaque cri d'angoisse aura pour écho dans le temps un cri de joie ; chaque larme fera éclore un sourire ; toute chair qui aura gémi et saigné sous la main des méchants sera glorifiée dans l'avenir ; toute action vertueuse méconnue ou punie comme le mal sera exaltée et sanctifiée dans l'infini ; tout acte, toute usurpation contraires à la justice seront rayés du grand livre de vie.

Quand notre œil contemple l'infini et ses magnificences, nous voudrions nous envoler vers ces républiques célestes qui captivent notre pensée et fascinent nos regards. Oh ! pourquoi n'avons-nous pas les ailes frémissantes des séraphins du mythe ? Comme nous visiterions ces mondes lointains baignés de lumière et où la vie existe comme ici-bas ! Mais notre corps enchaîné à la matière, esclave de ses besoins et de ses passions, reste fixé à la terre comme le forçat à son bagne.

A cet état transitoire succédera un avenir indéfini de perfections. Dans ses formes anatomiques comme dans sa moralité, dans son être matériel comme dans son individualité morale, l'homme sera l'objet des transformations les plus inattendues, de métamorphoses dont rien sur la terre ne peut lui offrir la plus imparfaite image.

La série des êtres animés ou inanimés forme une chaîne sans solution de continuité dans la nature, depuis la matière inerte jusqu'à l'homme de génie, il ne manque pour ainsi dire aucun anneau; mais entre l'homme et Dieu que de séries manquent! Il doit exister entre ces deux êtres des créatures qui nous sont supérieures et relient à l'aide de transitions nombreuses l'homme à la divinité. Ah! sans doute, envisagée sous divers aspects, cette vie est belle, les joies si pures et si douces de l'enfance, les ivresses et les illusions si poétiques de la jeunesse, l'amour, la science, la gloire, le génie, la nature dans la magnificence de ses printemps remplis de chants et de parfums, le vaste embrasement du ciel étoilé, tout cela est beau, mais ne nous suffit pas; nous voulons mieux encore et nous sentons bien, malgré tous les liens qui nous attachent à la vie, que cette terre n'est qu'une halte pour y passer quelques jours.

LIVRE IV

LE BIEN ET LE MAL SUR LA TERRE IMPLIQUENT DES EXISTENCES DIFFÉRENTES ANTÉRIEURES ET ULTÉRIEURES A CELLE-CI

LE MAL

I

L'EXISTENCE DU BIEN ET DU MAL SUR LA TERRE NE S'EXPLIQUE QU'EN ADMETTANT QUE L'HOMME A VÉCU AVANT CETTE VIE ET QU'IL CONTINUERA A VIVRE APRÈS.

L'existence du bien et du mal dans ce monde offrant des arguments d'une importance capitale en faveur de la cause que nous défendons, nous avons cru devoir esquisser quelques-uns des types les plus significatifs de ces deux faces des actions humaines. Tracer un tableau complet du crime dans ses perversités les plus monstrueuses et de la dépravation dans ses raffinements les plus hideux, serait impossible. Nous nous bornerons aux faits essentiels.

Dans les premiers récits de la *Genèse*, nous voyons Caïn tuer son frère Abel, et Lamech assassiner un jeune homme. Au vi° chapitre, on lit que la méchanceté des hommes était devenue si grande que Dieu se repent de les avoir créés et prend la résolution de les exterminer ainsi que les animaux. La corruption de Sodome et de Gomorrhe est proverbiale. Moïse voyant un Hébreu maltraité par un Égyptien, tue celui-ci, après s'être assuré que personne ne le voyait. David dont on fait descendre Jésus, viola Bethsabée, puis fit tuer son mari et se maria ensuite avec la femme de sa victime ; c'est d'elle qu'il eut Salomon [1].

Nous pourrions rechercher dans les civilisations orientales, chez les premiers peuples les types du mal ; la Grèce nous fournirait aussi une ample moisson sur ce sujet ; la Bible, les écrits des Pères de l'Église nous ont transmis de riches matériaux pour construire les annales du crime ; mais une te le revue nous entraînerait trop loin, nous commencerons nos récits aux Césars romains.

JULES CÉSAR. — Curion, en parlant de cet empereur, l'appelle : *Stabulum Nicomedis* et *Bithinicum fornicem*. Parmi toutes les femmes illustres qu'il séduisit, nous pouvons citer : Posthumia, Lollia, Tertullia, Mucia, Ennoé, reine de Mauritanie, Cléopâtre, reine d'Égypte, etc. Il fut nommé dans Rome : *Omnium mulierum virum*, et *omnium virorum mulierem*. Il pilla sans motif plusieurs villes de Lusitanie ainsi que des temples gaulois.

AUGUSTE fait tuer son rival Antoine, puis le fils de celui-ci. Après avoir répudié plusieurs femmes, il enlève celle de Néron (Drusilla) et se marie avec elle. Les deux Julie, sa fille et sa petite-fille

---

1. *Les Rois*, l. II, ch. XI et suiv.

qui étaient la dépravation même, furent exilées par lui. Il s'écriait souvent : « Heureux qui vit et meurt sans femme et sans enfants ! »

Tibère. — Tout ce que la débauche la plus raffinée peut inventer, tout ce que l'imagination la plus féconde peut trouver dans une sensualité bestiale fut réuni par ce monstre, dans sa villa de Caprée ; là dans des salles particulières, des groupes de jeunes filles et de jeunes gens se livraient en sa présence aux voluptés les plus immondes.

Caligula. — Comme les animaux achetés pour la nourriture des bêtes destinées aux spectacles coûtaient trop cher, Caligula fit servir à ces bêtes des criminels. Il fit enfermer dans des cages plusieurs personnages distingués, en fit scier d'autres par le milieu du corps. Un jour qu'il assistait à une représentation théâtrale, le peuple se permit d'exprimer un avis contraire au sien ; exaspéré d'un tel manque d'égards, il s'écria : « Plût aux dieux que le peuple romain n'eût qu'une tête ! » Exterminer un peuple en coupant cette tête, tel était le vœu de Caligula.

Néron transforme les amphithéâtres en lieux d'exécution ; il fait venir à Rome les condamnés de toutes les parties du monde pour les jeux du cirque ; on revêt ces malheureux de peaux de bêtes sauvages, puis on les lance dans l'arène, où ils sont dévorés par des chiens surexcités par la faim ; quelques condamnés sont mis en croix, d'autres, sont revêtus d'une tunique imprégnée de poix, d'huile et de résine, puis attachés à des poteaux; la nuit venue on met le feu à ces poteaux, les hommes brûlent comme des torches, et ce sont ces flambeaux de chair vivante qui illuminent les fêtes de Néron; cela se passait sur l'emplacement qu'occupent aujourd'hui la place et l'église Saint-Pierre. Des jeunes filles, des mères furent immolées pour l'amusement du maître; on les attachait toutes nues aux cornes d'un taureau furieux qui dans sa course effrénée les mettait en pièces, aux applaudissements frénétiques de ce grand peuple, que depuis dix-huit siècles on n'a cessé d'offrir à l'admiration de l'enfance comme le modèle du devoir et l'idéal de toutes les vertus.

« Heureux Priam, s'écriait ce forcené, qui a pu voir de ses yeux son empire et sa patrie périr à la fois ! » L'incendie de Troie était son thème favori; il ambitionnait un spectacle de ce genre; son désir fut promptement satisfait : le 19 juillet de l'an 64 un incendie tel qu'on n'en vit jamais éclata dans Rome et détruisit pendant les neuf jours qu'il dura dix quartiers sur quatorze. On a raconté que Néron avait contemplé l'incendie du sommet d'une tour, et que là il avait célébré sur le rythme de l'élégie antique la ruine d'Ilion.

Voulant se débarrasser de sa mère, il la fit monter un jour sur un vaisseau qui devait s'ouvrir à un moment convenu ; Agrippine, tombée à l'eau, peut s'échapper à la nage ; Néron la fit tuer alors par des sicaires ; ce digne fils vint la voir nue et fit des réflexions dignes d'un tel homme.

Olim etiam quoties lectica eam matre veheretur, libidinatum inceste ac maculis vestis proditum affirmant. Néron se maria avec un nommé Sporus qu'il fit habiller en impératrice, avec le voile nuptial, et tous les deux, bravant l'opinion, se présentaient dans les assemblées.

MESSALINE. — L'épouse de l'empereur Claude, de concert avec Narcisse, fit tuer son beau-père, Appius Silanus, qui avait refusé de céder à sa passion ; elle fit également mettre à mort les deux Julie, Poppée, Valérius Asiaticus ainsi que plusieurs dames romaines et un grand nombre de riches citoyens, afin de s'approprier leurs trésors.

Du vivant de son mari, elle épousa publiquement Silius.

L'impératrice Messaline quittait, la nuit, la couche de son mari, pour se rendre dans les maisons de prostitution de Rome ; là, sous le nom de Lycisca, elle se livrait nue à quiconque la désirait, réclamant comme une vulgaire courtisane le prix de ses faveurs ; c'était à regret qu'elle quittait ces lieux infâmes.

TAMERLAN, le fameux conquérant tartare, fit égorger cent mille esclaves qui le gênaient avant de livrer bataille à Mahomet IV, sous les murs de Delhi ; pour égayer ses loisirs, il érigea dans la ville de Bagdad un obélisque avec 90,000 têtes coupées.

Dans l'Inde, on lui envoya, afin de fléchir sa colère, une députation de mille enfants; ce prince cruel fit broyer ces malheureux par sa cavalerie.

Gilles de Retz (xve siècle), dans son château de Tiffauges (Vendée), semble avoir égalé les crimes des Néron et des Caligula. Cité devant un tribunal où siégeaient l'évêque de Nantes, chancelier de Bretagne, le vicaire de l'Inquisition l'Hospital, Gilles fit une confession générale. Ce monstre égorgea cent quarante enfants pour les offrir à Satan. La vue des victimes se tordant dans d'affreuses convulsions lui procurait des jouissances inouïes. Les sanglots de l'agonie le plongeaient dans une joie extrême et dans un rire fou.

Malgré tant de forfaits, il conserva toujours une foi profonde dans son salut. Il dit à son magicien, en se séparant de lui : « Adieu, mon ami ; soyez certain que si vous espérez en Dieu, nous nous retrouverons en grande joie dans le Paradis. »

Les chauffeurs. — Cette bande est restée célèbre dans les fastes du crime. Écoutons un contemporain:

« C'est un spectacle épouvantable de voir à quel degré peut se porter la société humaine, et le génie du mal amonceler parmi nous plus de crimes que n'en pourrait offrir l'immensité des siècles qui nous ont précédés. Un enfant de onze ans en égorge un autre de cinq, et porte au tribunal le calme et l'adresse d'un scélérat consommé ; cet autre enfant appelle ses camarades pour voir son père qui marchait au supplice ; cette jeune fille presse son amant dans ses bras et, au moment où elle l'enivre de ses caresses, elle cherche d'une main la place du cœur pour frapper juste, et y plonge à coups redoublés son poignard ; cette autre noie de ses propres mains l'enfant auquel elle a donné la vie et se rend tranquille à l'Opéra.

« Des monstres répandus dans toute la France, suspendent les femmes, les enfants, les vieillards sur des brasiers ardents, et, par une gradation lente, leur arrachent la vie au milieu d'inexprimables tortures, moins par l'appât du gain que pour se donner du plaisir. »

De tels faits n'ont pas besoin de commentaires ; le lecteur pensera comme nous qu'une justice qui confondrait dans le même oubli les bourreaux et les victimes supposerait un législateur digne d'horreur.

Un monstre, A. Léger, rencontra un jour une petite fille de douze ans et demi, Aimée Debully, cueillant des fleurs. Le forcené se précipita sur l'enfant, l'emporta dans un bois et après avoir assouvi ses instincts immondes, lui ouvrit le ventre, mangea la chair et but avidement le sang de la victime.

Qui n'a entendu parler de cette jeune et gentille servante, Aimée Milot, que la sympathie populaire nomma *La bergère d'Ivry ?* Douce, modeste, laborieuse, aimant l'étude, on la voyait toujours un livre à la main; bien que très jeune, la candide petite bergère fut demandée en mariage par un être dénaturé, qui fut éconduit; désespéré de ce refus, ce vulgaire bandit médita une vengeance terrible. Un jour il la rencontra dans la plaine, accompagnée d'une amie, la petite Julienne : comme un tigre altéré de sang, il la frappe avec un couteau et la quitte presque mourante. Julienne se sauva d'abord, mais revint aussitôt auprès de son amie. A ce moment les grondements lointains du tonnerre se faisaient entendre, les éclairs sillonnaient les nues, le ciel était livide et la pluie tombait à torrents sur ce pauvre corps abandonné dans son agonie solitaire.

Henriette Corner s'était fait admettre dans une humble famille où se trouvait une ravissante petite créature qui n'avait pas encore deux ans. Henriette caressait souvent cette enfant; un jour on la lui confia sans méfiance, elle s'empressa de l'emporter dans sa chambre en la couvrant de baisers, et, au moment où l'enfant jouait en souriant, avec les rubans de la jeune fille, celle-ci l'étendit sur son lit en lui prodiguant mille caresses, puis, saisissant un couteau, coupa entièrement le cou de l'enfant.

Quelques instants après, la blonde petite tête

jetée dans la rue roulait aux pieds de ses parents qui venaient la réclamer !

Rosa Samaniego. — Aucun récit romanesque ne saurait donner une idée des crimes inouïs dont, en 1876, l'Espagne fut le théâtre.

La bande de Samaniego avait établi son centre d'opérations dans les montagnes de la Haute-Navarre, non loin d'un gouffre profond, *l'abîme d'Agarquizo.*

Les scènes les plus sanglantes et les plus dramatiques, les plus tragiques, le cynisme le plus odieux ; tout ce qui constitue le génie du mal semblait avoir été réuni dans les forfaits commis par les bandits que commandait Samaniego.

Les malheureuses victimes qui tombaient dans les pièges de ces brigands étaient dépouillées et mises dans un état de nudité complet ; on leur infligeait les tortures les plus cruelles, afin de les déterminer à indiquer l'endroit où se trouvait caché leur argent ; souvent aussi pour jouir du spectacle de leur souffrance, ils assassinaient des vieillards, des femmes, des enfants. Les jeunes filles mineures, avant d'être mises à mort, étaient toujours violées, avec des détails et dans des circonstances que l'imagination des Grecs et des Romains pourrait seule concevoir.

Ces bandits variaient le genre de supplice au gré de leurs sinistres fantaisies ; quelquefois ils précipitaient leurs victimes dans le gouffre après les avoir torturées; d'autres fois ils les faisaient rôtir vivantes sur des brasiers ardents; souvent ils les suspendaient à une corde, la tête en bas, sur l'abîme béant, puis tiraient sur cette corde jusqu'à ce qu'elle fût coupée par les balles; alors tombaient haletants, ensanglantés, sur des monceaux de cadavres, dans le précipice lugubre, des infortunés de tout âge, de tout rang, de tout sexe. Après avoir subi les derniers outrages les femmes et les jeunes filles du peuple comme des plus riches familles étaient poussées à coups de baïonnettes dans cet épouvantable charnier de chair humaine!

Qui ne sent que de tels crimes ne peuvent rester à jamais impunis? Comment croire que la mort ensevelisse dans le néant de semblables forfaits et que l'implacable justice les oublie?

LE BIEN

II

MÊME SUJET. — LE BIEN, MOBILES DIVERS. — CONCLUSION.

Divers motifs poussent les hommes à obliger leurs semblables, à les consoler dans leur malheur et à les aider dans leur indigence. Les uns obéissent au sentiment du devoir, se dévouent dans le secret de la conscience, avec une persévérance inébranlable, une constance que rien ne rebute, les autres pour l'éclat, les éloges, la publicité, l'ambition et les ovations bruyantes.

Faire le bien sans faste, sans ostentation, semer les richesses de son cœur et tout ce qu'on possède dans le mystère et le silence, voilà le véritable dévouement. Ames modestes et bienfaisantes qui croyez n'avoir nul témoin de vos actions, quelqu'un vous voit cependant, celui qui a promis de ne point laisser passer sans récompense le verre d'eau froide donné en son nom.

C'est parmi le peuple au cœur pur, aux mœurs

simples que nous voyons presque toujours ces dévouements et ces abnégations admirables. Ce qui rehausse singulièrement le mérite des bienfaits du pauvre, c'est qu'il en remplit lui-même tous les devoirs, si pénibles et si rebutants qu'ils soient. L'infortuné est-il cloué sur son lit de douleur, le pauvre est là veillant à son chevet ; le riche y envoie un garde-malade et peut se livrer à ses plaisirs habituels. S'agit-il de secours pécuniaires, le riche peut les fournir sans la moindre gêne ; le pauvre pour les donner devra imposer à sa famille de longues privations. Ainsi donc le pauvre fait tout par lui-même, ses sacrifices peuvent mettre sa famille dans la misère ; le riche au contraire a des serviteurs qui le remplacent à la peine, ce qu'il donne ne lui impose aucune privation, il ne connaît de la charité que ses douces jouissances.

La vue de quelque grande infortune, d'un être quelconque que les flots déchaînés vont engloutir, ou se débattant au milieu des flammes, peut pousser l'homme à sacrifier sa vie ou une partie de sa fortune : mais les dévouements de cette nature n'exigent que quelques minutes de courage ou d'énergie, et bien souvent ces démonstrations éphémères ont pour mobiles l'orgueil, l'espoir ou la certitude d'une récompense, les éloges de la presse. Chez certains peuples, nos voisins d'outre-Rhin, par exemple, tout est calculé, pesé, réfléchi ;

avant de faire une bonne action, on calcule les dangers auxquels elle peut donner lieu et les bénéfices qu'elle peut rapporter. En France, tout est d'élan et d'inspiration ; on commence d'abord par faire la bonne action et on réfléchit ensuite.

Une pitié profonde pour tout ce qui a vie dans la nature est l'un des gages les plus précieux de la bonté et de la générosité du cœur, la pitié est l'apanage des âmes magnanimes, souvent plus près de la vérité et de la justice que les froids raisonnements de l'esprit et que toute l'éloquence des juges. L'homme dont le cœur est vivement ému à la vue des souffrances de ses semblables sera plus naturellement porté à les secourir que celui qu'aucune infortune ne touche; le premier aimera à faire du bien aux hommes et évitera de leur faire du mal, il n'en sera pas de même du second.

Socrate. — Transportons-nous par la pensée sur l'éclatant théâtre de la Grèce antique, au milieu de l'un des plus merveilleux épanouissements de l'intelligence humaine. Quel est cet enfant, déjà célèbre par sa laideur et qui va opérer une révolution si profonde dans les mœurs? Cet enfant, selon Zopyre, possède tous les vices; sa physionomie inspire de l'éloignement, et pourtant il passera sa vie à épurer les mœurs de ses concitoyens; ce disgracié de la nature, qu'on appelle Socrate, consacrera toutes ses heures à enseigner sa morale élevée dans les gymnases et sur les places publiques. Ce sage proclamera, plusieurs siècles avant la naissance du christianisme, l'égalité morale des deux sexes, déclarera que la femme doit être l'épouse, la mère et la compagne de l'homme et non sa servante. Il voulait que les esclaves fussent traités comme des hommes libres. Il affirma avec une éloquence entraînante l'existence d'un Dieu invisible, gouvernant le monde, enseigna l'immortalité de l'âme, réhabilita le travail et prêcha autant par l'exemple de sa vie que par ses préceptes. Un enseignement aussi élevé, une morale aussi pure ne pouvaient manquer de lui attirer les derniers supplices réservés à la plupart des hommes de bien ; aussi le tribunal des *héliastes* s'empressa-t-il de condamner Socrate à mort, et ce génie qui avait eu une vision si profonde de l'avenir et qui eût mérité des autels dans le monde entier, fut mis à mort par ses compatriotes.

JÉSUS. — Jésus prêcha toute sa vie, avec amour, le pacifique royaume des doux, des humbles et des pauvres, le culte du cœur, le meilleur de tous, la fraternité universelle, les droits sacrés de la conscience libre ; il aima passionnément les hommes, et ces hommes le condamnèrent à mourir, comme Socrate, pour le bien qu'il leur avait fait. Il aimait la simplicité naturelle, les naïfs élans du cœur ; il aimait aussi les enfants et les femmes et il en était adoré. Les belles années de la prédication de sa doctrine furent marquées par un état des esprits qui ne se reverra peut-être jamais ; ces rapides années furent un rêve céleste, une extase, une ivresse dont l'humanité conserve encore le délire.

Jésus se promenant un jour non loin des murs de Jérusalem, vint s'asseoir près du puits de Jacob ; une femme de Sichem qui était venue là pour puiser de l'eau, eut l'idée de lui adresser la parole ; la physionomie si sympathique du Maître si accessible aux petits, son attitude, tout l'encouragea à lui faire cette question :

— Seigneur, nos pères ont adoré sur cette montagne, et vous, vous dites que c'est à Jérusalem qu'il faut adorer.

— Femme, lui dit Jésus, l'heure est venue où on n'adorera plus ni sur cette montagne ni à Jérusalem, mais où les vrais adorateurs adoreront Dieu en esprit et en vérité.

Comme s'il eût prévu combien son enseignement devait être dénaturé dans la suite, il s'est chargé lui-même de flageller les hypocrites qui font de la foi qu'ils affichent un marchepied pour arriver aux dignités, à la fortune et aux emplois divers, ce qui permet à quelques-uns d'exercer sur la marche des événements une influence souvent néfaste.

« Ses exquises moqueries, dit E. Renan dans sa *Vie de Jésus*, ses malignes provocations frappaient toujours au cœur ; stigmates éternels, elles sont restées figées dans la plaie. Cette tunique de Nessus du ridicule que le Juif, fils des pharisiens, traîne en lambeaux derrière lui depuis dix-huit siècles, c'est Jésus qui l'a tressée avec un artifice divin. Chefs-d'œuvre de haute raillerie, ses traits sont inscrits en lignes de feu sur la chair de l'hypocrite et du faux dévot. Traits incomparables : Socrate et Molière ne font qu'effleurer la peau ; celui-ci porte au fond des os le feu et la rage. »

Jésus fut repoussé et renié par ses compatriotes et par sa famille, peut-être par les motifs exprimés avec tant d'éloquence par l'un des plus spirituels écrivains de ce temps-ci. « La province est une bonne mère qui n'abandonne point ses fils absents ; elle les suit à travers la vie d'un œil avide, inquiet, curieux et jaloux ; toujours prête à accabler ceux qui tombent pour se venger de ceux qui s'élèvent. En général si vous voulez jeter le désespoir et la consternation parmi le repaire d'humains qui vous a vus naître ou grandir, arrivez la tête haute, le regard fier, au succès, à la fortune ; si, au contraire, il vous plaît d'y répandre une douce allégresse, fourvoyez-vous, et que vos vertueux concitoyens puissent pleurer sur votre ruine ; en général quand nos concitoyens pleurent sur nous, c'est qu'ils ont grande envie de rire[1]. »

Cet esprit étroit, ces envies, ces jalousies inavouées, ces haines latentes, qu'on retrouve en province et si finement ciselées par M. J. Sandeau

---

1. Jules Sandeau.

ne constituent pas, reconnaissons-le, un état général ; on peut citer plus d'une exception en faveur de la province, qui entoure quelquefois d'une auréole sympathique ceux de ses enfants dont le génie et la vertu portent son nom aux sommets de la gloire et lui conquièrent les hommages de la postérité. Les statues que la province élève chaque année à ses grands hommes, les fêtes qu'elle célèbre en leur honneur le prouvent suffisamment.

Jeanne d'Arc. — Si on se représente l'état de la France au quinzième siècle, on reconnaîtra que toutes les forces vives qu'elle possédait eussent été impuissantes à la sauver, tant l'abîme était profond ; il fallait qu'une puissance surhumaine puisant sa force dans le sentiment du danger suprême et de l'immense amour du peuple pût s'imposer à la patrie découragée comme le messager de la délivrance et de la rédemption. Telle fut Jeanne d'Arc. Pour la détourner de sa mission, sa famille ne négligea rien : prières, menaces, railleries, mariage, tout fut mis à profit, mais inutilement. Sa résolution prise, elle fit ses adieux à sa famille, à sa petite amie Mengette ; quant à sa grande amie Haumette qu'elle aimait tant, elle partit sans la voir, la séparation eût été trop cruelle. Elle quitta enfin pour ne la revoir jamais cette humble maison où elle avait grandi et où elle laissait de si doux souvenirs.

Pauvre fille que le moindre regard déconcertait,

désormais il faudra vivre dans la mêlée des batailles avec des soldats grossiers ou avec des généraux incapables, mais jaloux de ton ascendant. Les habitants de Vaucouleurs l'équipèrent et lui achetèrent un cheval, puis, vêtue d'un habit d'homme qu'elle ne quitta plus, elle partit au mois de février de l'année 1429 pour Orléans, traversant des routes infestées d'ennemis. Arrivée à Orléans, le roi la reçut dans une salle brillamment illuminée et entouré de tous les grands de sa cour ; ce luxe puéril emprunté aux scènes théâtrales n'inspira à Jeanne d'Arc que pitié et dédain. Notre admiration et nos sympathies appartiennent à cette bergère de dix-huit ans, tant il y a de véritable grandeur dans sa simplicité. Après bien des résistances et bien des déceptions, commença cette histoire si triste et si glorieuse pour Jeanne d'Arc, si accablante pour ses ennemis. Être la gloire et le salut d'un peuple et en mourir !

Pour couronner cette belle vie, l'Inquisition de Paris revendiquera cette noble victime; l'Église de France frappera à mort l'une des plus pures et des plus touchantes renommées de notre histoire; elle fera monter sur le bûcher l'une des plus grandes figures qui aient jamais été inscrites dans les fastes de l'humanité. Voltaire essaya, en vain, de dénaturer la mission de Jeanne d'Arc, il ne réussit qu'à s'amoindrir lui-même devant la postérité.

L'Université, lâchement complice de l'Inquisition, réclama une punition extrême contre la pauvre jeune fille ; la docte et grave assemblée déclara solennellement que Jeanne d'Arc était *impie, altérée de sang et possédée du diable.*

A cette époque, l'Église jugeait les coupables, mais elle laissait aux pouvoirs civils tout l'odieux de ses décisions. Plus de cent docteurs ecclésiastiques et laïques composèrent le sinistre tribunal qui condamna aux flammes cette sainte de l'héroïsme français. Des mains françaises livrèrent Jeanne d'Arc à l'Angleterre ; ce furent, hélas ! des mains françaises aussi qui dressèrent son bûcher; le bourreau l'attacha au fatal poteau, les flammes montèrent et détruisirent tout; bientôt il ne resta plus qu'un peu de cendre de tant de grandeur, de jeunesse et de beauté ; ses cendres furent jetées à la Seine afin d'effacer à jamais la mémoire de l'héroïne : quelques forcenés pouvaient s'avilir, la mémoire de la libératrice de la patrie n'en était pas moins immortelle !

Franklin. — Pauvre, sans crédit, sans fortune, simple ouvrier, Franklin sut s'élever, par une persévérance infatigable, au plus haut degré de perfection, et rendre à ses semblables des services qu'ils n'oublieront jamais. Son amour de la science et des choses pratiques le poussèrent vers l'étude de la physique : le premier, il constata la puissance que possèdent les pointes pour déterminer l'écoulement de l'électricité; il conçut un jour l'audacieux projet de faire descendre sur la terre l'électricité des nuages.

Eripuit cœlo fulmen sceptrumque tyrannis.

Ce fut en lançant un cerf-volant dans l'air, par un temps d'orage, qu'il découvrit le paratonnerre, aujourd'hui d'un usage universel. Là ne se borna point son activité, il fonda, à l'aide de souscriptions, de nombreuses écoles dans son pays.

Pendant la guerre terrible de l'Angleterre contre les colonies américaines, le congrès chargea Franklin d'aller solliciter l'appui de la France. Sa modestie, son amour de la liberté, son esprit élevé et délicat, son jugement aussi profond qu'étendu, sa belle et vénérable figure, lui gagnèrent tous les cœurs, et la France signa avec les États-Unis un traité d'alliance par lequel elle reconnaissait ceux-ci comme puissance indépendante. Le but suprême de Franklin, c'est-à-dire l'indépendance de son pays, était atteint, il pouvait se reposer dans la pleine satisfaction du devoir noblement accompli. Les derniers jours de ce grand homme furent remplis par le doux commerce des sciences et des lettres, le charme de l'amitié. Il présenta son petit-fils à Voltaire, qui en posant ses mains sur la tête de l'enfant, s'écria : *God and liberty!* Dieu et la liberté.

Il quitta la France en 1785 pour revoir l'Amérique, son arrivée à Philadelphie fut saluée par des cris de joie. Tous ses compatriotes vinrent à sa rencontre et lui firent des ovations indescriptibles. A la nouvelle de sa mort la consternation fut générale et les regrets unanimes. Le congrès de Philadelphie rendit à sa mémoire les plus grands honneurs; en France l'Assemblée nationale ordonna un deuil public. Le monde entier pleura la mort de Franklin et rendit hommage à ses immenses qualités. Peu d'hommes partis d'aussi bas ont joué un rôle aussi considérable et servi aussi noblement le progrès ; on peut dire que ce fut un grand homme dans la belle acception du mot.

Son dévouement ne se resserra point dans le cercle étroit de la famille, il s'étendait à la patrie universelle.

Touchante histoire que celle de la duchesse Sybille. Son mari, Robert de Normandie, avait une plaie dont la succion seule pouvait le sauver, mais donner infailliblement la mort à la personne qui la pratiquerait; la jeune femme, profitant d'un moment où son mari était profondément endormi, suça la plaie, et en mourut en effet, mais le malade fut sauvé.

On dit que la femme est incapable de résolutions viriles; nous n'avons que l'embarras du choix pour prouver le contraire. N'était-ce pas une résolution virile que celle que prit Isabelle de Grandmaison;

lorsque après avoir perdu une jeune fille de dix-huit ans, elle entreprit à pied un voyage de quinze cents lieues, afin de revoir son mari établi en Amérique où régnait une épidémie terrible.

Accompagnée de ses parents et de quelques Indiens choisis pour la guider, elle se mit en route, mais les guides l'abandonnèrent dès les premiers jours ; elle ne se découragea point : après avoir erré longtemps au hasard, on construisit un radeau pour descendre une rivière ; mais à peine mise à l'eau, la frêle embarcation coula à fond ; Isabelle dut la vie à ses deux frères. Perdue au milieu d'immenses et impénétrables forêts, n'ayant que des fruits sauvages pour toute nourriture, la caravane tomba épuisée de fatigue et de privations pour ne plus se relever, excepté pourtant l'intrépide épouse ; les cadavres de ses deux frères étaient là gisant à côté d'elle ; pendant deux jours, cette jeune femme creusa, en présence de ces morts aimés, et avec un courage stoïque, la terre avec ses mains pour les ensevelir, mais sans pouvoir en venir à bout. Presque nue, les pieds meurtris et ensanglantés, elle n'hésita pas à se remettre en route ; puis prévoyant qu'elle ne pourrait longtemps continuer la route dans cet état, elle revint les yeux baignés de larmes, près de son frère aîné, se prosterna à genoux devant lui et lui ayant retiré ses souliers des pieds, elle les chaussa, puis se remit ainsi en marche. Après les incidents les plus dramatiques et les scènes les plus navrantes. Mme de Grandmaison arriva enfin à la Guyane française ; là elle eut la joie de revoir son mari et de le ramener en France.

Le courage et le dévouement ne manquèrent point non plus à cette jeune fille (Marie Delglave) qui pendant cent quarante lieues, suivit à pied, en mendiant son pain de porte en porte, la voiture qui emportait son père de Lyon à la Conciergerie de Paris et qui pendant deux mois osa implorer sa grâce des membres du Comité de salut public. Cette grâce obtenue, elle ramenait son père à Lyon, ils n'en étaient qu'à quelques lieues lorsque, épuisée par des fatigues et des émotions au-dessus de ses forces, la jeune fille mourut dans les bras de celui qui lui avait donné le jour et à qui elle venait de rendre la vie.

La mer, violemment agitée par une affreuse tempête sur les côtes de Normandie, allait engloutir un inconnu, lorsqu'un enfant de quinze ans, M. de la Gatinerie, qui se trouvait à ce moment sur le rivage avec sa sœur âgée de dix-sept ans environ, s'élança au secours de cet étranger ; les deux nageurs haletants et désespérés vont disparaître dans l'abîme ; tout à coup l'inconnu sent une petite main qui le soulève doucement, c'était Mlle de la Gatinerie qui, ne consultant que son devoir, s'était résolûment jetée à la mer ; elle dégage ensuite son frère et laisse l'étranger se suspendre à elle ; celui-

9

ci, dont les forces sont épuisées, disparaît dans le gouffre ; la jeune fille plonge dans les flots furieux et le ramène à la surface. Un bateau de sauvetage, venu au secours des trois naufragés, les recueille enfin et les dépose à terre.

Une pauvre fille, GERMAINE PARIS, ayant à seize ans perdu sa mère, resta l'unique soutien de son père et de ses neuf frères et sœurs. Un vieil oncle sur lequel elle comptait pour l'aider, vint un jour, accompagné de sa femme, frapper à sa porte, il venait, hélas ! lui demander un asile et du pain. La douce et courageuse jeune fille ne désespéra point de l'avenir, bien que gagnant moins de un franc par jour, elle établit ses frères et maria ses sœurs : quant à elle, elle a renoncé, pour toujours, aux joies de la famille.

Au moment où éclata la chaudière du bateau à vapeur *le Vulcain*, il se trouvait dans la chambre commune une dame accompagnée de sa bonne et de cinq charmants enfants ; un marin, P. Guillot, qui pendant la traversée avait joué avec les enfants, voyant le bateau en flammes, s'élance au secours de ces infortunés, il saisit d'abord la mère, mais elle était morte ; il aperçoit la bonne à moitié brûlée et essaye de la sauver, celle-ci le repoussa brusquement en s'écriant : *Non sauvez, sauvez, mes enfants*. La pauvre fille fut entièrement carbonisée, mais sa mort vaut tous les martyres et son sacrifice pour des enfants qui n'étaient pas les sions égale les plus beaux dévouements maternels. On sauva enfin les cinq enfants.

Jean Loizerolles, vieillard vénérable d'environ soixante ans, se trouvait dans la prison de Saint-Lazare le 25 juillet 1794; non loin de lui dormait un jeune homme avec l'insouciance et l'abandon qui caractérise cet âge, sa physionomie exprimait cette confiance naïve si naturelle à l'inexpérience. Quelques feuilles de papier éparses sur le lit, témoignaient de son amour pour la poésie et révélaient une âme enthousiaste et un cœur tendre. Loizerolles contemplait avec une émotion poignante cette jeune victime en qui il venait de reconnaître son fils bien-aimé qu'il supposait loin de Paris.

Au moment où le gardien et le greffier du tribunal, tenant la liste des prisonniers choisis pour mourir, entrèrent dans la salle, le vieillard se plaça devant le lit de son fils, et quand l'huissier prononça le nom de ce dernier, François Loizerolles le père, répondit sans hésitation et d'une voix calme : Présent. Le jeune homme dormait toujours. Les victimes furent conduites dans la chambre du greffe; là le père s'approcha du greffier et lui dit : « Pardon, citoyen, je désire faire rectifier une erreur commise sur le registre des écrous; on a écrit pour la date de ma naissance 1772 c'est en 1732 que je suis né; on a également écrit François, c'est Jean qu'il faut. » Après avoir fait substituer la date de sa naissance et son prénom à ceux de son fils, il fut conduit sur le lieu de l'exécution, où il vit tomber dix têtes avant que son tour vînt; l'instant suprême arrivé, l'héroïque vieillard monta d'un pas ferme les marches de l'échafaud.

Avant d'expirer, il tourna une dernière fois ses regards vers la prison de Saint-Lazare où dormait celui pour qui il allait mourir; quand le jeune homme se réveilla, l'auguste et sublime vieillard n'existait plus! Deux jours après, le 9 thermidor, en mettant fin à la Terreur, rendit la liberté au fils.

Prascovie. — Lopouloff, père de Prascovie, était originaire de Hongrie. Accusé sans motif d'avoir conspiré contre Paul I*er*, empereur de Russie, il dut quitter Saint-Pétersbourg pour aller habiter le village d'Ischim, près de Tobolsk. Le père emmenait dans l'exil sa femme et sa fille. Prascovie, la mignonne enfant, était fort pieuse, elle se livrait souvent à de ferventes prières; elle oublia sans regret son passé, les jeux de son enfance et devint en peu de temps une active et laborieuse ménagère; comme elle aimait les fleurs, elle en cultiva dans son petit jardin; souvent elle travaillait chez les moissonneurs ou se mettait en service chez des femmes malades : cette existence si pénible et si peu faite pour une nature aussi délicate, n'avait pu changer le caractère de la jeune fille, ni altérer les heureuses dispositions de sa nature; Prascovie était d'une intarissable gaieté.

Une telle existence semblait dure à Lopouloff;

sa captivité lui pesait lourdement; ne pouvant vivre plus longtemps ainsi, il adressa au gouverneur de Sibérie une demande en grâce qui resta sans réponse. Prascovie était alors dans sa quinzième année; une résolution désespérée traversa son imagination, ce fut d'aller implorer elle-même, à Saint-Pétersbourg, la clémence de l'empereur.

Par une des belles matinées du mois de septembre, un cortège de jeunes filles sortait du village d'Ischim et accompagnait Prascovie. Sur le parcours de la petite caravane, les habitants sortaient de leur maison pour venir demander ainsi à ces belles créatures où elles allaient, et quand on leur répondait : c'est Prascovie qui va à Saint-Pétersbourg, à pied, solliciter la grâce de son père, ces braves paysans fondaient en larmes.

L'ange que le ciel avait envoyé dans ce monde portait à la main un petit sac contenant quelques provisions et un rouble (environ 4 francs); c'était tout ce que possédaient ses parents.

Le moment vint enfin où il fallut se séparer de ses compagnes; on se dit adieu en pleurant. Voilà la pauvre enfant seule, perdue au milieu de plaines immenses, ne sachant de quel côté aller dans ce vaste désert de neiges éternelles. Parfois de sombres forêts habitées par des animaux féroces variaient la physionomie du tableau.

Ne connaissant nullement son itinéraire, Prascovie se perdait souvent. Surprise un soir par un violent orage, elle entra dans une forêt et se plaça dans un fourré de buissons où elle passa toute la nuit, avec une pluie battante et une effroyable tempête; le jour venu, elle reprit sa route. Ayant rencontré un paysan qui lui offrit de monter sur son chariot, elle accepta; au premier village elle tomba dans la boue en descendant du chariot. Prascovie demanda du pain et un abri; tout le monde refusa, les enfants la poursuivaient en la huant; il se trouva néanmoins une pauvre femme qui la recueillit et la garda chez elle pendant quelques jours. Peu de temps après, en passant dans un *isba* où elle demandait l'hospitalité, on voulut la tuer, pensant qu'elle avait quelque argent. Partie une nuit de très bonne heure, elle rencontra à 2 heures du matin plusieurs chiens qui se jetèrent sur elle et mirent ses vêtements en lambeaux; immobile et la face contre terre, la pauvre fille attendait ainsi la mort, lorsqu'un passant vint la délivrer.

A Ekathérinenbourg, une dame charitable lui retint une place sur un bateau qui descendait la Kama, l'un des affluents du Volga, mais à peine embarquée, la jeune fille, dont chaque jour devait être marqué par quelque malheur, tomba dans le fleuve; après de longs efforts on réussit à la retirer vivante, et comme elle n'avait qu'un seul vêtement, elle dut le garder longtemps tout mouillé.

Arrivée le soir à Novgorod, la pauvre enfant de

l'exil entra dans une église ; derrière le chœur, de fraîches voix de jeunes filles faisaient entendre un de ces chants purs, suaves, d'une mélancolie pénétrante, et doux à l'oreille et au cœur comme le sont ceux de la patrie absente ou de l'amour heureux ; l'âme de Prascovie fut remplie d'une émotion inexprimable, les souvenirs du passé se réveillèrent en elle plus vivants que jamais. On eût dit que ces vierges adressaient à Dieu une prière en faveur de leur sœur inconnue.

Quand on vint fermer les portes du temple, Prascovie supplia le gardien de lui permettre d'y passer la nuit ; une religieuse qui se trouvait à ce moment dans l'église et à qui elle raconta son histoire conduisit la jeune fille dans une maison de charité. La supérieure de la maison, touchée de tant de dévouement, remit à Prascovie une lettre de recommandation pour une princesse russe; elle se rendit alors à Moscou, y passa quelques jours chez Mlle de S... qui à son tour la recommanda à la princesse de T... à Saint-Pétersbourg. Arrivée dans cette dernière ville, elle alla au Sénat pendant plusieurs jours présentant à tous ceux qu'elle supposait être des sénateurs une supplique qu'aucun d'eux n'accepta. Conduite enfin chez la princesse de T... un soir où il y avait une brillante réception, elle tira de son sein un petit sac et y prit la lettre destinée à cette princesse; là encore ses démarches furent inutiles.

M. V... secrétaire des commandements de l'impératrice mère, fit dire, un jour, à Prascovie de venir le voir, et le soir même la conduisit à la cour, où elle fut présentée à l'impératrice qui la reçut avec bonté en lui faisant remettre 300 roubles. Peu de jours après elle fut présentée à l'empereur et à l'impératrice régnante, dont elle fut bien accueillie. On lui donna encore 5,000 roubles, et deux jours après la mise en liberté de Lopouloff fut signée et transmise en Sibérie ainsi que celle de deux amis de la famille, demandée par la jeune fille, Prascovie était partie depuis vingt mois, ses parents n'avaient reçu aucune nouvelle d'elle.

Ayant obtenu ce qu'elle désirait, elle se rendit alors à Kiew, où, devant la tombe de sainte Olga elle prononça ses vœux. Son père et sa mère, arrivés depuis peu dans cette ville, ignoraient que leur fille s'y trouvât, on avait ménagé des deux côtés une surprise. Le père, la mère et la jeune fille, en habits de religieuse, en se revoyant répandirent d'abondantes larmes ; on alla à l'église, et après quelques instants, Prascovie entra dans le chœur et à travers une grille elle dit adieu à ses vieux parents qui ne pouvaient se séparer d'elle; mais on baissa le rideau et il fallut se quitter. Trop pauvres pour vivre auprès de leur enfant, le père et la mère se retirèrent à Wladimir. Les épreuves des dernières années et les austérités de sa nouvelle existence altérèrent profondément sa santé, qu'un nouveau voyage à Saint-Pétersbourg et quelques distractions ne purent rétablir. Revenue dans son couvent, elle le quitta bientôt pour celui de Novogorod placé dans de meilleures conditions hygiéniques, mais tout fut inutile.

Le dimanche 10 décembre 1809, comme Prascovie ne descendait point, selon sa coutume, on monta à sa chambre ; on trouva la jeune fille étendue sur son lit, pâle, froide, le sourire sur les lèvres. Celle que son dévouement a immortalisée avait cessé d'exister.

Pauvre jeune fleur de cette terre que Dieu avait faite si belle et si aimante, tu allas habiter un autre monde où t'attendait la récompense de tes vertus.

Si la pensée des anciens, que ceux qui meurent jeunes sont aimés des dieux, Ὃν θεοὶ φιλοῦσιν ἀποθνήσκει νέος! est vraie, la pauvre enfant ne doit pas regretter son âpre destinée terrestre.

Toute personne de bonne foi dont le jugement n'a été faussé par aucun préjugé philosophique, religieux ou social, partagera notre conviction ; elle reconnaîtra comme nous, que le même sort ne peut être réservé à la vertu modeste qui se dévoue jusqu'à l'immolation, et au crime égoïste dont les mains sont teintes du sang de l'innocence.

Non, le sort ne peut être le même pour Néron, qui est la personnification du crime dans ce qu'il

9.

a de plus cruel et de plus raffiné, et pour Jésus, qui est l'incarnation de la vertu dans ce qu'elle a de plus pur et de plus éthéré. Non, Messaline, souillée par tous les vices et par tous les crimes, et Cornélie, la mère des Gracques, l'éternel honneur de son sexe, n'auront pas le même sort. On ne peut pas croire qu'une même destinée attende Henriette Corner, qui, après avoir prodigué ses plus douces caresses à une adorable enfant, lui coupe froidement la tête, et Prascovie, l'ange du dévouement; le bon sens ne peut pas admettre que Lacenaire qui tuait ses semblables avec le plus grand sang-froid, soit traité comme Loizerolles, qui, après avoir fait substituer, à l'aide d'un héroïque mensonge, la date de sa naissance et son prénom à ceux de son fils sur le livre de mort, porte sa tête sur l'échafaud pour sauver la vie de son enfant.

Quand nous affirmons de tels faits, l'humanité tout entière est avec nous, et elle nous crie par la voix de ses penseurs, de ses philosophes, de ses moralistes, qu'elle partage nos croyances. Les dévouements ignorés et les crimes qui échappent à la justice humaine demandent des existences ultérieures où puisse avoir lieu l'application des lois inéluctables de la morale éternelle.

LIVRE V

LES DIVERSES ACTIONS DES HOMMES ET LES SANCTIONS DE LA LOI MORALE SUR LA TERRE

I

SANCTION DE LA LOI MORALE SUR LA TERRE.

Les lois du monde physique et certaines tendances de la nature humaine semblent nous porter à croire que le bien et le mal, la vertu et le crime, le désordre et l'harmonie naissent du contraste des choses et des faits opposés. Dans la nature vivante ou inanimée, la loi des contrastes est manifeste. Les corps semblables se repoussent et les corps différents s'attirent; tous les astres sont régis par cette loi : la vie s'éternise grâce à l'attrait qui attire les uns vers les autres les individus de sexe différent. Chaque être étant incomplet par lui-même cherche dans un autre ce qui lui manque, ce qui le complète, quelque chose enfin qui diffère de ce qu'il a; la vie naît de la mort, et la mort n'existe que par la vie; la réaction est en raison du fait ou de l'action qui l'a produite; la force d'expansion de la vapeur est d'autant plus grande qu'elle a été plus fortement comprimée ; la balle élastique s'élance d'autant plus haut qu'elle a plus violemment frappé le sol. On ne sent réellement tout le prix d'une situation quelconque que dans une situation contraire ; on ne goûte toutes les douceurs de la liberté, on n'apprécie les bienfaits de l'indépendance que dans l'esclavage ou la privation de ces biens ; le charme des études favorites grandit en proportion des obstacles qui nous empêchent de nous y livrer ou des nécessités qui nous rivent à des travaux mercenaires ; on ne sent tout le prix de la santé que dans un état maladif, celui de la fortune que dans l'extrême misère, de la jeunesse, de ses joies et de ses illusions ravissantes que dans la vieillesse caduque et délabrée ; le contentement d'une conscience pure, les satisfactions du devoir que dans les désordres du vice et dans les sombres profondeurs du crime : c'est dans l'extrême limite d'une situation donnée qu'on aspire le plus vivement à la situation opposée.

Pour nous élever dans l'échelle du progrès faut-il donc avoir connu tout ce que contiennent de douleurs et de misères les degrés inférieurs ? C'est cette oscillation entre la joie et la douleur, l'espérance et les déceptions, l'opulence et la misère, le bien et le mal, qui semble nous pousser vers l'accomplissement de notre véritable destinée.

Malgré ses contradictions apparentes ou superficielles, la suprême harmonie existe toujours et n'en domine pas moins dans son unité vivante nos laideurs passagères et les imperfections de notre nature pour obéir à la loi supérieure qui lui vient d'en haut.

II

DÉFINITION DU BIEN ET DU MAL. — CHAQUE PEUPLE PEUT PROFESSER PLUSIEURS RELIGIONS, MAIS IL LUI FAUT UNE MORALE UNIQUE.

Nous savons que la morale a pour objet le bien, qui est le but suprême de la vie. Mais qu'est-ce que le bien ? Il est fort difficile de donner une définition précise du bien et du mal.

Nous définirons néanmoins, si vous voulez, le bien ce qui est conforme à notre dignité, à notre avantage éclairé par une volonté droite et désintéressée, ce qui nous est utile et nous procure une certaine somme de plaisir. Nous le ferons enfin consister dans l'exercice de la raison, dans les affections pures du cœur, dans le développement des plus hautes et des plus sublimes facultés de l'être. Le mal peut bien, lui aussi, procurer des plaisirs, des satisfactions variées et être utile à celui qui le fait, mais il porte atteinte à l'intérêt et à la dignité d'autrui ; il préfère les appétits grossiers, les passions des sens, l'instinct capricieux et les jouissances de l'animal, aux sentiments supérieurs de l'âme humaine. Un des points essentiels de toute définition consiste dans le sens qu'on attache aux mots qu'on emploie, mais une telle exigence rendrait tout ouvrage impossible.

Au point de vue des sociétés, une religion unique semble moins nécessaire à leur existence qu'une même morale. La vie nationale d'un peuple n'est point menacée par la diversité des religions qui se pratiquent dans son sein. Il suffit d'interroger l'histoire pour trouver la confirmation de ce fait. Mais un peuple ne peut exister qu'à la condition de ne posséder qu'une seule morale sociale, vraie ou fausse, bonne ou mauvaise. Comment s'arranger, en effet, avec plusieurs morales, dont les unes défendraient ce que les autres proscriraient! dont l'une autoriserait la polygamie, donnerait aux chefs de famille le droit de vie et de mort sur leurs enfants, leur permettrait la libre disposition de leur fortune sans autre règle que celle de leurs caprices, et dont l'autre proclamerait l'inviolabilité de la vie humaine, le mariage d'un seul homme avec une seule femme, et règlerait la transmission de la propriété d'après la loi?

Que trois personnes n'en fassent qu'une, qu'on célèbre les cérémonies de tel culte en hébreu, en grec, en latin, en allemand ou en français, que les habits d'un rabbin, d'un prêtre ou pape soient blancs ou noirs, de telle ou telle forme; que pendant certains jours on mange du poisson ou du bœuf, qu'on boive de l'eau ou du vin, qu'un peu de pâte et de vin contiennent le corps d'un Dieu ; qu'un homme par l'intervention de l'Esprit et en dehors des lois de la génération, sans s'être uni à une femme, en ait un fils; qu'on soit coupable sans avoir fait aucun mal parce qu'une femme a mangé une pomme, qu'un homme ait arrêté le soleil, qu'une femme se change en sel, que l'ânesse de Balaam ait été douée de la parole et se soit plaint des mauvais traitements qu'on lui faisait endurer : voilà des mystères ou des superstitions qui nous semblent assez indifférents ou inutiles pour nous inspirer le sentiment du bien ou l'amour de la justice.

Dans la conduite générale de la vie, les mots bon, mauvais, appliqués aux choses, n'éveillent pour ces choses aucune idée de mérite ou de démérite, un bon soulier, par exemple, est celui qui est bien conformé, va bien au pied et fait un long usage; un bon vin est celui qui est pur et fait du bien à celui qui le boit : un objet est bon ou mauvais selon qu'il est utile ou agréable, inutile ou désagréable; selon qu'il remplit bien ou mal le but pour lequel il est fait.

Il est certain que tous les détails de la conduite n'ont pas un caractère moral : puiser de l'eau, s'habiller en vert ou en bleu, lire assis ou en marchant, sont des choses indifférentes à la morale.

« Juger bonne la conduite qui favorise pour l'homme et pour ses semblables le développement de la vie, c'est admettre que l'existence de l'être animé est désirable. Un pessimiste ne peut sans se contredire appeler bonne une conduite qui sert à assurer la vie. Nous avons vu toutefois que les pessimistes et les optimistes s'accordent au moins sur ce postulat : que la vie est digne d'être bénie ou maudite suivant que la résultante est agréable ou pénible pour la conscience. Puisque les pessimistes déclarés ou secrets et les optimistes de toute condition constituent, pris ensemble, l'humanité tout entière, il en résulte que ce postulat est universellement accepté. D'où il suit que nous pouvons appeler bonne la conduite favorable au développement de la vie, à condition qu'elle procure plus de plaisirs que de peines. Les hommes qui cherchent à se rendre Dieu propice, soit en s'infligeant des peines à eux-mêmes, soit en se privant de plaisirs pour éviter de l'offenser, agissent ainsi pour échapper à des peines futures plus grandes et obtenir à la fin de plus grands plaisirs. Si par des souffrances positives ou négatives en cette vie, ils s'attendaient à augmenter plus tard leurs souffrances, ils ne se conduiraient pas comme ils le font. Ce qu'ils appellent leur devoir, ils cesseraient de le regarder comme tel si son accomplissement leur promettait un malheur éternel au lieu d'un éternel bonheur.

« Aucune école ne peut donc éviter de prendre pour dernier terme de l'effort moral un état désirable de sentiment[1] ».

Pour faire le bien, pour accomplir la loi morale, il faut la connaître, il faut qu'elle se présente à l'esprit avec une évidence absolue, et de plus qu'on ait la liberté de la mettre en pratique. Mais pour nous diriger vers le bien, quel oracle consulter? Quand nous avons un long voyage à faire, des pays inconnus à explorer, des peuples lointains à visiter, nous prenons un guide, nous interrogeons ceux qui ont visité le pays, puis les habitants, nous nous munissons de plans, de cartes, d'instruments et de tout ce qui peut nous servir dans nos explorations. Ici tous ces moyens nous font défaut quand il s'agit de choisir la route qui doit nous guider vers l'accomplissement de notre destinée ou du moins nous fournir quelques indications utiles, sont insuffisants. Les religions nous offrent la foi, les philosophies le raisonnement; fort bien, mais les religions et les philosophies sont en contradiction les unes avec les autres ; quelle foi choisir, quel raisonnement adopter?

M. H. Spencer substitue à la révélation surnaturelle de la volonté divine, la fin, révélée sous une forme naturelle, vers laquelle tend la puis-

---

[1]. Herbert Spencer. *Les bases de la morale évolutionniste*, p. 37-38

sance qui se manifeste par l'évolution. Selon le philosophe anglais, les perceptions innées du bien convenablement éclairées par une intelligence analytique, devront servir de guides pour la conduite sous sa forme la plus élevée [1].

J.-J. Rousseau croit à l'infaillibilité de la conscience : « Conscience ! conscience ! s'écrie-t-il, instinct divin, immortelle et céleste voix, guide assuré d'un être ignorant et borné, intelligent et libre ; juge infaillible du bien et du mal qui rend l'homme semblable à Dieu : c'est toi qui fais l'excellence de sa nature et la moralité de ses actions ; sans toi, je ne sens rien en moi qui m'élève au-dessus des bêtes, que le triste privilège de m'égarer d'erreurs en erreurs, à l'aide d'un entendement sans règle et d'une raison sans principe [2]. »

Pour que la conscience pût nous donner la connaissance précise du bien et du mal, il faudrait, ce me semble, un être idéal, servi par une conscience infaillible, jugeant toutes les actions humaines avec une rectitude absolue. Mais la conscience d'un enfant est-elle la même que celle d'un homme de génie, celle du sauvage ne diffère-t-elle pas de celle de l'homme civilisé ? La conscience est souvent obscurcie par les préjugés, l'ignorance, l'habitude, l'intérêt, les passions,

---

1. Voir H. Spencer, *Les bases de la morale évolutionniste*. p. 168-169.
2. J-J Rousseau, *Émile*, l. IV.

elle peut varier du reste dans le cours de la vie.

Nous serons amenés, pour la direction de notre conduite, à généraliser les faits, à voir s'ils peuvent devenir universels, à écarter tout motif intéressé, à agir selon la conviction présente ou la conscience du moment.

Tout être de raison ne peut être responsable de ses actes qu'autant qu'il possède sa liberté d'action, et la morale ne saurait exister sans cette liberté. Que signifient, en effet, la vertu et le crime, la justice et l'injustice, le bien et le mal attribués à l'homme, s'il n'est pas libre d'agir comme il le désire? S'il obéit à une loi à laquelle il lui est impossible de ne pas obéir; s'il est entraîné par une force à laquelle il ne peut se soustraire, il n'a absolument aucun mérite à être bon, juste, charitable et vertueux : s'il fait enfin ce qu'il est forcé, obligé de faire, on ne peut pas l'accuser d'être méchant, criminel ou injuste. On voit donc que sans le libre arbitre, sans l'indépendance morale, le mérite et la responsabilité n'ont pas de sens ; on ne doit être ni puni ni récompensé pour des actions qu'il est impossible de ne pas faire ou de faire autrement. Ainsi donc pour que la morale ne soit pas un vain mot, pour que la loi suprême de la vie ait sa raison d'exister, il faut que nous possédions le libre usage de nos facultés, la pleine liberté de nos actes.

Nous parlons ici, bien entendu, de la liberté

morale ou intérieure, de celle qui dépend de notre volonté s'exerçant dans le bien comme dans le mal et qu'il ne faut pas confondre avec la liberté corporelle ou individuelle, qui consiste dans la libre disposition de son propre corps, dans le droit de se créer une famille, d'employer ses facultés comme on l'entend, d'exercer, selon son désir, tel ou tel métier, d'user des produits de son travail, de pratiquer la religion de son choix ou de n'en pratiquer aucune. On comprend que les mutilations, les blessures, ainsi que l'esclavage ou le servage plus ou moins déguisés par les raffinements infinis des civilisations, soient une atteinte criminelle à ce droit sacré de l'individu.

Le droit de vote, le droit de participer soi-même au pouvoir ou de déléguer son droit à des représentants par son vote, constituent avec la liberté de la presse les traits essentiels de la liberté politique, qui elle aussi doit être distinguée de la liberté morale.

Les habitudes, les passions, le caractère, comme nous l'avons dit, le climat, l'éducation, le milieu dans lequel on vit, peuvent restreindre cette liberté. On ne se refait pas soi-même, dit-on; la chair est faible, l'esprit est prompt; chassez le naturel, il revient au galop; l'habitude est une seconde nature.

Ces objections ont sans doute leur valeur, mais les faits que nous venons d'énumérer ne sont pas inflexibles, absolus ; une volonté puissante, bien gouvernée, une éducation virile, peuvent agrandir indéfiniment le cercle de la liberté humaine.

Une autre objection se pose d'elle-même. Entre diverses actions, la conscience nous laisse quelquefois incertains ; s'il n'y a pas nécessité d'agir, on peut suivre la vieille maxime : dans le doute abstiens-toi; mais dans la vie privée ou publique il y a des circonstances où il faut prendre un parti, se décider d'une manière ou de l'autre, et dans lesquelles la conscience la plus saine et la plus clairvoyante ne peut dire quelle décision est la bonne.

Un ouvrier, par exemple, ayant une opinion politique différente de celle de son patron, est appelé à voter avec celui-ci; le maître met son ouvrier en demeure de voter pour son candidat sous peine de perdre sa place, ce qui peut l'exposer à mourir de faim, lui, sa femme et ses enfants. S'il obéit à son maître, son avenir est assuré, mais il vote contre sa conscience et encourt la responsabilité des conséquences de son vote qu'il considère comme désastreuses pour son pays. S'il vote selon sa conviction, sa conscience est satisfaite, il fait acte d'honnête homme, mais il plonge sa famille, dont le maître avait promis d'assurer l'avenir, dans la misère et peut-être dans le mal ; et, si l'ouvrier est vieux, il ne peut espérer se placer ailleurs. Quelle conduite tenir en cette circonstance?

Une tempête vient de jeter plusieurs passagers

sur un rocher désert, on sait que dans vingt jours un navire passera là et pourra les recueillir; mais il est impossible de vivre pendant ces vingt jours sans nourriture. Que faire? Parmi les naufragés il y a un criminel, dangereux pour la vie de ses concitoyens, les autres sont d'honnêtes pères de famille. Les passagers sont dans l'alternative de respecter la vie d'autrui ou de mourir de faim, mais c'est aussi la mort de plusieurs familles. Si enfin on décide que l'un des passagers doit être sacrifié pour le salut des autres, comment choisir la victime? Par le vote, chaque votant ne deviendra-t-il pas un assassin? Tirera-t-on au sort, mais le hasard peut désigner le meilleur, le plus digne, celui qui est le plus indispensable à sa famille et qui par son mérite peut rendre le plus de service à l'humanité; le criminel peut être épargné, lui qui n'a personne à nourrir sur terre et qui est un danger pour la société.

Il est impossible d'établir un code parfait de conduite personnelle; néanmoins on trouvera dans les livres religieux de l'Inde, de la Perse, des Hébreux, dans les évangélistes, les apôtres chrétiens et dans les grands moralistes, des règles de conduite d'une grande pureté et de sublimes préceptes de morale, universellement acceptés.

III

INSUFFISANCE DES DIVERSES SANCTIONS.

Si la justice possède un caractère indéniable et sacré, c'est assurément celui qui lui prescrit d'accorder à chacun selon son mérite.

Presque toutes les religions enseignent que l'existence de l'homme commence à sa naissance sur cette terre : dans ce cas *le mérite de tous les hommes est le même* en venant dans ce monde, n'ayant jamais vécu ailleurs, nulle action vertueuse n'a pu être accomplie par eux. Mais alors comment justifier les inégalités qui existent entre eux? Nous demandons encore une fois comment il se fait que les uns naissent sur un trône ou dans de somptueux palais avec des millions qui leur permettent de vivre au milieu des fêtes et des festins de tous genres, et les autres dans de misérables taudis, accablés par toutes les misères, n'ayant pour perspective que la borne des rues ou les dépôts de la misère publique?

On nous dit que le bien et le mal, la bonne et la mauvaise conduite, trouvent ici-bas leur récompense ou leur châtiment dans les diverses sanctions de nos actes : c'est là une illusion que l'expérience se charge de détruire dès les premiers pas que nous faisons dans le monde. Au milieu des ambitions, des convoitises, du choc des intérêts, l'observateur attentif s'aperçoit promptement que le vrai mérite occupe une bien petite place dans les succès de ce monde.

Sanction physique. — La sanction physique consiste dans le bien-être ou la souffrance qui résulte de notre conduite. Si elle est conforme à la raison et à la nature, elle affermit la santé; si elle est dominée par la passion, si nous ne commandons pas à nos instincts, si nous ne luttons pas pour maîtriser nos vices, nous nous exposons à payer l'oubli de nos devoirs par la perte de la santé, l'épuisement de nos forces et par une vieillesse maladive et précoce. Nous allons voir que la sanction physique est incomplète et illusoire : par exemple vous consacrez votre vie, votre fortune, vos veilles à une entreprise généreuse, utile à vos concitoyens; pour atteindre ce noble but vous avez usé vos forces, et la mort est là qui vous attend : quelle récompense la nature physique pourra-t-elle vous offrir dans ce cas? Aucune; la nature ne punit point la bassesse, la lâcheté, l'hypocrisie, les vices qui abrutissent l'âme en laissant le corps en repos. D'ailleurs l'homme qui possède une constitution robuste peut impunément pendant longtemps transgresser les lois de la nature. La satisfaction, l'abus même de ses appétits matériels n'aura pour lui que des résultats lointains et passagers ; tandis que l'homme faible et chétif sera cruellement châtié pour le moindre écart de régime. Le peuple avec ses bras robustes, son bon sens pratique, sa raison saine, son ignorance des faux besoins, est souvent plus fort contre l'adversité et les douleurs de la vie que le génie supérieur. L'ambition des intelligences vulgaires dépasse peu la sphère des intérêts matériels ; plus l'homme se rapproche des êtres inférieurs, plus il est indifférent aux choses de l'esprit, ses vœux s'élèvent rarement au-dessus des événements ordinaires de la vie ; il y a si peu d'écart entre ses aspirations et les réalités palpables de ce monde, que le passage des unes aux autres se fait sans douleur morale, il travaille et se résigne. Il n'en est pas ainsi du génie, dont l'intelligence veut tout sonder, le cœur tout sentir et l'âme tout connaître. A leurs heures d'inspiration les intelligences supérieures vivent d'une existence tout idéale ; à ce jeu terrible, la sensibilité s'exalte, la réalité devient monotone et insupportable, et c'est ainsi que pour vivre pendant quelques jours dans le souvenir de ses contemporains on acquiert le triste privilège d'être plus profondément atteint par toutes les tristesses de la vie que le reste des hommes.

Quelle récompense la sanction physique offrira-t-elle au génie dont le cœur saigne toujours pour le bonheur de l'humanité?

SANCTION SOCIALE. — La société nous estime ou nous méprise selon les bonnes ou les mauvaises actions que nous faisons : elle honore de ses sympathies et de son admiration quiconque lutte courageusement pour le bien, de même qu'elle frappe de réprobation celui qui se rend coupable d'une action injuste; elle a aussi pour certaines actions des récompenses pécuniaires et honorifiques, et pour d'autres des châtiments exceptionnels; mais la société n'accorde sa protection qu'à ce qui lui est utile ou agréable, elle ne prête son appui qu'à ce qui lui est avantageux, et ne punit que ce qui est susceptible de lui nuire ou de blesser ses mœurs; elle est indifférente aux dévouements sublimes qui s'accomplissent loin d'elle; les infamies les plus monstrueuses, les vices les plus exécrés, du moment qu'ils ne lui portent point atteinte, sont sûrs de l'impunité. La justice des peuples a des châtiments pour le meurtre défini par ses législations imparfaites. Tuer un homme, par exemple, en quelques minutes n'est pas la même chose devant les tribunaux d'ici-bas que de le tuer en dix ans par des souffrances, des privations et des persécutions occultes; l'assassin vulgaire qui tue sa victime en une seule fois et en un instant est puni de la dernière peine; mais celui qui sait combiner ses moyens pour le faire mourir mille fois en plusieurs années peut marcher la tête haute et braver la justice terrestre. Quiconque tue un homme dans un duel n'est ni puni ni regardé comme un meurtrier; bien plus, celui qui en tue cent mille dans une bataille est mis au rang des plus grands héros, l'histoire le célèbre et les descendants de tant de victimes lui élèvent des monuments pour rappeler le souvenir de ces cent mille meurtres. On voit donc que la sanction que la société offre aux actes de la vie est insuffisante quand elle n'est pas dérisoire : la législation des peuples, même les plus civilisés, est donc bien loin de réaliser notre idéal. Est-ce que les souverains, eussent-ils fait massacrer un million d'hommes, sont traduits devant les tribunaux de la terre? Est-ce que les acclamations, les arcs de triomphe et les *Te Deum* ne témoignent pas de l'hommage qu'on rend à ces brillants exploits? Partout où un troupeau d'êtres humains est courbé sous la loi d'un maître sans pitié, dites-moi jusqu'où peut aller l'oppression avant d'éveiller l'attention de la justice. Les crimes, les forfaits, les outrages et la perversité sans frein, les dévouements magnanimes, les ignominies, la vertu et le vice, n'éveillent souvent que l'indifférence de la société.

Il existe des âmes naïves et d'une inexprimable candeur qui s'imaginent que, pour occuper, dans les sociétés, les premiers postes, les plus hauts emplois, il suffit d'y déployer une probité sans tache, une intelligence élevée, un zèle infatigable, une volonté énergique, un jugement sûr, une entente parfaite des choses. Quelle amère déception pour ces pauvres êtres confiants, quand arrivés à moitié chemin, ils s'aperçoivent qu'ils se sont fourvoyés et que les heureuses qualités sur lesquelles ils comptaient pour conquérir la fortune ou le succès ont souvent été un obstacle à leur réussite ! Les uns se consolent ou se résignent en pensant que posséder un peu plus d'or que son voisin, avoir une table mieux servie, des voluptés plus faciles, est une chose triste, quand on doit cela à tout ce qui enlève la dignité de l'homme ou lui fait courber le front ; les autres, désespérés de leurs déceptions, entrent dans le succès par la grande porte de l'ignominie.

Un des spectacles les plus affligeants de ce monde n'est-ce pas de voir que le succès appartient, le plus souvent, aux hommes de violence et d'audace, à ceux pour qui la conscience n'existe pas, que l'or soit si puissant et le mérite si peu de chose et, comme disait Voltaire, que les sots soient aux nues et les génies dans la fange, qu'enfin le droit du plus fort fasse la loi ?

Si humiliants que soient ces faits au point de vue moral, il faut bien les accepter et reconnaître que, presque toujours et à peu près partout, l'homme de mérite sans appui n'arrive à rien et s'épuise en efforts stériles, se donne des peines infinies pour obtenir les plus maigres résultats, tandis que, même sans intelligence, sans mérite, on arrive à tout sans difficulté, si on est lancé, poussé par de puissants protecteurs. Un des meilleurs motifs pour que tout le monde vienne à nous, c'est de n'avoir besoin de personne; de toute part on offre ses bons offices à celui qui n'a besoin de rien, celui qui n'a pour toute richesse que son bon vouloir, ses muscles vigoureux, son honnêteté à toute épreuve, voit souvent les gens le fuir s'il s'avise de leur demander le plus léger service.

Il y a des gens froids, sans scrupules, qui savent mettre à profit les circonstances qui se présentent ainsi que les préjugés et les passions de leurs semblables. Sans illusion sur les hommes, qu'ils jugent ce qu'ils sont, ainsi que sur les choses, qu'ils prennent pour ce qu'elles valent, ces gens-là sont bien armés pour la lutte. Le succès justifie à leurs yeux tous les moyens employés pour arriver au but qu'ils poursuivent.

Astucieux, despotes, arrogants avec un inférieur, ils savent se faire humbles, dociles, rampants avec celui qu'ils ont intérêt à ménager; ils servent volontiers tous les maîtres et se vautrent, sans répugnance, à toutes les étables.

La souplesse servile qui accepte tout sans murmure, la nullité qui n'offusque personne, l'intrigue, l'étude des côtés faibles de l'homme pour s'en servir à l'occasion, une conscience indulgente, la calomnie, la délation, l'hypocrisie, l'égoïsme adroit, voilà des éléments précieux du grand art de parvenir. Si le succès couronne les entreprises de ces histrions, la foule trouve que ce sont des gens habiles. Par contre, il existe des philosophes, des songeurs, des savants, qui n'entendent rien aux choses pratiques de la vie, préfèrent le génie au savoir-faire, l'art au métier et ne réussissent en rien. Ils aiment la poésie, le beau sous toutes ses formes, ils ont vécu dans les régions pures de l'idée du devoir : comment soutenir la lutte avec des gens positifs qui ne connaissent que le prosaïsme et les vulgarités de la vie, mais qui sont par là très habiles à tendre des pièges à la bonne foi des simples et à conquérir les meilleures places?

Que d'hommes illustres ont expié dans les tortures, la misère et l'abandon le crime d'avoir été trop supérieurs à leurs contemporains ou d'avoir trop devancé leur époque! Qui pourrait nous dire ce que le fanatisme et l'ignorance ont accumulé de haines et de persécutions contre ces hommes de génie qui apparaissent à certaines heures dans l'éblouissement de la gloire ou dans les nuées orageuses de l'idée et qui sont le plus glorieux patrimoine des peuples? La tristesse et le désenchantement remplissent les premières années de leur vie. Quand la jeunesse vient avec ses illusions et ses espérances verser ses vives et âpres joies dans le cœur des autres mortels, elle n'apporte à ces forçats de la gloire que les souvenirs déchirants du passé, des menaces pour l'avenir, les tourments de la faim et les angoisses de la souffrance.

La misère leur impose les plus dures privations ; humiliés par les besoins et les déceptions de la vie, le ressort moral se brise et ils arrivent à douter d'eux-mêmes. Le résultat de l'effort désespéré de ces génies, toujours contraire à celui qu'ils étaient en droit d'attendre, les anéantit comme un coup de foudre. Pour vivre dans les âges futurs, il faut traverser ce brûlant creuset de la douleur, qui est en même temps une fontaine de vie.

Quelle est la condition la plus générale des travailleurs, de tous ceux qui par nécessité ont un gagne-pain ? Bien que chargés de procurer la subsistance de chaque jour aux êtres chers associés à leur destinée afin que le cœur de ceux-ci ne cesse pas de battre avant le temps marqué par la nature ? L'avenir de presque tous dépend des caprices ou du bon plaisir d'un maître, d'un patron, d'un directeur de personnel. Si ce maître a le cœur pervers, vicieux, l'intelligence étroite, l'âme vile, abjecte, il peut perdre quiconque lui déplaît. Que de moyens à sa disposition pour cette œuvre d'enfer ! il lassera sa patience, limitera, réduira son salaire, ses gages, son traitement, etc., mettra tout en œuvre pour le pousser à des résolutions téméraires ou coupables qu'il exploitera à son profit ; il s'adressera ou se fera adresser des épîtres diffamatoires ou compromettantes dont les termes s'appliqueront d'une manière vraisemblable à ceux qu'il poursuit de ses haines et de ses rancunes ; il peut enfin se servir à son gré de l'ironie acerbe, employer les allusions les plus blessantes, sans précaution, sans ménagement; celui qui est dans le besoin doit, comme le sage, retourner sept fois sa langue dans sa bouche pour dire les choses les plus inoffensives et les plus naturelles.

Les méchants, les violents forment une fédération puissante, une sorte de ligue du *mal public;* ils ont tout pris, tout accaparé, ils n'ont pour ainsi dire rien laissé aux doux et aux inoffensifs. Dans une arène où se trouvent des loups et des agneaux, le sort de ceux-ci est d'être traqués et mangés; dans une société où les hommes de proie sont tout puissants, la destinée fatale de l'homme doux et honnête ressemble un peu à celle d'une victime prédestinée.

Pendant dix-huit siècles, l'Évangile a conseillé aux hommes de paix la résignation. « Si on vous donne un soufflet sur une joue, présentez l'autre pour en recevoir un deuxième ». Le méchant sera-t-il désarmé par cette complaisance, cette résignation ne sera-t-elle pas pour lui un encouragement pour oser davantage, et dans ce cas la victime ne se trouvera-t-elle pas complice et responsable du mal qu'on lui fera?

Selon le philosophe anglais auquel nous empruntons les lignes suivantes : « Une conduite idéale n'est pas possible à l'homme idéal au milieu d'hommes constitués autrement. Une personne absolument juste et parfaitement sympathique ne pourrait vivre et agir conformément à sa nature dans une tribu de cannibales.

« Chez des gens perfides et tout à fait dépourvus de scrupules on se perdrait en montrant une entière sincérité, et une complète franchise... Un mode d'action entièrement différent des modes d'action prédominants ne peut être soutenu longtemps, sans amener la mort de celui qui l'a soutenu, ou de ses enfants[1]. »

Parmi les faits ordinaires dont se compose la trame de la vie, il en est peu susceptibles de procurer à l'homme sensible au cœur généreux et bon des satisfactions véritables.

A chaque pas le vice altier soufflette la vertu résignée : chez les infâmes de l'or plein les coffres; chez les bons des larmes plein les yeux ; à tous les coins de rue l'offre des vierges sans pain et sans toit.

« Peu d'hommes saluent sans envie le succès de leurs amis ; une malveillance, remplie de fiel, se glisse au cœur de l'homme; le bonheur qu'il voit autour de lui le fait gémir[2]. »

« Celui qui se fait connaître par son talent ou ses vertus, se dénonce à la bienveillance inactive

---

1. H. Spencer, *Les bases de la morale évolutionniste*, p. 239-240.
2. Eschyle, *Agamemnon*.

de quelques honnêtes gens et à la malveillance active de tous les malhonnêtes gens [1]. »

La sanction sociale ne peut donc pas donner une complète satisfaction à notre idéal de justice, il est inutile d'insister sur une vérité confirmée par l'expérience de tous les hommes.

Après avoir examiné les deux sanctions précédentes et reconnu leur insuffisance, nous allons nous occuper d'une troisième sanction.

Sanction morale. — Le remords qui accompagne les mauvaises actions, les mauvaises pensées et les désirs criminels; la satisfaction qu'on éprouve dans l'accomplissement de son devoir constituent ce qu'on appelle la sanction morale. Cette sanction est-elle supérieure aux autres et contient-elle la justice infaillible? Non: les tourments de la conscience, bien loin de grandir en raison de la perversion humaine, s'affaiblissent au contraire peu à peu et l'habitude les détruit quelquefois complètement; il s'ensuit que plus on vit dans le crime, moins on en est puni par le remords. La conscience ne peut rien contre les insultes et les calomnies de nos semblables; elle n'a aucune satisfaction pour les morts héroïques, aucune consolation pour les sacrifices et les tribulations de la vie présente. Les âmes sensibles et délicates souffrent infiniment plus pour une faute

---

1. Chamfort.

légère que les cœurs endurcis pour les plus grands crimes. Ces diverses sanctions ne peuvent point nous satisfaire, chacun de nous porte en lui-même un idéal qu'elles sont impuissantes à réaliser dans ce monde.

Supposons que deux artisans, ne pouvant satisfaire aux besoins de leur famille, quittent leur pays pour aller chercher fortune sur d'autres terres. L'un se fixe dans une île de l'Océanie ; afin de rapporter à ceux qu'il a laissés loin de lui un peu de bien-être, il s'impose les plus dures privations, travaille jour et nuit ; sa conduite irréprochable lui conquiert les sympathies de la colonie où il fonde plusieurs industries, introduit les meilleures méthodes de culture, crée des écoles, des hospices, etc. Quelques années après l'arrivée de cet inconnu, la richesse de l'île est centuplée, toutes les familles jouissent d'une aisance inconnue jusqu'alors. Avec l'instruction les plus saines pratiques se sont développées parmi les indigènes. Tous savent que leur prospérité leur vient de cet étranger ; mais personne ne connaît son nom, car il a tout fait avec modestie et discrétion.

Son compatriote, fixé à quelques kilomètres de lui, se fait chef de bandits, dévaste les localités qu'il habite, y sème la terreur, égorge femmes, vieillards et enfants ; le brigandage, le vol et l'assassinat remplissent ses jours, et dans sa vie de bandit il est heureux et échappe à toute punition.

Après vingt ans de labeurs inouïs, le digne ouvrier veut revenir à ce cher foyer où il a laissé une femme aimée, des enfants, vers lequel se sont tournés si souvent ses yeux en larmes et d'où sont partis tant de vœux et de bénédictions pour l'absent. Le voilà enfin en route, le chef de bandits, que depuis longtemps il a perdu de vue, est là aussi. Le vaisseau, battu par un vent violent, jette l'équipage sur une île, les provisions ont été détruites, lui seul a pu sauver sa petite fortune ; pour arracher à une mort certaine tous ses compagnons il n'hésite pas à sacrifier une partie de son trésor sacré, c'est une partie de la vie, du sang de sa famille qu'il donne à des inconnus ! Après de longs jours d'attente le vaisseau, remis en état, reprend la mer, on aperçoit les rives toujours joyeuses de la patrie jamais oubliée, le cœur, rempli d'une émotion sainte, exhale sa joie, lorsque des cris désespérés se font entendre, le navire fait eau de toutes parts, et malgré les signaux de détresse il s'engloutit dans les flots ! L'abîme seul a reçu le secret de cette destinée sublime et de tant d'autres et il ne le révélera à personne. Oublié depuis longtemps de ses compatriotes, inconnu de ceux dont il fut le bienfaiteur, la société ne s'occupera jamais de lui, il ne jouira jamais des satisfactions morales dues à la vertu et au sacrifice. Ce martyr qui s'immole pour le devoir et ce bandit qui se repaît du sang de ses victimes auront obtenu le même résultat final, s'il n'y a aucune autre sanction que celles que nous avons examinées?

Ces choses sont de tous les temps, Job demande à Dieu pourquoi les impies vivent et sont comblés de richesses, pourquoi leur postérité se conserve et leurs maisons vivent en paix. La colère céleste ne s'appesantit point sur les méchants, leurs enfants se divertissent, leurs génisses se multiplient, ils vivent dans la joie, puis ils descendent au tombeau après avoir méconnu la Providence [1].

« Je sais que vous êtes juste, ô Dieu, dit le prophète Jérémie, permettez-moi cependant de vous adresser de justes plaintes : Pourquoi les méchants marchent-ils avec tant de prospérité dans leur voie? Pourquoi ceux qui violent vos préceptes et qui agissent injustement sont-ils si heureux [2]? »

1. V. Job. ch. XXI.
2. Jérémie, ch. XII.

IV

LA VIE VAUT-ELLE LA PEINE DE VIVRE? — Y A-T-IL BEAUCOUP
DE GENS QUI VOUDRAIENT LA RECOMMENCER?

Quelles que soient les félicités qui puissent adoucir notre existence ou les dons de la fortune et de la nature susceptibles de l'embellir et de la faire aimer, peu de gens en la quittant voudraient la recommencer.

L'homme juste et intègre, qui, arrivé au soir d'une longue vie, a toujours suivi la sainte loi du devoir, a trop lutté, trop souffert pour regretter le départ.

Que de résignation, d'héroïsme et de grandeur d'âme ne lui a-t-il pas fallu dépenser pour suivre sa noble voie et résister à tous les entraînements, à toutes les séductions de la passion! Plus d'une fois, sans doute, il n'a recueilli pour prix de son dévouement, de sa franchise, de son désintéressement que la calomnie ou l'ingratitude. Parmi les amis auxquels il avait pu confier les joies et les douleurs intimes de sa vie, aucun ne l'a-t-il trahi ou méconnu ? Sous les brûlantes caresses de la compagne de ses belles années, est-on toujours sûr de ne jamais sentir l'amer et ironique baiser qui broie toutes les fibres du cœur et change en haine et en larmes l'amour le plus profond ? Que de désillusions dans la connaissance des hommes et dans le spectacle des choses ; comme les amis des jours heureux s'enfuient à l'approche de l'adversité. L'astuce et l'intrigue supplantant la probité timide et le mérite modeste ; l'ignorance éhontée, l'ineptie grotesque, la nullité prétentieuse jugeant les génies. Là des hommes justement estimés jusqu'alors reniant tout à coup les convictions de toute leur vie pour en faire trafic ; ici d'autres hommes prêchant avec une éloquence enthousiaste les plus nobles vertus et se ruant avec frénésie dans les vices les plus dégradants.

Une vie pure, une intelligence élevée étant la vivante censure de la nullité, de la bassesse et du servilisme de la plupart des hommes, comment ceux-ci pourraient-ils accorder leurs faveurs à celui dont ils ne peuvent espérer en faire un complice et qu'il savent trop fier pour se plier aux viles passions et aux plus étranges complaisances, n'essayeront-ils pas plutôt de détruire en lui toute idée de justice, toute énergie généreuse ? Les régions de l'intelligence et du devoir sont placées trop haut pour les natures vulgaires ; l'envie, le dépit, la jalousie leur sont si naturels qu'elles s'en contentent. Critiquer une bonne action ou une belle œuvre est si facile ; accomplir cette action ou faire cette œuvre si difficile qu'on prend le parti très commode de médire de ce qu'on est impuissant à égaler; l'homme-porc se vautre dans son ordure, le génie plane dans les cieux. Un tel spectacle inspire, selon le caractère de l'observateur, un sentiment de pitié, de mépris, de tristesse ou de dégoût.

Trop souvent, si on veut réussir dans ce monde, si on tient à ce que nos efforts soient couronnés par le succès, si on veut que la fortune nous soit fidèle, il faut tromper les autres, pour ne pas l'être soi-même, faire taire le cri de sa conscience et les inspirations généreuses de son cœur ou se jouer des hommes. Que d'entreprises scandaleuses ne voit-on pas chaque jour, lancées et soutenues par le charlatanisme le plus éhonté et les moyens les plus inavouables et où, sur la foi de promesses mensongères d'une presse servile, viennent s'engloutir les économies et l'honneur de nombreuses familles tandis que les organisateurs, ou l'association qui ont lancé l'affaire, vont habiter de luxueuses retraites où ils dépensent sans être inquiétés les millions si facilement acquis. Par contre, que sont devenus ceux qui ont eu la sublime folie de se dévouer au bonheur de leurs semblables ? Ah! ceux-là sont morts dans la solitude et l'oubli et au jour des suprêmes adieux, pas un cœur ami n'est venu les consoler avant le départ. Les rêves immortels de ceux qui ont charmé les générations ne les ont pas toujours préservés de la faim et de la persécution. Socrate n'a-t-il pas bu la ciguë et ses contemporains ne l'ont-ils pas condamné à mourir pour leur avoir enseigné sa divine morale? Le Christ avant d'expirer sur la croix n'a-t-il pas reposé sa tête sur l'oreiller de douleur au jardin des Olives ? Jeanne d'Arc n'a-t-elle pas été brûlée, toute vivante, pour avoir sauvé sa patrie ?

Arrivé à la dernière station de son calvaire, le juste jette un dernier regard sur cette vie, qu'il quitte sans regret et qui lui a été si rude. Il savait, lui aussi, que pour gagner et conserver la faveur des hommes, il n'existe pas de meilleurs moyens que de flatter et de servir leurs passions ; mais il a voulu rester intègre aussi, gloire, honneurs, succès, fortune ont bien vite abandonné son foyer où sont venus s'installer l'indigence, l'âpre et dur travail, l'oubli, les déceptions et la solitude. La vie, selon Schopenhauer, n'est point un bienfait, mais une lourde tâche. Des millions d'individus, réunis en peuples, s'efforcent vers le bien-être, chacun pour soi, mais que de victimes il faut sacrifier pour un tel but. Et à quoi arrive-t-on en définitive? A faire subsister, pendant quelques jours, des êtres éphémères et condamnés à la souffrance dans des maux tolérables, à perpétuer notre pauvre espèce avec toutes les tribulations qui en sont l'inséparable apanage.

Si tout devait finir à la mort, naître serait vraiment le plus grand des maux, et l'on comprend sans peine le sentiment de ce peuple de Thrace qui accueillait les nouveau-nés avec des gémissements désespérés et célébrait les funérailles avec des cris d'enthousiasme et de joie.

Le sort le plus heureux pour les mortels, disait Théognis, est de ne jamais avoir vu la lumière du jour et de franchir si on est né le plus tôt possible les portes de la mort. Homère pensait de même que l'homme est le plus malheureux des animaux de ce monde.

Le bonheur pourtant est au fond de toutes les aspirations de l'homme, bien qu'il n'existe nulle part; n'est-ce pas là la preuve évidente que cette vie n'est qu'un épisode dans notre destinée; n'est-il pas vrai enfin que toutes les sanctions terrestres sont insuffisantes? ne résulte-t-il pas de ces faits la démonstration indirecte, mais invincible, de notre immortalité?

On n'arrachera jamais du cœur de l'homme l'espérance de revivre et de trouver en quittant cette vie son idéal de justice ou l'harmonie du bonheur et de la vertu. La raison veut que nul n'échappe à la destinée qu'il s'est faite, la justice exige que nul être ne puisse se soustraire aux conséquences des actions de sa vie, si petit ou si grand qu'on soit, cette loi est la même pour tous, rien ne peut changer ces conséquences logiques inéluctables.

11.

Quand, à l'aide du crime ou de mille infamies, quelqu'un s'élève au faîte des grandeurs ou de la fortune soumise, on dit que pour cet heureux la justice sommeille ou n'existe pas, on se trompe, un jour cet homme qui excite tant d'envie payera son lourd tribut à l'ordre général un instant troublé. Au-dessus de toutes les juridictions de ce monde il y a un tribunal incorruptible où ni l'or, ni l'éloquence, ni les amis puissants ne peuvent modifier les arrêts et où les bonnes causes sont toujours gagnées et les mauvaises toujours perdues et où l'arbitraire et le bon plaisir n'existent pas.

Les épreuves ou les conditions de la vie présente servent à façonner toutes nos facultés; elles sont la punition des coupables, la récompense des bons; une expiation pour les uns, une réparation pour les autres; le résultat du bien ou du mal antérieur; un essai, une initiation, une expérimentation nouvelle de la vie dans des conditions différentes afin de perfectionner telle qualité déterminée ou pour éprouver la force de l'individu contre tel défaut, pour l'aguerrir contre tel danger.

Cette initiation sera continuée dans l'avenir sur d'autres terres, dans des circonstances qui nous sont inconnues, afin de permettre à l'homme de compléter, de développer tout ce qui est en lui, ses énergies et ses facultés latentes. Sans doute le corps reste à la terre et les adorateurs de la beauté sont inconsolables de sa disparition; les fraîches couleurs de la jeunesse, ses charmes attendrissants, s'évanouissent pour toujours, pensez-vous ? non, pour renaître plus brillants que jamais au sein du grand infini.

Nous avons beau à entasser sophisme sur sophisme, objection sur objection, la certitude que nous avons vécu avant cette vie et que nous vivrons après devient toujours plus évidente. Autrement nous sommes réduits à trouver profondément injuste et capricieux ce Dieu qui nous punirait pour des fautes que nous n'aurions pas commises, qui traite les uns avec tant de libéralité et les autres avec tant de rigueur.

LIVRE VI

DIEU, LA MATIÈRE ET LA CRÉATION

I

CAUSE PREMIÈRE DES CHOSES ET DES ÊTRES, LA MATIÈRE ET LA VIE. — MULTIPLICITÉ DES DIEUX. — L'INFAILLIBILITÉ ET LA SCIENCE. — HYPOTHÈSE D'UN DIEU MÉCHANT.

Un attrait irrésistible a poussé, dans tous les siècles, les plus puissants esprits à chercher l'explication de l'univers et de ce qu'il contient. Quelle est la cause première des choses et des êtres? Pourquoi et comment ont-ils été créés? Les tentatives d'explication toujours renaissantes, entreprises jusqu'à ce jour, prouvent qu'elles sont un besoin impérieux de la nature humaine, auquel il lui est impossible de se soustraire.

L'athéisme veut que l'univers se soit créé lui-même, c'est-à-dire que son existence soit indépendante de toute autre existence et de toute cause antérieure; d'après cette théorie, l'univers n'aurait jamais eu de commencement, car ce commencement aurait été causé par quelque chose. Mais comment expliquer l'univers sans commencement?

Une autre théorie soutient que l'existence de l'univers est due à une puissance créatrice, à un être immatériel; cette hypothèse n'est pas sans difficulté, car on peut demander à ses partisans d'où vient la matière employée pour construire le monde. L'artiste qui fait une statue ne met dans son œuvre que son talent, il n'a créé ni le fer ni l'acier de son marteau, de son ciseau, pas plus que le marbre de la statue.

Dieu, dit-on, a créé le monde et lui a donné une existence distincte, sans diminuer sa puissance, il a créé l'univers de rien, ce qui signifie qu'il ne l'a créé ni de sa propre substance, ni d'une matière préexistante. Cette doctrine, comme toutes celles proposées jusqu'à ce jour, est insuffisante pour expliquer le mystère de la création.

Les spiritualistes pensent que les phénomènes de la vie sont dus à l'action d'un principe immatériel auquel obéit la matière. Les matérialistes croient, au contraire, que la matière possède en elle-même les propriétés nécessaires pour créer les êtres vivants et ne voient dans le spectacle de l'univers que la simple mise en jeu des forces de la nature, de pures transformations des atomes.

L'homme désire et cherche un Dieu unique, dont la justice infinie et l'évidence incontestée puisse satisfaire pleinement sa conscience et sa raison, mais où est ce Dieu, digne du culte universel et éternel des grandes âmes? où est la religion absolue qui doit réaliser toutes les espérances de l'humanité? Quel est le principe en vertu duquel les mondes et la vie subsistent? Ne serait-il pas nécessaire de connaître ces énigmes afin de ne pas errer au hasard au milieu de cosmogonies contradictoires ou inexplicables? Mais si l'homme évoque le passé, s'il interroge l'histoire, s'il consulte les monuments de la pensée religieuse, il s'aperçoit avec désespoir qu'au lieu de cet être unique qui existe dans les pressentiments de son cœur les religions lui en ont fabriqué des centaines; et malgré les rivalités, les hérésies et les schismes qui divisent les fidèles de chaque religion et les adorateurs de chaque divinité, tous ont la prétention de posséder la vérité absolue et d'adorer le vrai Dieu; tous repoussent les divinités des autres cultes avec une haine implacable et qui a marqué d'une traînée de sang toutes les formes de l'idée religieuse dans ce monde.

S'il nous était possible de nous en tenir à la révélation, si nous pouvions ajouter foi à l'infaillibilité, il serait inutile de chercher la solution de tous les problèmes métaphysiques qui nous préoccupent si vivement sur cette terre, mais comment croire à une révélation religieuse quelconque? Chaque religion a sa révélation particulière en contradiction avec les autres révélations. Laquelle choisir? L'infaillibilité serait chose bien précieuse si elle existait réellement. L'homme qui en serait investi connaîtrait la vérité absolue dans sa lumineuse évidence et pourrait en faire part ou l'imposer à ses semblables. Ce serait un heureux privilège que celui qui dispenserait des longues études, des recherches infinies et des profondes méditations.

Les savants restent penchés sur leurs fourneaux pendant toute leur vie, pour saisir les mystères de la matière; que de siècles il a fallu pour nous permettre d'utiliser les forces de la nature! Les applications pratiques de la vapeur et de l'électricité ne datent que de ce siècle. Les penseurs, les philosophes sacrifient leur fortune, leur repos et usent leur vie dans la poursuite de la vérité. L'Église a cru pouvoir se placer en dehors des nécessités et des lois de l'esprit en réunissant un certain nombre d'hommes en concile œcuménique : ces hommes, bien que faillibles comme nous le sommes tous, élèvent à la suprématie du Saint Siège un des leurs, et le nouveau pontife du haut de sa chaire, comme Jéhovah du haut des nues, parle à la terre, il enseigne les nations, il a la vision de toutes choses cachées aux autres mortels et en vertu de ces volontés humaines, il se trouve l'unique dépositaire de la vérité, hier il ne savait rien, il a suffi de quelques heures pour la rendre apte à juger les questions les plus délicates. Hélas! si nous interrogeons les faits, les résultats, nous voyons que les savants, sujets à l'erreur, ont affirmé et démontré l'existence des antipodes, la circulation du sang, le mouvement de la terre, etc., et que les pontifes infaillibles ont déclaré que ces découvertes n'étaient que de grossières erreurs, contraires à la foi et aux divines écritures ; tous ces infaillibles qui ne peuvent mentir, dit-on, nous ont condamnés à croire que la fantaisie qu'eut la première femme de manger une pomme avait damné tous les mortels ; que Dieu ordonna à Ezéchiel de manger, pendant plusieurs jours, une pâte d'orge cuite sous la cendre et recouverte d'excréments humains[1] ; que la femme de Loth fut changée en statue de sel ; que le soleil fut arrêté, dans sa course, par Josué ; que Jonas, installé dans le ventre d'un grand poisson, y vécut pendant trois jours et trois nuits[2].

Pour imposer ces *vérités* à la foi des fidèles et leur défendre de croire aux *grossières erreurs* du mouvement de la terre, de la circulation du sang, etc., l'Église alluma dans l'Europe entière d'innombrables bûchers, où pendant trois cents ans la chair vivante des victimes cria et hurla dans les flammes, et ces êtres, couchés pleins de vie dans une bière, puis descendus dans une fosse et recouverts de terre ! Mourir dans les flammes ou étouffés enfouis dans la terre, quelle affreuse et monstrueuse torture ! Mourir ainsi pour avoir cru et aimé la vérité et pour avoir refusé de croire à

1. *Ezéchiel*, ch. IV, v. 12.
2. *Jonas*, ch. II, v. 1.

l'erreur et aux plus extravagantes superstitions !

Comment cette religion d'amour, de paix et de charité que le doux Jésus était venu annoncer aux hommes sur les ruines du paganisme a-t-elle pu dégénérer ainsi ? Le Christ avait dit :

« Mon royaume n'est point de ce monde. » L'Église au contraire dit : « Il n'y a qu'un nom au monde, celui du pape... *Tous les princes doivent lui baiser les pieds*, son élection seule en fait un saint ; *il n'a jamais erré*, jamais à l'avenir il n'errera, *il peut déposer les princes* et délier les sujets du serment de fidélité [1]. »

A toutes les difficultés créées par les religions s'ajoute la crainte d'un principe malfaisant, la perspective redoutable d'un Dieu méchant. L'homme parqué sur cette terre comme dans un cirque immense et destiné à n'être qu'un instrument de torture dans la main de celui qui l'a créé. Imaginez-vous les souffrances de la créature servant de passe-temps à celui qui l'a fait naître. Citons Montaigne et Rousseau.

« Il me semble que la vertu est chose aultre, et plus noble, que les inclinations à la bonté qui naissent en nous. Les âmes réglées d'elles mesmes et bien nées, elles suyvent mesme train, et représentent en leurs actions, mesme visage que les vertueuses ; mais la vertu sonne je ne sçais quoy de

---

[1]. Déclaration du pape Grégoire VII.

plus grand et de plus actif que de se laisser, par une heureuse complexion doulcement et paisiblement conduire à la suitte de la raison, il semble que le nom de la vertu présuppose de la difficulté et du contraste et qu'elle ne peult s'exercer sans partie (sans opposition). C'est à l'adventure pourquoy, nous nommons Dieu, bon, fort, et libéral, et juste, mais nous ne le nommons pas *vertueux;* ses opérations sont toutes naïfves et sans effort [1].

« Quoique nous appelions Dieu bon, nous ne l'appelons pas vertueux, parce qu'il n'a pas besoin d'effort pour bien faire [2]. »

Cette perspective possible d'une autorité voulant aller jusqu'aux dernières limites du permis, plus loin encore, de tout le réel qu'elle peut concevoir, fait naître un effroi qui semble bien naturel chez certains esprits. Nulle sécurité avec ces craintes, ces appréhensions; comment vivre dans de telles conditions, sans un seul jour de sécurité?

Vous êtes-vous quelquefois posé cette question : qu'arriverait-il s'il prenait à Dieu la fantaisie de devenir méchant? Sa puissance étant infinie, il pourrait réaliser l'infini dans le mal : jusqu'à ce jour ses nobles attributs ont dominé, mais si tout à coup il était pris de vertige et voulait exercer les droits de sa souveraineté comme Tibère ou Caligula, avec cette aggravation épou-

1. Montaigne, *Essais*, l. II, ch. xi.
2. J.-J. Rousseau, *Émile*, l. V.

vantable que rien ne pourrait mettre un frein à sa volonté. S'il voulait centupler les souffrances humaines en y ajoutant des tortures inconnues aux tyrans de la terre; qui l'en empêcherait? On se réfugierait dans la mort pour se soustraire à ces calamités, mais Dieu peut vous forcer à vivre autant qu'il lui plaît. Il peut choisir les meilleurs pour les accabler de ses malédictions et réserver ses bienfaits pour les criminels. Voilà le monde plongé dans une nuit livide, glacé par un froid extrême et brûlé par des chaleurs de cent degrés; des pluies sans fin, des inondations perpétuelles, les planètes errant au hasard et se heurtant comme des convois, en broyant leurs habitants; la malice des uns torturant les autres avec cette certitude de l'impunité qui encourage au mal. Quelle perspective ! On sait que tout pouvoir absolu sur la terre dégénère en tyrannie; si cette vérité confirmée par l'histoire devait s'appliquer à Dieu, que deviendrions-nous? quelle pensée affreuse, quel horrible cauchemar!

Contre les maladies on a les ressources de la médecine, le moindre toit nous met à l'abri de la pluie ou de la tempête, le froid et le chaud peuvent être facilement atténués, le paratonnerre nous préserve de la foudre, les tremblements de terre, les cataclysmes de la nature n'exercent leur action destructive que sur une localité de peu d'étendue, on peut éviter les calamités de la guerre, de la famine; mais les maux dont il plairait à Dieu de nous accabler seraient sans remèdes; ce serait la lutte du tigre contre des fourmis.

Si l'homme était le jouet du Tout-Puissant, si tout était incertain, si les luttes, les douleurs, les sacrifices, la vertu, le génie n'étaient qu'un monstrueux guet-apens, si toutes nos espérances étaient un piège, si tous nos efforts devaient aboutir au néant; que pourrions-nous faire pour échapper à tant de malheurs?

Un des attributs de Dieu, sa puissance sans bornes, lui permettrait sans doute de réaliser un tel plan, mais un autre attribut, sa bonté sans limites, le lui défendrait, ce dernier attribut, tout aussi essentiel à l'Être suprême que le premier, semble donc, selon la théodicée, rendre l'hypothèse ci-dessus impossible.

Le vicaire savoyard « avait vu que la religion ne sert de masque qu'à l'intérêt et le culte sacré de sauvegarde à l'hypocrisie, il avait vu dans la subtibilité des vaines disputes le paradis et l'enfer mis pour prix à des jeux de mots; la sublime et primitive idée de la divinité défigurée par les fantasques imaginations des hommes et trouvant que pour croire il fallait renoncer au jugement qu'on avait reçu de lui, il prit dans le même dédain nos ridicules rêveries et l'objet auquel nous les appliquons[1]. »

---

1. J.-J. Rousseau, *Émile*, l. IV.

Trop souvent, en effet, les religions ont défiguré l'idée de la divinité en la présentant sous des aspects grossiers ou repoussants, en la faisant servir à des intérêts mesquins.

C'est ainsi qu'on a tarifé ses faveurs et qu'on en a fait l'objet des plus honteux trafics. On comprendrait encore ces funérailles somptueuses qui sont comme les fêtes de la mort et où on déploie, pour les plus fortunés, tant de luxe, d'éclat et une mise en scène si peu conforme à la dignité d'un tel acte. On accepterait volontiers ce convoi du pauvre, si abandonné, si simple et pourtant si naturel, si austère, si pathétique et si digne d'un moment aussi solennel; mais comment expliquer cette prétention ou cette promesse de faire sortir, moyennant finance, du purgatoire ou antichambre du paradis, les âmes pour lesquelles on aura dit beaucoup de messes et de prières; et d'y retenir celles pour lesquelles, faute d'argent, on n'aura rien fait. Dans sa sagesse infaillible, Dieu condamne tel coupable à vivre plus ou moins longtemps dans cette salle d'attente du séjour des élus, mais avec de l'or on casse le jugement de Dieu. Avec des prières ce coupable devient aussi innocent que s'il n'avait fait aucun mal et les portes de l'éternelle félicité s'ouvrent toutes grandes pour lui.

Ah! la grande nature, l'immortelle et prodigue nature n'agit pas ainsi, elle. Aux pauvres comme aux riches elle donne les flots de lumière et de chaleur de ses soleils ; à tous elle offre, sans argent, son air pur, le parfum de ses fleurs, le chant de ses oiseaux. Pour assister à ses spectacles si grandioses, si variés et si imposants, il n'est besoin que de vouloir. Elle dit aux mendiants comme aux rois : Venez et jouissez des splendeurs dont je pare les mondes, contemplez mes vastes océans, mes plaines immenses, mes montagnes gigantesques, mes forêts et mes sites enchantés, tout cela ne coûte rien.

II

PROBLÈME DU MAL. — LIBERTÉ DE L'HOMME. BONTÉ ET PRESCIENCE DE DIEU.

L'existence du mal sur la terre semble à beaucoup de personnes inconciliable avec la réalité d'un principe supérieur à la nature. Les génies les plus profonds ont creusé ce terrible problème du mal à des points de vue divers. Il convient de l'étudier au point de vue de notre thèse.

Les religions et les philosophies se sont posé, sans avoir pu le résoudre, le redoutable problème de la prescience et de la bonté divine. Pourquoi Dieu connaissant l'avenir a-t-il créé l'homme méchant ; comment expliquer l'origine du mal et le concilier avec sa bonté envers ses créatures ? Dieu savait qu'avec des instincts pervers, l'homme ferait le mal ; pourquoi n'a-t-il pas prévenu ce mal ? Est-ce qu'il n'était pas permis à sa toute-puissance de nous créer tous bons ? Comment concilier aussi la puissance de Dieu, sa bonté et sa connaissance de l'avenir avec la liberté de l'homme? Dieu sait qu'à tel moment un crime sera commis ; sa toute-puissance lui donne les moyens d'empêcher que ce crime ait lieu et sa bonté lui commande de le prévenir. Mais alors l'homme ne serait plus libre et dans ce cas il ne saurait être responsable des actions de sa vie, comme nous l'expliquons aux diverses sanctions de la morale.

Saint Augustin prétend que Dieu souffre sur cette terre un peu de mal qu'il pourrait empêcher, de peur que de plus grands biens ne soient supprimés et qu'il en résultât de plus grands malheurs. C'est ainsi que ce saint explique comment les gouvernements doivent tolérer un certain mal de peur d'empêcher un grand bien ou de laisser faire un mal plus grand encore ; cette solution ne peut satisfaire tout le monde. Selon la plupart des métaphysiciens, il n'existe pour Dieu ni passé, ni présent, ni futur, il embrasse tout d'un seul regard, sa prescience est une vision immédiate qui à ce titre ne rend pas l'action de l'homme nécessaire. Dans sa liberté de choisir entre le bien et le mal, l'homme semblerait être indépendant de Dieu, car sans cela il faudrait supprimer la moralité. Dieu ne pouvait pas, il me semble, nous créer parfaits, c'est-à-dire ses égaux, car il aurait toujours eu sur nous l'avantage de nous avoir créés, et il y aurait eu, en outre, plusieurs dieux. Créés parfaits et libres, comment notre liberté aurait-elle pu nous conduire au mal? la perfection exclut tout élément du mal. Créés parfaits, sans liberté, si on pouvait admettre que la perfection puisse exister sans une faculté aussi précieuse, il nous eût été impossible de déchoir, le progrès, le mérite seraient des mots sans signification.

La perfection dans les œuvres du génie, comme dans celles de la nature, se trouve à la fin, non au début; Dieu n'a pas changé ses lois en notre faveur.

Le mal considéré, dans chaque individualité, s'explique facilement par la conduite des existences antérieures ou la nécessité des initiations progressives. Dans un concours quelconque, le mérite détermine la place que doit occuper le candidat, pourquoi le mérite ne déterminerait-il pas le lieu, c'est-à-dire la planète où on doit vivre? Si la terre vous a été assignée comme séjour, il faudra bien accepter les cataclysmes de la nature qui détruisent des villes entières, les pluies et les sécheresses qui causent tant de dégâts aux moissons, les guerres et les épidémies qui semblent décimer les hommes au hasard. L'homme n'a pas été créé méchant, nous avons été créés tous égaux, et il ne pouvait en être autrement, puisqu'à l'origine nos titres étaient les mêmes, on ne pouvait accorder sans injustice plus à l'un qu'à l'autre. L'être qui vit actuellement ici-bas n'est pas l'homme tel qu'il a été créé, mais l'homme modifié par lui-même dans ses existences antérieures. Notre existence actuelle est donc le résultat de nos existences passées, de même qu'elle prépare les événements, l'histoire de nos existences à venir. Ainsi c'est à notre conduite dans le passé que nous devons la position que nous occupons sur cette terre, de même que notre conduite ici-bas détermine les conditions futures de notre situation dans les mondes où nous sommes appelés à vivre en quittant celui-ci.

Les conséquences naturelles des actions de nos existences passées ne sauraient être confondues avec la fatalité, car tout serait fatalité. Les plantes, les animaux en donnant naissance à des êtres semblables à eux, l'étude en développant l'intelligence, l'exercice, nos facultés, les fautes en retombant sur celui qui les fait, le mérite en revenant à son auteur, etc., rentreraient dans cette théorie. Ces résultats prévus qui posent des limites légitimes à la liberté sont d'une suprême logique qui déconcerte le hasard et ne lui permet pas de faire suivre tel fait de n'importe quelle conséquence, tel acte de n'importe quelle sanction. La plante comme l'animal n'ont pas la liberté de produire n'importe quelle plante, quel animal. L'homme qui n'a jamais rien appris n'a pas la liberté de devenir un savant. Il est d'une heureuse et absolue nécessité pour la loi morale, pour le bonheur de tous, que les choses soient ainsi.

12.

L'acheminement vers le mieux ou l'évolution de l'humanité dans l'ordre moral et intellectuel est un fait indéniable constaté par l'histoire et qui s'impose à la raison et à la justice comme l'une des nécessités les plus inéluctables de la création. Certains esprits ont pensé que l'évolution des êtres vivants transportée dans le monde physique est inconciliable avec l'idée de Dieu : c'est là une idée qui ne tient pas debout, comme nous l'avons expliqué dans un autre ouvrage. La doctrine de l'évolution, non de l'évolution automatique, mécanique, mais de celle qu'enseigne la science sérieuse, se concilie parfaitement avec une cause, une direction initiale et intelligente.

On trouve étrange que dans les œuvres de la création ou dans la manifestation des phénomènes de la nature on ne voie jamais la main de l'ouvrier et que ces faits aient lieu, pour ainsi dire, d'une manière automatique. On peut répondre que l'œuvre qui peut se développer par les forces et les lois qui lui ont été données à l'origine est infiniment supérieure à celle qui pour subsister aurait constamment besoin de l'intervention de l'artiste. Une montre qui pour marquer les divisions du temps aurait sans cesse besoin de la main de l'horloger qui l'aurait fabriquée nous donnerait une bien triste idée de l'intelligence de celui-ci.

III

LA MATIÈRE ET LES MERVEILLES DE LA CRÉATION.

« O toi que mon esprit refuse de reconnaître, s'écriait Mme Roland, mais que mon cœur brûle d'adorer, Dieu puissant et bon, accepte mon hommage, et, si tu n'es qu'une chimère, sois la mienne pour jamais. »

Quand on essaye de donner une interprétation de l'univers et de la vie dans le sens des théories matérialistes, on rencontre d'innombrables objections toutes plus insolubles les unes que les autres. On rend la science complice d'idées fantaisistes comptant sur la crédulité naïve du lecteur. L'existence des sexes créés et maintenus par la nature pour perpétuer les espèces constitue à elle seule une objection tellement écrasante contre la théorie des causes purement matérielles que jusqu'à ce jour aucun savant n'a encore pu y répondre. Pour arriver à une fin déterminée, la matière ne crée rien, ne prépare rien en vue de cette fin qui lui est inconnue. Sans plan, sans idées, sans volonté, sans intelligence, sans conscience de ce qui existe, que peut-elle faire par elle-même? Nous voyons cependant que partout où s'étendent nos regards, dans tous les faits accessibles à notre intelligence, tout, dans la nature, atteste un art infini, un ensemble de moyens savamment combiné pour arriver à une fin précise prévue d'avance.

Pour substituer la matière à une puissance intelligente, ayant conscience de ses actes, il faudrait admettre l'éternité exclusive de la matière, mais pourquoi la matière si imparfaite à tant d'égards et qui n'explique rien, aurait-elle existé de tout temps et Dieu jamais?

Et d'ailleurs, pour connaître l'essence intime et les propriétés de la matière, il faudrait au moins la connaître dans ses éléments constitutifs, mais ceux-ci sont invisibles et insaisissables. Quelques données scientifiques suffiront pour fixer l'esprit du lecteur. Un *centimètre cube d'air* renfermé dans un flacon muni d'une ouverture microscopique qui laisserait sortir *cent millions de molécules d'air par seconde* exigerait plus de *trois cent mille ans* pour qu'il ne restât plus une seule molécule dans ce petit volume. Une seule goutte d'eau peut contenir 3,249,000,000,000,000,000, 000,000,000,000 de molécules, toutes séparées par des vides. Enfin si on avait à sa disposition un microscope dont les lentilles auraient le diamètre de la terre ou 12,733,480 mètres et dont le grossissement serait proportionnel à ce prodigieux diamètre (les lentilles de nos microscopes n'ont que quelques centimètres de diamètre) on n'obtiendrait avec cet instrument idéal aucun résultat appréciable. Mais quand bien même on parviendrait à saisir les procédés de la matière pour créer les choses et la vie, il resterait encore à savoir d'où vient cette matière, qui l'a créée et lui a donné le pouvoir de former les mondes et d'y faire naître la vie. On peut faire mille hypothèses sur la matière, lui attribuer les propriétés qu'on juge nécessaires à la défense de la théorie qu'on soutient, mais toute démonstration positive est impossible, il faut rester dans le domaine des théories plus ou moins vagues. Nous ne connaissons qu'une insignifiante partie de l'espace, la lumière qui parcourt 300,000 kilomètres par seconde peut marcher pendant cent ans et pendant des millions d'années sans trouver une limite à l'espace. Qu'y a-t-il dans ces profondeurs que nul regard terrestre ne peut voir? La création revêt-elle dans toutes les parties de l'infini les mêmes aspects.

A-t-on jamais surpris quelque part la matière créant la vie, qui, dans ses formes mystérieuses, comme dans son intarissable fécondité, semble défier toute explication et se jouer de toutes les théories scientifiques essayées jusqu'à ce jour? Non, on ne l'a surprise ni dans l'enfantement des colosses qui vivent dans les profondeurs de l'océan, ni dans la création de ces êtres microscopiques qui, placés au nombre de *un milliard* sur le plateau d'une balance, ne pèseraient pas plus *d'un gramme*. Tous ces invisibles vivent, se meuvent, se nourrissent, se reproduisent, ce qui suppose un organisme d'une délicatesse infinie, d'une ténuité inouïe.

La matière, comme nous le savons, étant divisible jusqu'à l'atome insaisissable errant au sein des univers, comment cette divisibilité indéfinie pourrait-elle se concilier avec les phénomènes de l'intelligence ? composée de molécules innombrables, la matière n'est pas un être unique, mais une infinité d'êtres, d'existences. Peut-on sérieusement admettre que cet amas de boue composé d'éléments, sans vie, sans volonté, sans pensée, ait pu créer un oiseau, un lion, un homme et tous ces mondes que tous les yeux de la terre contemplent depuis tant de siècles avec ravissement ? Comment la matière aurait-elle pu produire tant de choses qui révèlent une harmonie si parfaite et une science si profonde ?

Si la matière seule constitue notre être, comment expliquer la mort ? Quelques secondes après avoir cessé de vivre, le corps possède les mêmes éléments chimiques, les mêmes molécules, la même quantité de matière ; rien n'a varié dans cet intervalle d'un instant et pourtant la vie s'est enfuie de ce corps ; si la matière possède la vie, pourquoi la vie cesse-t-elle quand les éléments matériels restent les mêmes? L'homme change souvent de substance, la nature lui donne à des intervalles très rapprochés un corps neuf ; mais bien que les éléments de ces corps soient jeunes, nous n'en vieillissons pas moins, le temps ne cesse point pour cela d'imprimer sur nous son empreinte visible.

Un cadavre placé dans un milieu où la température reste constamment au-dessous de zéro degré se conserve indéfiniment, ses molécules organiques ne se décomposent pas. On sait que les cadavres de mammouths, trouvés dans les glaces de la Sibérie, où ils étaient enfouis depuis *cent mille ans* au moins avaient la chair aussi fraîche que celle d'un animal tué depuis quelques minutes et pourtant la vie avait abandonné ces animaux depuis plus de mille siècles.

Nous devons donc croire que le principe de la vie n'est pas dans la matière, bien que celle-ci soit indispensable aux manifestations de l'existence.

Les diverses écoles poursuivent, avec opiniâtreté, la solution des plus grands problèmes qui s'agitent parmi les philosophes, chacune d'elles veut asseoir ses conceptions sur les données plus ou moins positives de la science. Dans cette lutte ardente, quelques vérités se font jour, l'humanité les recueille et en fait son profit. Spiritualistes, matérialistes, déterministes servent ainsi le progrès tout en poursuivant des buts divers[1].

Pour fabriquer un objet quelconque, l'ouvrier doit choisir ses matériaux, donner à chaque partie la disposition qui lui convient ; il aura beau jeter au hasard, et n'importe où, une certaine quantité de bois divers, il n'en sortira jamais un violon : le choix des matériaux et les moyens de les mettre en œuvre sont nécessaires aussi dans les créations de la nature. Pour fabriquer la chose du monde la plus simple il faut un être intelligent qui la conçoive et l'exécute. Comment croire que de la rencontre fortuite d'un certain nombre de molécules matérielles il en sorte un être vivant, des soleils, des planètes, etc. La disposition des orbites planétaires, les vitesses, les distances, les inclinaisons si variées des astres forment un mécanisme tellement savant et inextricable que les méditations du génie le plus puissant ne seraient jamais parvenues à imaginer une œuvre semblable et on admettrait sans hésitation, sans difficulté, que les forces aveugles de la nature aient pu créer quelque chose d'aussi merveilleux. Si on nous disait : la Bible n'est point l'œuvre du génie humain. Un jour un personnage inconnu prit dans sa main quelques

---

[1]. Büchner dans son livre : *Kraft und Stoff* (Force et matière) a résumé les divers ouvrages sur le matérialisme actuel ; le disciple de Moleschott est parvenu à présenter sa compilation avec quelque clarté, chose si rare chez ses compatriotes.

caractères typographiques et les jeta autour de lui, alors ces caractères vinrent se placer d'eux-mêmes dans l'ordre où ils se trouvent : enfin ces pages où sont exprimées avec une si haute éloquence et une si merveilleuse poésie la beauté morale et les laideurs physiques dans leurs types les plus excessifs, ne doivent être attribuées qu'aux combinaisons accidentelles de la matière et aux caprices du hasard. Que penserions-nous de quiconque nous parlerait ainsi? Nous dirions que la personne qui nous tiendrait un tel langage a perdu la raison et que son état mental réclame les secours de la science. Eh bien! ce que nous nous refusons à croire pour un livre, nous le croirions pour toutes les merveilles de la création : le défilé si majestueux et si régulier des mondes dans les plaines célestes serait dû à la matière et au hasard?

Si dans l'obscurité et dans le silence de la nuit nous entendions un artiste tel que Paganini, par exemple, exécutant sa fameuse prière de Moïse ou tout autre chef-d'œuvre et qu'à ce moment quelqu'un vînt nous dire : Jamais les hommes n'ont entendu d'aussi suaves mélodies; jamais sons plus harmonieux ne les bercèrent dans de doux songes; mais quelle que soit votre admiration, je puis vous affirmer que c'est le capricieux hasard qui, avec quelques particules de matière, a fait ce violon que vous entendez délirer de joie ou éclater en sanglots : les cordes. les clefs, le chevalet, ont pris la place qui leur convient grâce à lui ; l'homme n'a aucune part à tout cela, ce n'est point lui qui a fabriqué l'instrument, ce n'est point sa main qui dirige l'archet avec tant de précision, ce ne sont point ses doigts qui se posent sur les cordes avec une si grande justesse, ce n'est point l'âme émue d'un grand artiste qui excite un enthousiasme si vif chez tant d'auditeurs ravis, mais bien la toute-puissance de la matière. Ajouterions-nous foi à une semblable explication ? Et que serait-ce si nous parlions du plus beau chef-d'œuvre que le génie musical ait jamais enfanté, de la neuvième symphonie avec chœurs de Beethoven?

Supposons que vous voilà au fond de l'Océanie, parcourant un coin de terre ignoré des géographes et que le premier objet qui frappe vos regards et sollicite votre attention soit la Vénus de Médicis.

Admettons que sur le piédestal vous lisiez cette inscription :

« Voyageur inconnu, qui contemples cette statue et la crois l'œuvre d'un grand génie, c'est moi, le hasard, qui l'ai faite ; la matière m'a fourni le marbre, mais c'est moi qui l'ai taillée avec une science si parfaite et un goût si exquis ; la vie, la grâce, la beauté semblent animer ce marbre pour en faire une personne vivante ; la perfection du dessin, le fini des détails, la délicatesse des contours, l'harmonie de l'ensemble en font une œuvre à part ; mais la main de tes semblables n'y est pour rien. »

Une telle explication de l'existence de cette statue en ce lieu exciterait votre sourire et vous inspirerait pour l'auteur de la citation une grande pitié. Et pourtant qu'est-ce que cette statue de marbre comparée à la statue humaine ciselée par Dieu? Examinons seulement l'œil et le cerveau.

Le *cristallin*, ou espèce de lentille diaphane à travers laquelle passent les rayons lumineux pour aboutir à la rétine, est composé de *cinq millions* de lamelles, dont chacune est formée d'innombrables fragments soudés les uns aux autres. Si admirable que soit cette merveille de vision, la nature en a donné *vingt-cinq mille* à certains papillons[1]. Le nerf optique est composé de cent mille fibres : quant à la substance blanche de notre cerveau, elle en contient des *centaines de millions*. L'image des objets que nous regardons se peint sur la rétine (membrane placée au fond de notre œil), de là l'impression se transmet au cerveau à l'aide d'un agent qu'on appelle la lumière et qui résulte des vibrations des atomes éthérés ou des ondes lumineuses. C'est aux différences de longueur de ces ondes que sont dues les diverses couleurs que nous apercevons. La longueur des ondes du rouge est la 620 *millionième partie d'un millimètre*[2], celle du violet la 425 millionième partie, ce

---

[1]. La mouche ordinaire a huit mille yeux.
[2]. L'imagination est impuissante à se représenter *un millimètre divisé en 620 millions de parties*.

qui correspond pour le rouge à 480,000 *milliards de vibrations* par seconde et pour le violet à 704 *trillions de vibrations* dans le même temps.

Telle est la quantité d'ondes lumineuses qui à chaque seconde frappe notre œil pour percevoir un objet rouge ou violet. Dans la nature le moindre effort, le choc le plus insensible produisent au bout d'un certain temps sur les corps bruts les effets les plus extraordinaires : la nature offre partout à notre observation attentive la confirmation de cette vérité. Comment nos yeux, si sensibles, peuvent-ils résister à l'action de tant de chocs analogues aux ondes ou vagues de la mer battant les flancs d'un navire ?

Quel artiste a su arranger les phénomènes lumineux de telle sorte que *ces milliards de petits coups* puissent à chaque seconde et pendant la vie entière frapper nos yeux sans les blesser ?

Quelle merveille que le cerveau, quel mystère que ce petit organe qui contient tous les souvenirs de notre existence, conserve les impressions de de toute notre vie et l'image des objets vus il y a dix ans, soixante ans ! Là tout est soigneusement conservé à notre disposition : nous avons besoin de telle image, elle se présente ; nous évoquons tel souvenir, il obéit à notre désir ; nous en voulons un autre, il vient à son tour, et les autres s'en vont pour lui faire place. Quel que soit l'archiviste qui nous présente ainsi le souvenir dont nous avons besoin et l'impression qui nous est nécessaire, il faut admettre qu'il est bien savant pour se reconnaître au milieu de tant de faits et de documents, de souvenirs innombrables et confus, d'impressions presque effacées ; il faut enfin que cet archiviste ait des connaissances bien étendues et un jugement bien exercé, pour nous présenter instantanément ce qui nous est utile et remettre chaque chose en ordre pour la retrouver facilement quand nous la lui demanderons ; il faut aussi qu'il ait une complète liberté de fouiller ces documents si nombreux et entassés dans un si petit espace. S'il n'existe dans ces phénomènes que l'action de la matière, pourquoi tous les souvenirs de même nature et d'une même époque ne se présentent-ils pas tous en même temps ? Si vous faites intervenir le hasard, pourquoi les souvenirs ne se présentent-ils pas confusément, ceux qui nous sont inutiles aussi bien que ceux dont nous avons besoin ou pourquoi pas tous ensemble ?

« Un peu de science nous éloigne de Dieu, beaucoup de science nous y ramène [1]. »

« Si Dieu n'existait pas, disait Voltaire, il faudrait l'inventer. Mais toute la nature nous crie qu'il existe, qu'il y a une intelligence suprême [2].

Les gens positifs voudraient qu'on leur démontrât l'existence de Dieu, comme on démontre un

1. Bacon.
2. Voltaire, *Lettre à Frédéric Guillaume.*

théorème de mathématiques; nous pouvons répondre que si on était condamné à nier tout ce qui est inexpliqué ou ne saurait être prouvé avec cette certitude évidente, claire, indiscutée qui est le propre des sciences exactes, il faudrait nier bien des choses. Nous ignorons, par exemple, la cause originaire du mouvement des astres, et pourtant les astres se meuvent. Qu'est-ce que la vie? nous n'en savons rien; nous ne connaissons ni son essence ni son origine, et néanmoins la vie existe; la cause des phénomènes physico-chimiques nous est inconnue; la physique nous dit bien que ces phénomènes ont une même origine et sont dus aux vibrations de l'éther, mais elle ne nous dit pas quelle est la nature de cet éther et d'où il a reçu la quantité de mouvement qu'il possède.

Que de choses inexpliquées dans le passé ont reçu de nos jours une démonstration sûre, il aurait fallu nier; que de faits sans solution en auront une dans l'avenir!

Certains penseurs ne veulent accepter comme preuves de l'existence de Dieu et de l'immortalité de l'âme le sentiment universel, la raison, la science, les magnificences de la nature, ses harmonies, la vertu sans récompense et le crime impuni. Mais que ces esprits nous offrent donc à leur tour une solution négative ayant un caractère sérieux. Dans notre hypothèse les maux et les désordres de cette vie disparaissent devant l'incommensurable durée des siècles. Toute réparation est possible, certaine, chacun peut espérer selon ce qu'il a été ; dans l'hypothèse du néant, Socrate, Jésus, saint Vincent de Paul, Franklin, donnent la main à Néron, à Messaline, à Cartouche! Homère, Shakspeare, Victor Hugo à Erostrate et aux songes-creux de tous les temps, tous s'en vont vers le même but.

« Je ne suis pas venu de rien ; car la substance de mon père et de ma mère qui m'a porté neuf mois dans sa matrice est quelque chose ; je me sens subjugué par cette maxime de toute l'antiquité : « Rien ne vient du néant, rien ne peut retourner au néant. Rien n'ébranle en moi cet axiome : Tout ouvrage démontre un ouvrier [1]. »

Cédons pour un instant la parole à quelques grands esprits pour connaître leurs arguments en faveur de l'existence de Dieu :

« Celui qui nous a créés tous doit être manifeste à tous, et les preuves les plus communes sont les meilleures.

« Dieu a mis à notre portée tout ce qui est nécessaire pour nos besoins ; la certitude de son existence est notre besoin le plus grand....

« J'ai toujours regardé l'athéisme comme le plus grand égarement de la raison, parce qu'il est aussi ridicule de dire que l'arrangement du monde ne prouve pas un artisan suprême, qu'il serait

---

1. Voltaire, *Le philosophe ignorant*.

impertinent de dire que l'horloge ne prouve pas un horloger....

« Je méditais cette nuit; j'étais absorbé dans la contemplation de la nature; j'admirais l'immensité, le cours, les rapports de ces globes infinis que le vulgaire ne sait pas admirer.

« J'admirais encore plus l'intelligence qui préside à ces vastes ressorts. Je me disais : il faut être aveugle pour n'être pas ébloui de ce spectacle ; il faut être stupide pour n'en pas reconnaître l'auteur; il faut être fou pour ne pas l'adorer...

« J'existe, donc quelque chose existe de toute éternité....

« On voit évidemment que, si rien n'existait de toute éternité, tout serait produit par le néant....

« L'athée, fourbe, ingrat, calomniateur, brigand, sanguinaire, raisonne et agit conséquemment s'il est sûr de l'impunité des hommes; car s'il n'y a point de Dieu, ce monstre est son Dieu à lui-même; il s'immole tout ce qu'il désire ou tout ce qui lui fait obstacle.

« Il y a eu des athées chez tous les peuples connus, mais je doute que cet athéisme ait été une persuasion pleine, une conviction lumineuse dans laquelle l'esprit se repose sans aucun doute, comme dans une démonstration géométrique.

« Dès que nous eûmes fait Dieu à notre image, le culte divin fut perverti, ayant osé représenter Dieu sous la figure d'un homme, notre imagination lui attribua tous les vices des hommes; nous le regardâmes comme un maître puissant et nous le chargeâmes de tous les abus de la puissance; nous le célébrâmes comme fier, jaloux, colère, vindicatif, bienfaiteur capricieux, destructeur impitoyable[1]. »

« Dès que les peuples se sont avisés de faire parler Dieu, chacun l'a fait parler à sa manière et lui a fait dire ce qu'il a voulu. S'il était une religion sur la terre hors de laquelle il n'y eût que peine éternelle et qu'en quelque lieu du monde un seul mortel de bonne foi n'eût pas été frappé de son évidence, le Dieu de cette religion serait le plus inique et le plus cruel des tyrans....

« A l'égard des dogmes, ma raison me dit qu'ils doivent être clairs, lumineux, frappants par leur évidence; le Dieu que j'adore n'est point un Dieu de ténèbres; il ne m'a point doué d'un entendement pour m'en interdire l'usage. Voulez-vous vous instruire dans les livres, quelle érudition il faut acquérir! que de langues il faut apprendre! que de bibliothèques il faut fouiller! Je n'ai jamais cru que Dieu m'ordonnât, sous peine de l'enfer, d'être si savant; j'ai donc refermé tous les livres. Il en est un ouvert à tous les yeux, c'est celui de la nature. C'est dans ce grand et sublime livre que j'apprends à servir et à adorer son divin auteur[2]. »

1. Voltaire.
2. J.-J. Rousseau, *Émile*, l. IV.

Dans les révoltes, ou l'orgueil de l'esprit, on peut nier l'existence d'un principe supérieur aux réalités de la terre et aux forces de la nature ; mais aux heures solennelles de la vie, en présence d'un berceau ou au pied de la tombe d'un enfant, d'une mère, d'une épouse, on pense et on revient à lui. Les douleurs aussi bien que les joies de la destinée reportent involontairement notre pensée vers lui. C'est vers lui que montent toutes les espérances de la terre et tous les vœux des mortels. Tous les peuples lui ont élevé des autels et ont inscrit son nom dans leurs lois, la poésie l'a glorifié dans sa langue immortelle, l'art lui a élevé des monuments incomparables. Dans tous les âges, il a plané au-dessus de toutes les préoccupations de l'humanité. Mais on aime à jouer à l'esprit fort avec d'autant plus d'ardeur qu'on l'a faible, étroit et mesquin ; on fait gloire de ne croire à rien, espérant donner ainsi quelque valeur à sa petite personnalité. Il y a en outre beaucoup de gens qui seraient théistes si le plus grand nombre professait l'athéisme.

De même qu'on crée des hôpitaux pour les malades, que le faux goût, la coquetterie, l'amour du luxe créent l'industrie des fausses pierreries, le clinquant, l'imitation du vrai, que la dépravation des mœurs édifie des sentines de débauches à côté de l'humble foyer qui abrite la vertu ; de même aussi la perversion du sentiment moral et intellectuel a créé la fausse science à côté de la vraie, et le matérialisme a eu ses adeptes comme le faux luxe avec ses verroteries a eu ses admirateurs.

M. Herbert Spencer, dont l'immense savoir, le talent incontesté et la profondeur de vues placent au premier rang parmi les penseurs de l'école expérimentale de la fin du xixᵉ siècle, pense que l'origine des choses est inaccessible à notre intelligence. Néanmoins, le savant philosophe anglais admet la réalité d'une puissance initiale. Dans le passé, dit-il, « la conception de la puissance insondable qui se manifeste à nous dans tous les phénomènes est devenue toujours plus nette, et dans l'avenir elle s'affranchira nécessairement de ses imperfections : la certitude que cette puissance existe et que sa nature s'élève au-dessus de l'intuition et défie l'imagination, a toujours été le but que s'est proposé d'atteindre l'intelligence[1]. »

L'un des hommes qui, de notre temps, ont le plus profondément sondé les mystères de la matière s'exprime ainsi : « Ce n'est pas une rencontre fortuite des phénomènes physico-chimiques qui construit chaque être sur un plan et suivant un dessin fixes et prévus d'avance et suscite l'admirable subordination et l'harmonieux concert des actes de la vie[2]. »

Les questions d'infini, d'origine, d'absolu sont insolubles à l'heure actuelle, mais l'éternel entête-

---

1. H. Spencer, *Les premiers principes*, p. 115.
2. Claude Bernard, *Leçons sur les phénomènes de la vie*, p. 50.

ment du génie à creuser ces abîmes nous donne peut-être le droit d'espérer qu'un jour nous pourrons connaître ces secrets. Cette invitation de l'infini à sonder ses mystères peut-elle être un piège et aboutir au néant? Les réalités, les passions de la vie peuvent nous faire oublier pendant de longues années les sublimes et mélancoliques aspects de notre destinée, mais un besoin que rien ne saurait détruire nous ramène toujours vers l'éternel inconnu. Ces questions attristent la vie, une sombre mélancolie s'empare de nous quand nous entrons dans l'inexpliqué, mais rien ne nous rebute, nous y revenons quand même.

LIVRE VII

LA VIE FUTURE
D'APRÈS LES GRANDES RELIGIONS DE L'HUMANITÉ

I

LES CHATIMENTS ET LES RÉCOMPENSES DE LA VIE FUTURE SELON LES GRANDES RELIGIONS DE L'HUMANITÉ.

Les conceptions religieuses des peuples sur la vie future, le sentiment des grandes religions de la terre sur les châtiments et les récompenses qui nous attendent par delà la mort nous offrent le plus grand intérêt; car nous ne pouvons rien sur le passé, il nous est impossible de le modifier à notre profit; le présent nous est connu, mais l'avenir nous appartient, nous pouvons diriger notre conduite en vue de cet avenir.

La mythologie a été considérée jusque dans ces derniers temps, même par les esprits les plus graves, comme un tissu de fictions romanesques, d'allégories charmantes ou terribles, de fantaisies poétiques, de superstitions et d'idolâtries grossières qui ne pouvaient exister que chez les peuples enfants. Nous savons aujourd'hui que les mythologies sont le produit du génie religieux de nos ancêtres des rives de l'Oxus, c'est de cette source que sont nés les mythes, les religions, les croyances de la Médie, de la Perse, de la Judée, de la Grèce et de l'Italie antiques, de la Germanie, de la Scandinavie, etc. Les mythologies, sous leur forme primitive, ne seraient plus possibles de nos jours, mais elles s'expliquent dans les premiers âges du monde, où les peuples s'attachaient de préférence aux conceptions métaphysiques, aux idées spéculatives dont le sens était caché sous des expressions mystérieuses, revêtues du coloris vague et séduisant de la poésie. Aujourd'hui où les grands résultats de la science et les investigations de l'histoire tendent à rétrécir chaque jour l'empire du merveilleux et du surnaturel, on aime les idées pratiques, les conceptions claires, précises; l'idée religieuse, pour être présentée dans son austérité simple, ne perdra rien de sa grandeur.

On a souvent dit que la religion avait été imaginée pour arrêter les méchants, pour mettre un frein aux passions et à la perversité de ceux que la raison était impuissante à contenir, pour le peuple enfin. Établir un dogme religieux comme une nécessité sociale, comme un principe de gouvernement ou un instrument politique, c'est autoriser toutes les superstitions, toutes les tyrannies, toutes les impostures selon le besoin ou le caprice des législateurs.

Pour quiconque a mal employé son temps, la

terre peut être considérée comme une des colonies pénitentiaires de la création, où on vient subir les condamnations prononcées contre soi pour les fautes des existences antérieures; pour tous elle peut être regardée comme une école, un atelier gigantesque où chacun vient perfectionner ses facultés; une halte sur la route infinie des mondes.

Dans toute la série de ses existences, l'homme est son propre créateur, c'est lui-même qui est son père et sa mère dans le sens de sa véritable individualité, de son être responsable. Ce qu'il est à un moment donné est la résultante de ses luttes, de ses efforts personnels; ce sont les actions de ses existences passées qui ont déterminé les conditions de sa vie présente, la planète et la famille où il vit. Ce n'est qu'à cette condition que les peines et les récompenses de la vie future peuvent être légitimes ; si nous devions à autrui ce que nous sommes, nous n'aurions droit à aucune récompense et ne saurions être coupables. Comment oserait-on exiger de l'enfant qui souffre et déteste la vie un sentiment de reconnaissance envers ceux qui lui auraient infligé un tel supplice? Cloué sur le rocher solitaire d'éternelle souffrance, comme le Prométhée antique, ne serait-il pas plutôt en droit de maudire ses parents?

Cette action créatrice de l'individu complète la genèse divine, modifie le type originaire. Cette transformation de l'être par lui-même n'est pas absolue, elle est limitée d'un côté par une puissance supérieure à l'humanité, de l'autre par les grandes lois qui dominent la vie sur tous les globes. Nous sommes tous en marche vers un avenir qui embrasse des siècles sans nombre. La raison d'être de notre existence est la perfection indéfinie qui nous guide vers le bien, le beau, le vrai, le savoir et le bonheur ; tout jugement sur l'homme ne pouvant s'appliquer qu'au passé ne peut être définitif; notre œuvre n'est encore qu'à l'état d'ébauche, notre destinée est inachevée. Que de comptes à rendre dans cet avenir sans fin vers lequel nous nous dirigeons! que de rôles seront changés, que de masques tomberont, que de secrets seront dévoilés, que de héros descendront au rang de vulgaires bandits!

Les grandes commotions politiques qui transforment les sociétés, les guerres sanglantes qui déciment les peuples, le culte de la vie matérielle, les fictions du romantisme, l'effort désespéré de certaines écoles dites scientifiques ou religieuses, les amertumes, les joies ou les désenchantements de la destinée, rien n'a pu enlever aux hommes le désir passionné de connaître le terrible inconnu de nos existences futures.

II
INDE.

VÉDISME

L'Inde primitive eut de très hautes conceptions sur la vie d'outre-tombe ; l'idée qu'elle se fit sur la vie future fut profondément spiritualiste. Dans les âges que suivirent, ces conceptions furent dénaturées par les sectes innombrables qui se formèrent à différentes époques. La morale s'inspira de sentiments élevés. L'Inde conçut de bonne heure une loi morale obligatoire, absolue et universelle. Les sentences qu'elle a transmises aux civilisations modernes sont d'une beauté exquise, d'une douceur remarquable [1].

L'origine des choses a donné lieu dans ce pays à de nombreuses doctrines, mais nulle part elle n'a été exposée avec d'aussi brillantes images et avec une si grande magnificence de langage que dans l'hymne X, 129 du Rig-Véda.

---

[1]. J Muir a recueilli ces sentences dans son ouvrage : *Religions and moral sentiments from sanskrit writers*, publié en 1875.

Une opinion voulait que les étoiles fussent les âmes des trépassés et que, quand le corps n'était pas brûlé, il ne quittait jamais sa tombe ; une autre croyance soutenait que l'âme, après la mort, allait habiter les plantes ou les eaux et que le corps disparaissait ou se dissolvait au sein de la nature[1].

Les dieux (qui sous des noms multiples ne sont que le Dieu suprême et unique [2]) voient agir les hommes dans leur vie terrestre et connaissent toutes leurs actions.

On doit avoir une foi absolue dans la bonté des dieux, leur rendre hommage, leur faire des offrandes, être modeste, aimer ses semblables, leur faire du bien, etc. Le culte tient une très grande place dans la religion védique.

Le Paradis est situé dans les profondeurs de l'infini ; *Pûshan* guide vers ce lieu les justes envoyés par *Agni,* une liqueur précieuse, le *soma,* procure l'immortalité aux âmes. *Yama*, fils de Vivasvat, est le dieu des morts ; par suite d'une chute il dut subir le sort commun, la mort. Les âmes vertueuses revivent dans un corps parfait en compagnie des dieux au sein des plus grandes félicités, d'une joie infinie et d'un bonheur pur ; elles revivent aussi sur la terre, dans le souvenir des hommes, sous le nom de *Pitris*.

---

1. Voyez : *Rig-Veda*, l. 125, X. 58 ; *Mahâbhâr*, III, 1748 et suivants.
2. *Rig-Veda*, l. 164.

Les méchants vont avec les génies du mal dans le noir et sombre séjour, dans les profondeurs de la terre [1]. L'enfer indien est décrit dans les divers recueils religieux d'une manière vague, et il est souvent fort difficile de s'en faire une idée exacte.

1. *Rig-Veda*, IV, 5 ; VII, 104 ; IX, 73.

BRAHMANISME

L'intelligence (*Mahat*) naît avec tous les êtres animés et devient en se transformant la conscience et les sens, et permet à l'âme (kchétradjna) ou principe vital moteur du corps capable de sentir la joie et la douleur, le plaisir et la peine.

Bhrigou, le descendant de Manou, a proclamé devant les Maharchis que tout acte de la pensée, de la parole ou du corps porte en lui son fruit bon ou mauvais.

Les âmes des justes vont dans le *Swarga* ou paradis pour y vivre dans la joie. Le bien consiste dans l'étude du Véda, dans la dévotion, dans une vie pure, dans le soin qu'on met à dompter ses passions.

Il n'existe pas dans la religion brahmanique de châtiments éternels. Les peines infligées aux coupables sont longuement énumérées dans les lois de Manou.

C'est un grand mal que de prendre le bien d'autrui, de professer l'athéisme, le matérialisme, de désirer la femme d'autrui, d'agir dans l'espoir d'une récompense, de se laisser aller au découragement, de se livrer à la volupté, à la médisance.

Les coupables, après leur mort, seront revêtus d'un corps soumis aux tortures de l'enfer, où ils resteront cent ans, mille ans, selon leurs crimes. Après avoir subi les peines infligées par Yama, le corps se dissout, et ses particules élémentaires reviennent aux éléments d'où elles étaient sorties.

Le onzième livre des Lois de Manou prescrit pour les hommes des pénitences, des expiations, des jeûnes vraiment puérils; c'est dans le douzième livre que sont exposés les peines et les châtiments de la vie future [1].

Les *Pouranas* font des enfers un lieu affreux. Ceux qui ont calomnié leur prochain, pillé des villes, tué, qui ont eu un commerce criminel avec leurs sœurs, leurs filles, belles-filles, vendu leur femme, pratiqué la magie pour nuire à leurs semblables, sont enchaînés par les serviteurs du prince des damnés, frappés avec des verges, des haches, coupés avec des scies, jetés dans les flammes et torturés par des instruments de supplices, dévorés par des bêtes féroces et jetés dans de l'huile bouillante [2].

1. Voyez : *Manou, Lois*, l. XII, 3, 5, 7, 12, 14, 16, 17, 20, 31, 32, 33, 53, 58, 62, 93.
2. Voyez : *Vishnou Pourana*, l. II, ch. VI. et l. VI, ch. V.

III

ÉGYPTE.

Les Égyptiens pensaient que la vie n'abandonnait le cadavre qu'au moment où il se décomposait; aussi prenaient-ils des soins infinis pour embaumer le corps et retarder le plus possible sa décomposition. Leurs momies conservées dans nos musées pourraient peut-être encore être reconnues par leurs amis ou leurs contemporains; et pourtant il y a quatre à cinq mille ans que ces yeux ne voient plus, que ces bouches ne sourient plus, que ces seins ne battent d'aucune émotion. D'autres considérations tirées de l'état du pays conduisirent aussi ce peuple à embaumer ses morts: l'état du pays couvert pendant plusieurs mois de l'année par les eaux ne permettait pas de les enterrer; on ne pouvait les noyer; il eût été très difficile de les brûler, il n'existait dans le pays ni bois ni charbon de terre.

La terre n'était point l'unique séjour de l'homme, lorsque l'âme venait ici-bas, elle avait déjà vécu dans d'autres mondes, et en quittant la vie elle continuait sur d'autres planètes une série d'existences dont le commencement était un mystère pour elle et dont la fin ne devait jamais arriver.

Le tribunal chargé de juger la vie des hommes avait quelque chose de redoutable et d'imposant.

La divinité assistée de quarante-deux juges composait l'aréopage céleste. L'âme dégagée du corps et privée des secours de l'intelligence se présentait seule après la mort devant ces juges austères ; les actions de sa vie étaient pesées dans une balance de justice et d'équité ; l'âme qui était déclarée pure pouvait revêtir des formes diverses empruntées à la nature vivante, ces formes facultatives étaient des emblèmes de la divinité et semblaient s'identifier avec elle ; c'est donc à tort qu'on a essayé de conclure de ce fait l'entrée de l'âme dans un corps d'animal.

Par delà les régions de la mort l'âme accompagnée de son guide céleste plane dans la création semée d'écueils ; l'enfer conjuré contre l'âme juste lui montre l'abîme béant prêt à l'engloutir ; le génie du mal lui tend mille embûches, mais pleine de foi elle parcourt d'un pas victorieux les mondes jusqu'à son entrée dans les *champs d'Aalon*, où elle doit accomplir les prescriptions du labourage mystique. Le terme de la lutte est enfin arrivé, elle vit dans la compagnie des dieux, et goûte les joies inconnues qu'elle a rêvées sur la terre.

Quant à l'âme coupable, l'intelligence dont elle méprisa les conseils la poursuit d'une vengeance inexorable et la livre à d'affreux tourments ; il faut qu'elle recommence sur la terre une nouvelle série d'existences.

Dès la plus haute antiquité on avait réuni dans un ouvrage spécial les prescriptions de morale usuelle pour guider l'homme vers les hautes espérances que lui promettait la religion égyptienne. Le *livre des morts* contenait les prières et les formules nécessaires au défunt dans sa nouvelle existence.

Le passage suivant emprunté à Brusch et à Lipsius nous montre que le doute n'était point inconnu au vieux monde.

« O mon frère, ô mon ami, ô mon mari, s'écrie une jeune morte, ne cesse ni de boire ni de manger ni de vider les coupes de la joie ; ne cesse ni d'aimer ni de célébrer des fêtes ; suis tes désirs et bannis le chagrin de ton cœur tant que tu es sur la terre ! Car l'Ament est le pays du lourd sommeil et de la nuit, un lieu de deuil pour ceux qui l'habitent. Ils dorment tous dans leurs formes incorporelles et ne s'éveillent point pour voir leurs frères ; ils ne reconnaissent plus ni leur père ni leur mère ; là on ne s'émeut point au souvenir de sa femme ou de ses enfants. »

IV

PERSE.

Dans cette belle religion où le christianisme a tant puisé, le mal aura une fin; Zoroastre nous montre Satan avec tous les coupables revenus au bien et prosternés aux pieds du grand Être, célébrant avec lui le triomphe de la vertu. Tous seront appelés et tous les appelés seront élus.

Le Christ a dit ou on lui a fait dire : « Il y aura beaucoup d'appelés, mais peu d'élus. » Nous ne pouvons croire que ces sombres paroles, ô doux Jésus, aient été prononcées par tes lèvres divines ; se peut-il que tu aies condamné presque toutes tes créatures à des tourments affreux et éternels?

Dans la religion perse, la lutte entre Dieu et le génie du mal ne durera pas toujours ; Satan et ses légions rebelles reviendront au bien et partageront la destinée réservée à tous les êtres. L'existence du mal est un état transitoire, l'enfer disparaîtra, et le ciel réunira dans une adoration commune tous les enfants du Très Haut.

Dans le mazdéisme qui existait tant de siècles

avant l'avènement du christianisme, on trouve le péché originel : à la naissance de l'homme on le purifiait avec une eau consacrée ; l'humanité avait hérité de la faute commise par le premier homme et la première femme séduits par le serpent. La résurrection du corps est enseignée dans la religion de Zoroastre.

Après la mort l'âme erre pendant trois jours et trois nuits autour de sa dépouille en attendant son jugement. Les dévas cherchent à l'entraîner aux enfers, mais pour éloigner les mauvais génies on adresse des prières à Craosha. Après la troisième nuit, lorsque le soleil se montre à l'horizon et projette ses vivifiantes clartés sur la nature entière, l'âme du juste arrive au milieu de fleurs odoriférantes qui répandent autour d'elle leurs plus suaves parfums ; la propre nature de l'homme qui lui a fait franchir le redoutable pont suspendu sur le séjour des damnés s'avance vers lui, sous les traits d'une charmante jeune fille de quinze ans, d'une beauté supérieure à toutes les beautés de la terre : l'âme juste adressant la parole à la belle enfant aux bras vermeils, au corps éblouissant de blancheur, à la taille souple et élancée, lui dit : Qui es-tu donc, ô toi ravissante créature, la plus belle que mes yeux aient jamais contemplée? Je suis, lui répond sa propre nature, ta vie même, je suis ta pure pensée, tes bonnes paroles, tes belles actions, ton activité pure et sainte ; j'étais belle, tu m'as faite plus belle encore par tes œuvres, voilà pourquoi je rayonne, glorifiée devant Dieu. L'âme juste s'élance avec son ange gardien vers les sphères des célestes vies.

Le paradis renferme des félicités inexprimables, on y trouve toutes les joies de l'âme et les plus exquises jouissances du corps.

L'âme des méchants erre également, après la mort, autour du cadavre, en criant : Vers quelle terre dirigerai-je mes pas, vers quel lieu fuirai-je? Après la troisième nuit, au lever du soleil, Satan et ses ministres s'emparent de l'âme criminelle et la précipitent dans l'enfer, lieu horrible où règnent les plus profondes ténèbres, les soucis et les remords déchirants; là le vent lui apporte d'occident une odeur fétide, insupportable. On questionne l'âme sur ce qui lui a valu tant de malheurs, après quoi Anro-Mainyus (Satan) commande qu'on lui donne du poison infect, boisson du jeune homme coupable et de la fille de mauvaise vie. L'âme ne peut sortir de ce lieu que par les prières de ceux qui sont restés sur la terre.

Il est beau d'entendre Zoroastre, dans un passé aussi lointain, prescrire l'action comme la loi suprême de la vie. « Laboure et sème, dit-il, qui travaille avec pureté accomplit la loi divine. » Il est glorieux pour le grand réformateur d'avoir si vivement conseillé aux pères de donner à leurs enfants une instruction élevée.

14.

Tout enfin doit s'accomplir sur la terre conformément aux principes de justice qui ont été fixés à l'origine des choses : le méchant sera puni selon le mal qu'il aura commis ; le juste sera récompensé selon ses bonnes actions. Il habitera le séjour de la vérité et de l'esprit pur[1].

---

1. Voir : *L'Avesta Vendidad*, F. XIX, 89 à 112. — *Gathas*, XXX, XXX et XXXII. — *Khorda Avesta*, Yesht XXI, 19 à 36, 54 à 65 et XXII, 1 à 18.

V

JUIFS[1].

Chez le peuple hébreu les peines et les récompenses étaient à l'origine purement terrestres. Dieu promet à ceux qui lui obéissent et marchent selon ses préceptes, des grains et des fruits en abondance, des pluies en temps utile; ils vivront en paix ou verront leurs ennemis tomber en foule devant eux, Dieu vivra parmi les Juifs et leur donnera des enfants et des bestiaux. Mais si le peuple viole la loi et se conduit mal, il vivra dans l'indigence, il sèmera et les étrangers récolteront ce qu'il aura semé; s'il persiste dans le mal, il tombera devant ses ennemis, ses travaux seront stériles, des bêtes sauvages le dévoreront, il sera affligé de la peste, il mangera de la chair de ses fils et de ses filles, il périra au milieu des nations, il ne tombera point de pluie, sa femme sera violée et lui atteint de la gale et maudit[2].

1. Primitivement *Hébreux* et *Israélites*.
2. *Lévitique*, ch. XXVI, 3 à 34, 38. — *Deutéronome*, ch. XXVIII, 1 à 12, 15 à 40, 53.

Les impies et les pécheurs ne ressusciteront point au jour du jugement et dans l'assemblée des justes[1]. L'auteur du XVIe psaume nous dit que vivant il a éprouvé les douleurs de l'enfer, ce qui indique que l'enfer n'était point alors considéré comme un lieu de supplice après la mort. Il est bien dit au psaume XXXVI que celui qui fera le bien et évitera le mal aura une demeure éternelle, mais ce mot éternel est très souvent appliqué dans la Bible à des choses passagères.

L'homme n'emportera avec lui ni sa richesse ni sa gloire, il descendra dans la demeure de ses pères et pendant l'éternité il ne verra plus jamais la lumière[2]. Ferez-vous des miracles en faveur des morts et vos merveilles seront-elles connues dans les ténèbres de la mort[3] ?

Moïse, le législateur du peuple hébreu, le fondateur de l'indépendance des tribus du peuple d'Israël, ne connut point le dogme de l'immortalité de l'âme, ainsi que l'avoue Bossuet. Les peines et les châtiments des XXIe et XXIIe chapitres de l'*Exode* sont exclusivement terrestres, il en est de même du XXVIe ch. du *Lévitique* et du XXVIIIe du *Deutéronome*. C'est dans le livre de la *Sagesse* et de l'*Ecclésiastique* que pour la première fois on voit l'immortalité de l'âme enseignée : les chapitres II,

---

1. *Psaume* Ier, 5. —*Psaume* XVI, 6.
2. *Psaume* XLVIII, 17 à 20.
3. *Psaume* LXXXVII, 1 à 12.

III et V de la *Sagesse* contiennent sur ce dogme des vues très élevées.

Les livres de l'*Ecclésiastique* et de la *Sagesse*, où on trouve exprimé pour la première fois le dogme de l'immortalité de l'âme, et qui ont été admis dans la Bible des Septante, n'existaient pas dans le canon hébraïque. L'*Ecclésiastique* fut composé par Jésus fils de Sirach au troisième siècle avant Jésus-Christ, et le livre de la *Sagesse* attribué longtemps à tort à Salomon (mort 929 ans avant Jésus-Christ) fut écrit beaucoup plus tard que l'*Ecclésiastique*. Les Juifs d'ailleurs et les protestants n'admettent pas ces deux livres.

« Les impies, dit la *Sagesse*, trouvent que la vie est courte et triste. Nous sommes nés comme à l'aventure, pensent-ils, il n'y a rien à attendre après la mort, l'âme est comme une étincelle de feu; à peine éteinte, le corps est réduit en cendres. Jouissons donc des joies du présent, tandis que nous sommes jeunes, parfumons-nous, enivrons-nous des meilleurs vins, livrons-nous à la débauche; opprimons le juste dans sa pauvreté, faisons-le tomber dans nos pièges, car il est contraire à notre manière de vivre, n'épargnons point la veuve ni les vieillards aux cheveux blancs.

« Ils ont eu ces pensées et ils se sont égarés, ils ont ignoré les secrets de Dieu, et ils n'ont point cru qu'il y eût des récompenses pour les âmes justes, car Dieu a créé l'homme immortel, mais la mort est entrée dans le monde par Satan. Les justes ont souffert parmi les hommes, mais leur espérance est pleine de l'immortalité qui leur est promise. Les méchants auront une fin funeste, ils regretteront d'avoir abandonné la voie de la vérité et de la justice; plongés dans l'enfer ils se demanderont à quoi leur a servi leur orgueil et leurs richesses. Les justes vivront éternellement; Dieu leur réserve une récompense magnifique et un royaume digne d'eux [1].

« Et tous ceux qui dormiront dans la poussière de la terre se réveilleront pour la vie ou pour l'opprobre éternel. Les savants brilleront comme les feux du ciel, et ceux qui auront guidé les hommes dans la voie de la justice luiront comme les étoiles [2]. »

« L'affliction des justes a été légère, mais leur récompense sera grande après leur mort; Dieu les a éprouvés comme l'or dans la fournaise ; ils jugeront les nations, ils auront l'intelligence de la vérité. Mais les méchants seront punis selon le mal qu'ils auront fait. La race chaste est belle, mais les rejetons bâtards ne jetteront point de profondes racines. Ce n'est point le nombre des années qui fait la vie vénérable. Dieu aimant le juste, le retire du milieu des méchants, où il se corrompait ; le méchant après sa mort sera dans une éternelle

---

1. Consultez la *Sagesse*, chap. II, III et V.
2. *Daniel*, chap XII, 2 et 3.

ignominie ; il vivra dans l'effroi et dans le souvenir de ses iniquités [1].

En voyant les justes comblés de félicités, les impies diront : Voilà ceux qui ont été l'objet de nos railleries, insensés que nous étions, nous avons pris le mauvais chemin, eux la bonne voie. Nos joies, nos richesses, tout cela a passé comme l'ombre ou comme le navire qui fend les flots agités. Les justes enfin vivront éternellement dans un séjour admirable [2].

1. *Sagesse*, ch. III, 4 à 10 ; ch. IV, 1, 3, 8, 10, 14, 19 et 20.
2. *Sagesse*, ch. V, 10, 16 et 17.

VI

LA GRÈCE.

Homère et Hésiode nous ont transmis quelques idées sur la religion grecque, mais ces idées sont insuffisantes pour juger l'état religieux du peuple grec; c'est dans Platon que nous trouvons l'expression la plus complète de la religion des Hellènes. Nous allons donc exposer d'après les écrits du disciple de Socrate les conceptions de la Grèce sur la vie future.

Bien que la Grèce ait emprunté ses dieux à l'Inde, ses mythes ne révèlent point cette vive admiration pour la nature que nous retrouvons partout chez le peuple initiateur.

Platon était un vaste génie, mais nous devons dire qu'il avait le cœur étroit : sa science, sa fortune, ses ancêtres le remplissaient d'orgueil, il avait pour le peuple et pour tout ce qui travaille des bras un profond dédain. Que d'idées dangereuses ce grand philosophe a propagées par le charme de son style.

Revenons à notre sujet.

Un homme illustre, originaire de Pamphylie, tué dans une bataille, revint à la vie et raconta à ses concitoyens ce qu'il avait vu dans l'autre monde.

Aussitôt que son âme eut quitté son corps, elle arriva en compagnie d'une multitude d'autres âmes dans un lieu inconnu rempli de grandes merveilles. Là on voyait deux larges ouvertures dans la terre et assez rapprochées l'une de l'autre, correspondant à deux autres ouvertures du ciel; entre ces deux régions des juges vénérables siégeaient sur un tribunal; aussitôt qu'ils avaient prononcé leurs sentences, ils ordonnaient aux justes de passer à droite, par l'une des ouvertures du ciel; les coupables passaient à gauche et entraient dans l'une des ouvertures de la terre; les bons portaient sur leur poitrine un écriteau où se trouvaient inscrites les principales dispositions du jugement dont ils avaient été l'objet; les méchants portaient également un écriteau, mais attaché par derrière et sur lequel se trouvaient inscrites les actions de leur vie.

En voyant Er, les juges furent d'avis de le renvoyer sur la terre, afin d'apprendre aux hommes les mystères de l'autre monde; aussi ils engagèrent l'inconnu à les écouter avec soin et à noter tous les faits dont il allait être témoin.

Il vit alors les âmes de ceux qui avaient été jugés : les unes montaient au ciel, tandis que les autres descendaient dans les profondeurs de la terre, par les deux ouvertures correspondantes, par l'autre ouverture de la terre sortaient des âmes souillées d'ordures et couvertes de poussière; des âmes pures et immaculées descendaient par l'autre ouverture du ciel ; toutes ces âmes semblaient venir de très loin, elles s'arrêtaient avec plaisir dans une vaste prairie, émaillée de fleurs ; on eût dit qu'elles s'étaient donné rendez-vous dans ce lieu ; parmi ces âmes quelques-unes se connaissaient, alors elles se saluaient et se racontaient mutuellement, ce qui se passait soit au ciel soit sur la terre : les âmes qui venaient de la terre racontaient, au milieu des sanglots et des larmes, les douleurs et les tristesses de leur vie ou les souffrances des autres : le souvenir des malheurs dont elles avaient été témoins pendant leur voyage de mille ans sur la terre leur faisait pousser des gémissements amers ; au contraire les âmes qui venaient du ciel faisaient un récit merveilleux des joies qu'elles avaient goûtées et des magnificences qui avaient frappé leurs regards.

L'âme était punie dix fois pour chacune des injustices qu'elle avait commise pendant son existence; chaque punition durait cent ans.

Ceux qui ont trahi leur patrie, réduit les peuples en esclavage, tué leurs semblables, sont punis pour chaque crime au décuple ; quant à ceux qui ont pratiqué le bien, rendu des services à l'humanité, honoré la vertu, ils recevaient également dans la même proportion la récompense de leurs bonnes œuvres.

En ce qui concerne les enfants morts en bas âge, Platon n'a pas cru devoir nous donner des détails que nous aurions été si heureux de connaître.

Er vit une âme en questionner une autre pour savoir où était le fameux Ardrée, tyran de Pamphylie, meurtrier de son père, et célèbre par plusieurs crimes épouvantables ; il lui fut répondu qu'Ardrée ne viendra jamais dans ce lieu. Après avoir accompli leur peine, les âmes virent, en sortant de l'abîme souterrain, Ardrée entouré de nombreux criminels, comme lui tyrans redoutés des peuples ; en vain ces scélérats essayèrent-ils de sortir de cet endroit, toujours l'ouverture se refermait sur eux ; des rugissements tels que, dans les forêts, les animaux féroces en font entendre les glaçaient de terreur ; des êtres d'un aspect affreux se précipitaient sur les criminels, et après leur avoir solidement lié les pieds et les mains, ils les traînaient à travers des roues ensanglantées sur la route ; les ministres de l'enfer racontaient aux ombres qu'ils rencontraient quels étaient les crimes qui avaient valu à ces criminels un châtiment aussi terrible, puis ils les précipitaient ensuite dans le Tartare.

Les peines et les récompenses de l'autre vie sont développées assez longuement dans la *République* du Philosophe grec.

Après sept jours de repos dans la prairie citée plus haut, les âmes se mirent en route et se rendirent dans un autre lieu d'où l'on pouvait voir une lumière resplendissante éclairant le ciel et la terre ; la troupe des âmes arrivait enfin près de cette lumière qui aboutissait aux extrémités du firmament ; là se trouvait suspendu le fuseau de la nécessité imprimant le mouvement à toutes les révolutions célestes ; les trois Parques, filles de la Nécessité, siégeaient sur des trônes autour du fatal fuseau ; les trois Parques, Lachésis, Clotho et Atropos, vêtues en blanc et la tête couronnée de bandelettes, accompagnaient de leurs voix le chant des sirènes : Lachésis chantait le passé, Clotho le présent et Atropos l'avenir.

Les âmes, dès leur arrivée, durent se présenter devant Lachésis ; un hiérophante indique à chaque âme le rang qu'elle doit occuper, puis après avoir pris sur les genoux de la vierge les sorts ainsi que les diverses conditions humaines, il monta sur un siège élevé et s'exprima ainsi : « Écoutez les paroles de la vierge Lachésis ; voici ce qu'elle dit : Ames passagères, vous allez commencer une nouvelle vie et habiter de nouveau un corps mortel ; aucun génie ne sera chargé de choisir votre destinée ; vous la choisirez vous-même en toute liberté ;

l'âme que le sort désignera pour faire la première son choix le fera avant les autres. Ce choix sera irrévocable, elle seule en portera toute la responsabilité. Dieu en est innocent, car la vertu n'est l'esclave de personne, elle habite avec celui qui l'honore et s'éloigne de celui qui la méprise. »

Après avoir prononcé ce discours, l'hiérophante jeta les sorts ; chaque âme ramassa celui qui se trouva devant elle afin de connaître dans quel rang elle devait faire son choix; l'hiérophante leur présenta alors des genres d'existences de toutes sortes, des destinées de toute espèce; le nombre des genres de vies dépassait de beaucoup celui des âmes appelées à faire leur choix. On avait réuni dans ces destinées toutes les conditions des hommes et des animaux. Des tyrannies que devaient terminer l'exil et la pauvreté, des dominations qui ne devaient finir qu'à la mort; des célébrités pour la beauté, la force, les combats, la noblesse, les ancêtres; à ces hautes destinées se mêlaient les conditions les plus humbles; les destinées des femmes étaient non moins nombreuses que celles des hommes. Quant au rang des âmes, chacune devant à son gré changer de nature, rien n'était réglé. Les infirmités, la fortune, la pauvreté, les maladies, se trouvaient mêlées aux différentes conditions; quelquefois les biens et les maux étaient répartis dans de justes proportions, d'autres fois telle destinée se trouvait comblée de félicité ou accablée de maux.

Dans cette immense variété de sorts, comment être assuré d'un heureux choix ? c'est là en effet, la grande et redoutable épreuve des mortels ; ils devront donc employer toutes leurs facultés à discerner les destinées bonnes et mauvaises, heureuses et malheureuses, afin de pouvoir choisir en toute connaissance celle qui leur paraîtra la plus avantageuse et semblera leur assurer pendant leur nouvelle existence la plus grande somme de bonheur possible et le moins de vicissitudes. La richesse, la pauvreté, une naissance illustre ou obscure, la domination, la force du corps, ou sa faiblesse, les douceurs de la vie privée ou les orages de la vie publique, les chastes joies de la famille ou l'éclat et la pompe du pouvoir, le cliquetis des armes ; la beauté, la grâce ; la laideur, etc., afin de faire un heureux choix.

Le meilleur avis qu'on puisse donner à l'âme, c'est de lui conseiller de faire son choix dans cette aimable médiocrité, tant chantée par les poètes, et de s'y tenir inébranlablement fixée dans cette vie et dans toutes celles qui la suivront, les conditions extrêmes sont toujours fécondes en joies factices, éphémères et en infortunes sans fin.

Le premier qui reçut le droit de faire son choix, le fit sans discernement, il s'empressa de prendre la destinée du tyran ; sa déception fut grande, quand il sut que sa vie allait se passer au milieu des crimes, de l'oppression, il regretta amèrement de n'avoir pas voulu suivre les conseils qu'il avait reçus ; cette âme qui avait vécu au ciel était sans expérience des choses de la vie et accusa de son malheur la Fortune, les dieux, que sais-je ? tout enfin excepté elle-même. Il en était ainsi des âmes qui venaient du ciel, les âmes qui avaient vécu dans les régions souterraines faisaient un plus heureux choix, grâce à leur expérience.

Indépendamment du hasard qui fixait le rang dans lequel on était appelé à faire son choix, on remarquait d'un côté une profonde ignorance de la vie, et de l'autre une expérience sûre ; cela explique comment tant d'âmes quittaient une condition heureuse pour en prendre une mauvaise.

Si quelque chose pouvait exciter la curiosité dans ce lieu, c'était bien la manière dont les âmes faisaient leur choix : spectacle étrange qui inspirait un sentiment de pitié en même temps qu'il prêtait à rire.

Les habitudes de la dernière vie servaient en général de guide à presque toutes les âmes dans le choix qu'elles faisaient de leur nouvelle existence. Ainsi Orphée prit la condition du cygne, ne voulant devoir sa naissance à aucune femme, car il les détestait profondément en souvenir de la mort qu'elles lui avaient donnée. L'âme de Thamyris choisit la condition du rossignol ; un cygne prit celle de l'homme ; il en fut de même de plusieurs oiseaux chanteurs. L'âme d'Atalante, fille du roi de Scyros, voulut devenir homme; Ajax lion; des hommes voulurent essayer la condition de la femme; le bouffon Thersite prit le corps d'un singe; enfin des hommes devinrent animaux et des animaux hommes.

Le choix des âmes terminé, toutes s'avancèrent auprès de Lachésis, qui donna à chacune d'elles le génie qu'elle avait choisi afin qu'il lui servît de guide pendant sa nouvelle vie et qu'il l'aidât à remplir sa destinée.

Le génie conduisait l'âme dont il avait la garde auprès de Clotho, qui devait confirmer la destinée choisie, et ensuite auprès d'Atropos, qui rendait cette destinée irrévocable; dès lors on ne pouvait sous aucun prétexte revenir sur ses pas.

L'âme et son ange gardien s'avançaient ensuite vers le trône de la Nécessité, sous lequel ils étaient tenus de passer ensemble; le défilé terminé, les âmes, se rendaient dans les plaines du Léthé ou de l'oubli, elles passaient la nuit sur les rives du fleuve Amêlès dont on devait boire de l'eau.

Er vit ces âmes endormies, lorsqu'au milieu de la nuit la foudre éclata dans la nue et les réveilla; la terre était ébranlée par un tremblement épouvantable, toutes les âmes furent dispersées comme des étoiles filantes, vers les lieux où elles devaient renaître à la vie.

Nous passerons heureusement le fleuve du Léthé, nous dit Platon, et nous préserverons notre âme de toute souillure ; certains de l'immortalité de notre âme, sachant qu'elle est capable de tous les biens comme de tous les maux, nous suivrons les sentiers qui conduisent en haut et nous nous attacherons de tout notre pouvoir à la pratique de la vertu et de la sagesse, par là nous vivrons en paix avec nous-même et avec les dieux.

VII

ROME

Virgile a tracé dans son Énéide un portrait à la fois sombre et poétique de la descente de son héros aux enfers et du séjour des bienheureux. Tout s'y trouve : le Styx, Cerbère, Caron, le champ des pleurs, le Léthé, les différents états de l'âme après sa mort.

Nous allons dégager la pensée de Virgile des fictions et des épisodes dont il l'a ornée.

Énée, après avoir longtemps erré sur la mer, jeta enfin l'ancre dans la rade de Cumes ; ses compagnons s'élancèrent sur les plages de l'Espérie. Énée dirigea ses pas vers le temple d'Apollon, et vers la sombre et profonde demeure de la Sibylle : cette prêtresse vénérable prédit les mystères de l'avenir et le dieu de Délos lui communique un enthousiasme céleste.

Quand Énée eut immolé les victimes demandées, la prêtresse appela les Troyens au temple.

Dans le vaste flanc de la montagne de Cumes, il existe un antre profond où on arrive par cent larges avenues; des cent portes s'échappent cent voix éclatantes qui publient les réponses de la Sibylle; à peine les Troyens ont-ils touché le seuil que la vierge inspirée voyant le dieu, s'écria qu'il était temps d'interroger l'avenir; elle parle ainsi quand, à l'entrée de l'enceinte vénérée, on remarque que, haletante, éperdue, ses cheveux se hérissent, son visage prend un aspect sinistre, le sein palpitant et respirant à peine, elle paraît transportée d'une sainte fureur; sa taille semble grandir et sa voix n'a plus rien d'une vierge; c'est la divinité elle-même qui l'inspire.

Du fond de son antre, la prêtresse fait entendre des mugissements effrayants, elle révèle de terribles mystères et des vérités enveloppées d'impénétrables ténèbres.

Aussitôt que sa fureur est calmée, le prince troyen lui parla ainsi : « Sainte prêtresse, les travaux et les dangers dont tu m'entretiens ne m'effrayent point, ils n'ont rien de nouveau pour moi, j'y suis résigné depuis longtemps. Puisque c'est dans ce lieu que se trouve la porte des enfers, je demande, ô vierge, de me permettre de descendre dans cet affreux séjour pour y voir un père que j'ai tant aimé; grâce aux sons mélodieux de sa lyre, Orphée a pu ramener à la lumière l'ombre de sa chère Eurydice. »

Ainsi parlait Énée les mains sur l'autel : « Digne descendant des dieux immortels, lui répond la prêtresse, il est facile de descendre aux enfers, car la porte du noir empire reste toujours ouverte, mais ce qui est difficile, c'est, une fois entré dans cet abîme, de revenir sur ses pas et de revoir la douce lumière des cieux. Quelques fils des immortels, amis de Jupiter ou qu'une haute vertu éleva au rang suprême des grands génies, ont pu seuls obtenir une telle faveur. Il faut franchir de sombres forêts, demeures des monstres farouches, ainsi que les replis inextricables du Cocyte. Néanmoins, si tu désires si vivement passer deux fois les eaux du Styx, si tu as un tel désir de voir deux fois le sombre Tartare et qu'il te soit agréable de tenter une entreprise aussi téméraire, apprends d'abord ce qu'il faut faire. Dans l'épaisseur d'un arbre se trouve un rameau consacré à la reine des enfers dont la tige et les feuilles sont d'or ; la forêt sacrée le dérobe aux regards des mortels en le couvrant de son ombre. Or il n'est permis de descendre au noir séjour qu'à celui qui a pu détacher de l'arbre sur lequel il se trouve, le rameau sacré, c'est cette branche d'or qu'il faut offrir à la belle Proserpine qui elle-même en a fait une loi. Va donc, cherche-le des yeux en parcourant la forêt, et si tu le trouves, cueille-le avec la main. Si les destins t'appellent aux enfers, il se détachera facilement ; sinon, tous tes efforts seraient inutiles, le fer lui-même ne saurait en venir à bout. Mais ce n'est pas tout : tu ignores, hélas! qu'un de tes meilleurs amis, un de tes plus fidèles compagnons est étendu sans vie sur le rivage. Avant tout, rends ses cendres à la terre, et renferme-les dans un tombeau, immole enfin des victimes, alors, tu pourras voir les bords du Styx et cet empire inaccessible aux vivants. »

La flamme du sacrifice montait encore dans les airs, quand les premiers rayons de l'astre naissant commençaient à luire sur cette scène des religions antiques, dont le xixe siècle a pu découvrir l'origine.

Tout à coup on voit les forêts s'agiter violemment, la terre mugir sous les pieds, et les hurlements sinistres des chiens annonçant l'arrivée de la Sibylle de Cumes. « Loin de ces lieux profanes, insensés, s'écrie-t-elle, sortez de ce bois sacré; et toi, prince troyen, marche en avant, le glaive à la main; le moment est arrivé, où il faut s'armer de tout son courage et d'une intrépidité audacieuse. » A ces mots, la déesse s'élance dans l'abîme entr'ouvert, Énée la suit d'un pas ferme et assuré.

Ils marchaient seuls dans l'obscurité de la nuit à travers les vastes et arides régions de l'empire désert de Pluton.

A l'entrée des Enfers on voit couchés les Chagrins cuisants et les Remords vengeurs; là aussi se trouvent les pâles Maladies et la triste Vieillesse, la Crainte, la Faim aux perfides conseils et la hideuse Misère, figures affreuses! Le Travail, la Mort et son frère le Sommeil, les Plaisirs criminels. Près de la porte on voit la Guerre meurtrière et les Euménides étendues sur leur couche de fer et la Discorde insensée dont la chevelure ornée de vipères est retenue par une bandelette sanglante. Au centre s'élève un orme séculaire qui étend au loin ses verts rameaux; c'est là, dit-on, que les vains Songes habitent fixés aux feuilles de cet arbre. Mille monstres horribles habitent également ce lieu; les Centaures, les Scylles à double forme, Briarée aux cent bras, l'hydre de Lerne faisant entendre d'affreux sifflements, la Chimère entourée de flammes, les Gorgones, les Harpies. A la vue de tant de monstres effrayants, Enée saisi de terreur tire son glaive, et si la prêtresse qui l'accompagnait ne l'eût averti que ce sont des âmes sans corps et des ombres qui voltigent autour de lui, il allait se précipiter sur elles et frapper l'air de son glaive.

C'est de là que s'étend la route qui conduit sur les rives de l'Achéron, abîme immense et bourbeux, bouillonnant et vomissant sans cesse son limon dans le Cocyte; Charon, le nautonnier des Enfers, est le gardien de ces sombres rivages. Son aspect est repoussant; une barbe inculte et blanchissante tombe sur sa poitrine, de ses yeux sort la flamme, un vêtement sordide et fixé par un nœud couvre ses épaules; c'est lui-même qui conduit la barque fatale sur laquelle il transporte les morts. Bien que très vieux il est encore vert et doué d'une grande vigueur. Vers lui se précipite la foule des ombres : hommes, femmes, héros célèbres, enfants ayant à peine vu le soleil de ce monde, jeunes filles mortes avant le jour si longtemps désiré de l'hyménée ; les feuilles qui aux premiers froids de l'automne tombent des arbres sont moins nombreuses que ces ombres errantes, qui debout sur le rivage demandent à passer les premières le fleuve ; mais auprès de l'inflexible nautonnier ces supplications étaient inutiles ; il prenait tantôt les unes, tantôt les autres.

Ému et attendri en voyant ce qui se passait devant lui, Énée dit à la Sibylle : « Vierge sacrée, apprends-moi ce que signifient toutes ces âmes sur les bords du fleuve. Que demandent-elles? Pourquoi pas pour toutes la même loi, pourquoi les unes sont-elles repoussées du rivage tandis que les autres sillonnent avec facilité les eaux livides du fleuve?

— Fils des dieux, tu vois l'étang profond du Cocyte et le marais du Styx ; cette foule qui est devant tes yeux, ce sont les malheureux qui sont restés sans sépulture sur la terre. Ce nocher, c'est Charon ; il fait traverser les flots à ceux dont les cendres ont été pieusement déposées dans un tombeau, car il ne peut faire franchir ces torrents redoutables qu'aux ombres dont le corps a été enseveli dans la terre, et tant qu'elles n'ont point reçu de sépulture, elles errent et voltigent pendant cent ans autour de ces rives ; ce n'est qu'au bout de ce temps qu'elles sont admises dans la barque pour faire la traversée. Énée observa pendant quelques instants ces ombres, faisant mille réflexions et se lamentant en pensant à leur cruelle destinée.

Le fils d'Anchise et la vierge continuent leur route et se dirigent vers le fleuve; le nocher les voyant marcher à travers la forêt et s'approcher de lui, s'écrie en colère : « Qui que tu sois, qui viens les armes à la main sur ces bords, dis quel motif t'amène ici; réponds avant d'aller plus loin. C'est ici le séjour des ombres du Sommeil et de la Nuit; il m'est défendu de transporter des vivants sur ma barque. »

Après quelques paroles de la prêtresse, celle-ci entra dans la barque avec son compagnon, et Charon les déposa sur l'autre rive dans un terrain fangeux.

C'est là que le redoutable Cerbère, étendu dans son antre, fait retentir le royaume infernal de ses aboiements affreux, des serpents se dressaient sur sa tête; quand la Sybille lui jeta un gâteau, le monstre affamé, après l'avoir mangé, tomba dans un profond sommeil. Énée le voyant endormi franchit rapidement la rive de ce fleuve qu'on ne repasse jamais.

A peine arrivé à l'entrée de ces lieux, le héros entend les voix plaintives et les vagissements des enfants qui pleurent dans ce lugubre séjour, pauvres et chères ombres, arrachées à la mamelle de leur mère et gémissant au fond du tombeau, par une mort prématurée qui ne leur permit pas de goûter les joies de la vie. Près d'eux sont ceux qui sont morts victimes d'injustes condamnations ; ce n'est point le hasard qui distribue les places, mais des juges choisis par le sort. Minos préside et tient en même temps l'urne fatale. C'est lui qui convoque les âmes à son tribunal, il examine tous les actes de leur vie et recherche tous les crimes qui la souillèrent. Non loin de là sont les infortunés qui, victimes d'un noir chagrin, ont mis fin à leurs jours jusqu'alors sans tache, en se donnant volontairement la mort ; ne pouvant supporter la vie ils l'ont rejetée avec horreur. Ah ! les malheureux qu'ils voudraient souffrir encore sur la terre, la pauvreté et les durs travaux, qu'ils seraient heureux de revoir la lumière des cieux ! Mais ces vœux sont inutiles, les destins implacables s'y opposent, un odieux marais les retient sur ses bords ; le Styx les enchaîne à jamais dans le lamentable séjour.

Tout près de ce séjour douloureux se trouve une plaine immense qu'on nomme le champ des Pleurs ; c'est là que dans les bosquets de myrtes aux allées solitaires, se promènent tristement ceux que le funeste Amour a consumés sur la terre ; là les victimes de ce dieu cruel errent seules dans ces sentiers mystérieux, la mort même est impuissante à guérir leurs maux ; là est Phèdre, Ériphyle, Pasiphaé, Laodamie et Cénis, autrefois jeune garçon devenu jeune fille dans les enfers et rendue à son premier sexe par le trépas.

Énée conversait avec quelques guerriers célèbres quand la prêtresse lui dit : « Voici l'endroit où la route se partage, celle qui est à droite conduit au palais de Pluton, c'est celle de l'Élysée ; celle qui est à gauche mène au Tartare, séjour des coupables et lieu de leur châtiment.

Énée se retourne tout à coup, et voit à gauche, au pied d'un roc, une vaste enceinte environnée d'une triple muraille autour de laquelle le rapide Phlégéthon roule des torrents de flammes, avec les fracas du tonnerre. En face est la porte de ce lieu. Soutenue par des piliers de fer massif, ni les efforts des hommes, ni la puissance des dieux ne sauraient l'ébranler. Une tour de fer s'élève dans les airs. Tisiphone est la gardienne assidue de ce séjour ; de là on entend des gémissements, des sifflements de fouets et le bruit des chaînes de fer que traînent les coupables. A ce bruit inusité, Énée s'arrête glacé d'horreur et prête l'oreille ; il demande à la Sibylle quels forfaits on punit dans ces lieux ; la déesse lui répond que nul homme juste ne peut entrer dans ce séjour des crimes, mais qu'ayant été conduite par Hécate dans ce lieu, elle peut satisfaire le désir du prince.

« Dans cet empire Rhadamanthe exerce un pouvoir terrible ; il recherche et punit sévèrement les pervers et leur arrache l'aveu des crimes qu'ils se réjouissaient d'avoir cachés sur la terre; l'arrêt est à peine prononcé que l'inexorable Tisiphone, munie d'un fouet, frappe sans pitié les coupables et insulte à leur malheur en leur présentant de la main gauche ses horribles serpents, et comme si cela ne suffisait pas, elle invite ses sœurs sans entrailles à la seconder. »

Alors les portes sacrées s'ouvrent avec un bruit qui porte la terreur au fond de l'âme.

« Tu vois, dit la prêtresse, quelle sentinelle garde l'entrée, quel monstre en défend l'accès; mais au dedans il y a une hydre plus affreuse encore, armée de cinquante gueules toujours béantes; plus bas se trouve le Tartare : là sont les Titans, ces vieux enfants de la terre, qui, renversés par la foudre, roulent à jamais dans l'abîme. Là sont ceux qui pendant leur vie ont haï leurs frères, maltraité leur père, trompé la bonne foi d'un client; les avares (ils sont nombreux) qui, pour eux seuls, ont accumulé des trésors considérables, sans en faire jouir leurs semblables, les adultères, égorgés pour leur crime.

« Mais hâtons-nous, dit la prêtesse d'Apollon : j'aperçois les murs forgés par les cyclopes; c'est sous cette sombre voûte que nous devons déposer notre offrande. »

Alors ils s'avancent ensemble sous de frais ombrages et arrivent au palais de Pluton à travers des bosquets fortunés, des sites délicieux, séjour du bonheur et de la joie. Énée suspend à la porte du palais le rameau mystérieux ; un air plus délicieux remplit ces campagnes et les colore d'une douce lumière ; les ombres qui habitent ce séjour de la félicité ont un soleil et des astres que les autres mondes ne connaissent point.

Les uns se plaisent aux exercices du corps et se livrent à d'innocents combats sur le gazon, d'autres se livrent à la danse et chantent des vers.

Ceux qui ont aimé, pendant leur existence, les armes, les coursiers, les chars, conservent ces goûts après leur mort.

Là les guerriers qui ont donné leur sang pour la patrie, les prêtres dont la vie fut vertueuse et chaste, les poètes religieux qui glorifièrent dans leurs vers Phébus, ceux qui par la découverte des arts ont accru le bonheur de la société, ceux enfin dont les services et les bienfaits ont mérité la reconnaissance des mortels ont tous le front ceint d'une bandelette blanche.

Énée revoit enfin son père et vint dans un vallon solitaire où il vit un bois isolé dont les rameaux agités par le vent font entendre un léger frémissement ; ce paisible séjour est baigné par les eaux du Léthé, sur ses rives voltigeaient des nations innombrables ; telles voltigent de fleurs en fleurs, dans les beaux jours de l'été, les abeilles. Énée ému de ce spectacle nouveau demande quel est ce fleuve lointain, quelle est cette foule immense répandue sur le rivage. « Ces âmes, dit Anchise, doivent bientôt animer de nouveaux corps; et elles viennent sur les rives du Léthé pour y boire avec l'eau de ce fleuve paisible l'oubli de leur passé. »

Le père du héros donne d'autres explications à son fils, avide de l'entendre : « De l'union de l'âme avec le corps, lui dit-il, naissent les craintes, les désirs, la joie. L'esprit enfermé dans l'obscure prison des sens ne peut voir les cieux même après que par la mort l'âme se trouve séparée du corps; elle ne s'affranchit des souillures qu'elle a contractées qu'après de longues épreuves, il faut que l'âme expie dans les châtiments les fautes du passé; ici les âmes suspendues dans le vide sont exposées au souffle des vents; là elles lavent, au fond d'un gouffre, le crime qui les a dégradées; d'autres purifient leur passé dans les flammes. Après avoir subi ces peines, nous sommes admis dans l'Élysée, mais il est donné à un petit nombre d'habiter pour toujours ces riantes campagnes; ce n'est qu'après un long espace de temps, alors que dégagées de tout mélange étranger, elles ont reconquis la pureté de leur céleste origine, qu'un dieu, après mille ans, les conduit sur les bords du Léthé afin que buvant l'oubli de leur ancienne vie, elles désirent rentrer dans de nouveaux corps et revenir sur la terre sans aucun souvenir du passé. »

Les croyances de Rome varièrent beaucoup dans le cours de son histoire; très hospitalière aux dieux étrangers, elle subit l'influence de tant de cultes que le caractère primitif de la religion fut complètement changé.

VIII

BOUDDHISME

Le fondateur du bouddhisme, Câkiamouni, naquit à Kapilavastou l'an 622 avant Jésus. Il était fils du roi Conddhodama et de la reine Mâyâ Devi, qui mourut sept jours après ses couches.

Quand le jeune homme fut en âge de se marier, on fit une liste de toutes les qualités que devait posséder sa fiancée. La gracieuse Daudapâni déclara posséder ces qualités et un jour elle se présenta dans le palais du roi avec plusieurs jeunes filles, les plus belles et les plus vertueuses qu'on avait pu trouver. Ce prince choisit Daudapâni, la charmante gopi. Ce mariage n'eut pas le résultat espéré, car bien qu'adoré de la plus belle fille que les yeux pouvaient contempler et entouré de toutes les splendeurs réunies dans le palais du roi son père, le Bouddha quitta secrètement toutes ces joies pour vivre d'aumônes dans les forêts, les déserts ou les villages.

Après six années de privations excessives et de

mendicité, cette existence lui apparut comme absolument contraire à la destinée humaine, et il y renonça pour toujours.

Le Bouddha Çâkiamouni mourut à quatre-vingts ans, et pendant cette longue vie ses vertus, son héroïsme, sa charité immense, sa grandeur d'âme, sa bienveillance envers tous, sa haute science, son large esprit de tolérance, sa haute morale, ses austérités, ne se démentirent jamais et semblent le placer en dehors de l'humanité. Devant lui toute distinction de classe disparaît, les princes ne sont point au-dessus des mendiants ou des esclaves, lui-même chargea des vieillards de rassembler des jeunes fille de n'importe quelle caste pour y choisir sa fiancée.

Au moment de quitter sa vie errante le Bouddha eut, comme Jésus, un terrible combat à soutenir contre le génie du mal. Mâna ou Papiyán ayant échoué dans sa tentation, convoqua tous les démons, mais ceux-ci ne furent pas plus heureux que Satan qui, désespéré, envoie auprès du Bouddha ses plus belles filles avec recommandation de déployer pour le séduire les provocations, les caresses et les charmes de le femme. Toutes les séductions des ravissantes Asparas échouèrent encore contre l'austérité du saint. Le diable tenta un suprême effort avant d'abandonner la lutte; comme cette dernière tentative resta comme les autres sans résultat, Satan comprit alors que sa domination sur les hommes était finie.

Le bouddhisme enseigna pour le salut, la foi, le langage sincère, la patience, recommanda de ne vivre que d'un métier honnête et de poursuivre un but loyal, pur. La méditation, un jugement sain, l'humilité, la résignation, le respect de la femme, des biens et de la vie d'autrui, la sobriété, furent en haute estime dans cette religion.

Les religieux devaient vivre d'aumônes dans les villages, les forêts, s'habiller de guenilles, ne faire qu'un seul repas par jour de 6 heures à midi.

Nous devons rendre cette justice au Bouddha qu'il employa toujours la persuasion et non la violence pour le triomphe de sa religion. Il prescrivit au coupable de confesser publiquement ses fautes, mais cet usage fut aboli plus tard; il ordonna également le célibat pour les prêtres.

Si nombreux que soient les textes de la religion bouddhique, il serait difficile d'en trouver un seul où les dogmes de l'existence de Dieu, de l'immortalité de l'âme et de l'origine de la création soient clairement exprimés. On est étonné que des dogmes d'une telle importance n'aient jamais été suffisamment expliqués et que cette religion qui compte près de cinq cent millions d'âmes, plus du tiers des habitants du globe, ait pu s'en passer.

La métempsycose ou la préexistence de l'âme dans le passé et ses renaissances dans l'avenir, constitue l'un des dogmes essentiels du bouddhisme; ce dogme n'a pas besoin de longues explications pour être compris; mais il en est un autre d'une importance extrême sur lequel il est impossible de s'exprimer avec certitude, c'est le *Nirvâna*. On a beau consulter les *Soutras*, la *Pradjnâpâramita*, l'un des plus célèbres ouvrages de la métaphysique du bouddhisme, on reste toujours dans le doute sur ce qu'on doit entendre par le Nirvâna; le Bouddha lui-même n'a jamais expliqué la signification précise de ce mot. Le Nirvâna promis comme récompense à ceux qui auront accompli leur devoir sur la terre signifie-t-il la vie se transformant dans le temps, mais subsistant toujours? exprime-t-il au contraire l'anéantissement absolu de toute existence physique et spirituelle, la fin définitive de tout être, le repos éternel? Eugène Burnouf et Barthélemy Saint-Hilaire pensent que le croyant qui atteint le Nirvâna ne revit jamais; cette opinion a trouvé d'illustres contradicteurs.

Il existe une autre religion où l'idée de Dieu n'apparaît pour ainsi dire jamais, comme dans le bouddhisme; c'est la religion chinoise. La religion primitive de la Chine ne nous offre aucune trace d'un premier principe présidant à la création.

L'un des plus grands génies de la Chine qui avait pu remonter fort loin dans le passé de ce pays ne nous dit rien sur ce sujet. Confucius était un grand moraliste, qui ne s'occupa que de morale et de politique; certes sa morale est sublime, elle donne d'excellents préceptes pour former des hommes distingués par la vertu et le talent ; mais quant à l'existence d'un premier être, ou à l'origine des choses, Confucius n'en parle jamais.

Quand les missionnaires chinois allèrent dans l'Inde pour chercher une religion nouvelle, ils y trouvèrent le bouddhisme qui pouvait facilement s'adapter aux croyances de leur pays, aussi la religion du bouddha fut très bien accueillie dans tout l'empire chinois.

Remarquons ici un fait unique peut-être dans l'histoire. Quand une religion se fonde, le maître ou les disciples portent leurs conceptions religieuses chez les autres peuples, la Chine au contraire envoya ses missionnaires chercher sa religion dans le pays où elle était née.

L'immortalité de l'âme est là non moins obscure que l'idée de Dieu ; on ne voit jamais très clairement la distinction de l'âme et du corps.

En ce qui regarde Dieu, on peut dire comme Voltaire : « Ces peuples ne nient ni n'affirment Dieu ; ils n'en ont jamais entendu parler. Prétendre qu'ils sont athées est la même imputation que si l'on disait qu'ils sont anticartésiens ; ils ne sont ni pour ni contre Descartes, ce sont de vrais enfants ; un enfant n'est ni athée ni déiste, il n'est rien. »

Quelles que soient les idées religieuses de ces peuples, ce que nous pouvons constater, c'est que depuis des milliers d'années, leur civilisation est restée immobile.

IX

LE CHRISTIANISME

Le christianisme a emprunté son dogme des peines et des récompenses de la vie future aux différentes religions du passé. L'état religieux de l'Orient plusieurs siècles avant la venue du Christ le prouve suffisamment. Les haines religieuses de ces époques lointaines, affranchies de tout frein pouvaient se donner libre carrière ; les préjugés de la foule entretenus par l'ignorance, enfantaient des excès de tous genres ; façonné par un tel milieu, l'homme poursuivait de ses rancunes implacables et aveugles quiconque pratiquait une autre religion que la sienne ; l'imagination, si riche sur cette terre d'Orient, s'était livrée aux écarts les plus étranges.

Au moment où se formulèrent les dogmes chrétiens, l'Afrique et l'Asie étaient peu connues, l'Amérique n'était pas découverte ; de l'antiquité on savait peu de chose, la terre était l'unique planète habitée dans la pensée chrétienne, les sciences physiques et naturelles n'existaient pas. Tant de découvertes permirent de constater l'existence de vieilles religions qui au même titre que le christianisme, affirmaient être les dépositaires de la vérité.

On s'aperçut enfin que la religion du Christ ne comprenait qu'une très faible partie de l'univers et que notre univers lui-même n'occupait dans l'infini qu'une place très modeste.

Quand naquit le christianisme, les intelligences supérieures connaissaient la doctrine de la pluralité des existences de l'âme et la considéraient comme une vérité admise de tout temps. Le Christ lui aussi connut cette doctrine, mais il ne pouvait révéler au peuple toute l'étendue de sa pensée, de fausses interprétations en auraient dénaturé le sens et compromis le développement; Jésus comprenait cela et disait : « J'ai encore beaucoup de choses à vous dire, mais vous n'êtes pas en état de les comprendre; quand l'Esprit de vérité sera venu il vous enseignera toute vérité[1].

Si ces idées eussent été possibles, leur influence eût été incalculable sur la marche de l'humanité.

Cependant il y eut dans les premiers siècles du christianisme, je me plais à le reconnaître, de généreuses tentatives pour faire entrer dans son sein la doctrine des réincarnations, ou de la préexistence et des vies successives de l'âme. La prédes-

---

1. S. Jean Ev. ch. XVI, 12 et 13.

tination de toute créature au bien fut également admise et défendue par des disciples éloquents; mais le grand Origène, qui fut l'âme de cette doctrine, mêla à ces graves conceptions quelques-unes des théories platoniciennes incompatibles avec la véritable fonction de l'homme ici-bas. Les idées d'Origène furent condamnées par le concile de Constantinople, et ce fut ainsi que le dogme de l'épreuve unique sur la terre et de l'éternité des peines fut définitivement admis par l'Église chrétienne. Mais cette décision est de médiocre autorité; les démentis que les conciles se sont donnés si souvent prouvent qu'ils ne sont pas infaillibles ; on pourrait surtout citer les deux célèbres conciles œcuméniques de Constance et du Vatican affirmant sur une question capitale, le contraire l'un de l'autre.

Deux hommes d'une haute intelligence, mais qui ne surent pas ou n'osèrent pas s'élever au-dessus des croyances de leur temps, saint Augustin et saint Ambroise, donnèrent au dogme que nous exposons le caractère sombre, redoutable et si peu digne de la majesté divine qu'il a conservé jusqu'à nous.

L'idéal de justice s'épurant et s'idéalisant de plus en plus dans les masses, celles-ci rejetteront peu à peu ce dogme incompatible avec le développement de la civilisation moderne.

PÉCHÉ ORIGINEL

L'Église a considéré jusqu'à ce jour le péché originel comme la base fondamentale du christianisme. Elle pense que sans cette faute du premier couple humain, qui s'est transmise à toutes les générations, le Christ n'aurait pas eu à racheter les hommes et la rédemption n'aurait pas eu sa raison d'être.

Telle n'est pas notre pensée, Jésus avait un rôle plus élevé à remplir parmi ses contemporains que celui de les racheter d'une faute qu'ils n'avaient pas commise. Jésus était investi d'une mission plus auguste et portait dans son âme un idéal plus réel et plus divin. Au milieu de la prodigieuse dépravation de son siècle, de l'idolâtrie monstrueuse de tout ce qui n'est ni le bien ni le beau, dans un monde où toute notion de justice était effacée, il était beau de venir arracher l'humanité à son sépulcre, de la rappeler à la grandeur de sa destinée. Sacrifier sa vie pour le progrès, la justice, l'union fraternelle des hommes, relever les humbles, les petits et les dédaignés, n'était-ce pas là un sacerdoce sublime?

Exposons, d'après la Bible, l'origine du péché originel.

Dieu, après avoir créé l'homme du limon de la terre, l'anima d'un souffle de vie, puis il le mit dans un jardin de délices afin qu'il le cultivât. Des arbres de toutes sortes embellissaient ce séjour; parmi eux se trouvaient l'arbre de vie et l'arbre de la science du bien et du mal; Dieu avait permis à Adam de manger du fruit de tous les arbres excepté du fruit de l'arbre de la science, de peur de mourir.

Adam et Ève étaient nus et n'en rougissaient point.

Le serpent, qui était le plus rusé de tous les animaux, dit à la femme : « Pourquoi Dieu vous a-t-il défendu de manger du fruit de tous les arbres du Paradis?

— Il nous est permis, répliqua la femme, de manger du fruit de tous les arbres excepté de celui qui est au milieu du jardin. L'Éternel nous a dit : Si vous mangez du fruit de cet arbre et si vous y touchez, vous mourrez.

— Vous ne mourrez point, dit le serpent, mais Dieu sait que dès que vous aurez mangé de ce fruit, vos yeux seront ouverts et que vous serez comme des dieux, connaissant le bien et le mal.

Ève voyant que le fruit de cet arbre était bon à manger, qu'il était beau, agréable à la vue et propre à ouvrir l'intelligence, en mangea, puis en offrit à Adam, qui en mangea aussi ; aussitôt leurs yeux furent ouverts, ils virent qu'ils étaient nus et prirent des feuilles de figuier pour s'en faire des ceintures.

Dieu se promenant le soir dans le Paradis terrestre, maudit le serpent, et parla ainsi à la femme :

« Je vous affligerai de beaucoup de maux pendant votre grossesse ; vous enfanterez dans la douleur, vous serez sous la puissance de votre mari et il vous dominera. »; puis s'adressant à Adam il lui dit : « Parce que vous avez écouté la voix de votre femme et que vous avez mangé du fruit que je vous avais défendu de manger, la terre sera maudite et vous n'en tirerez votre nourriture qu'au prix des plus durs travaux ; vous mangerez votre pain à la sueur de votre front. »

Dieu fit des habits de peaux à Adam et à Ève pour les revêtir.

Alors il dit : « Voilà Adam devenu *comme l'un de nous* [1], sachant le bien et le mal. Empêchons-le donc maintenant de porter la main à l'arbre de vie, de peur que, mangeant de son fruit, il ne vive éternellement [2]. »

---

1. Il y avait donc plusieurs dieux ?
2. *Genèse*, ch. II, 7, 9, 15, 16, 17, 25, ch. III, 1 à 5, 6, 7, 11 à 14, 16, 17, 21, 22.

On voit qu'Adam et Ève n'avaient aucune notion du bien et du mal et ne pouvaient être responsables de leur faute.

Ce récit de l'origine du mal a été accepté par les uns dans le sens littéral, par les autres dans le sens symbolique ; occupons-nous de ce dernier.

Le serpent séducteur dont parle la Bible n'est certainement pas l'animal que nous connaissons tous et qui nous inspire une si vive répugnance ; il désigne l'esprit du mal, les désirs qui portent le cœur vers les joies coupables de la vie ; il est l'emblème de tout ce qui nous éloigne du bien ; les deux arbres placés au milieu de l'Éden n'en formaient peut-être qu'un seul, peut-être était-ce le même arbre sous des aspects différents.

Le serpent ainsi que l'arbre peuvent facilement être conçus comme des abstractions et rentrer dans le domaine du mythe. La nature si délicate d'un tel sujet ne permet guère d'en donner une explication très précise. Quelques érudits admettent l'explication donnée par M. Gubernatis dans sa Mythologie des plantes.

C'est, selon l'Église, à cette faute que nous devons la mort et toutes les tribulations de notre courte existence ici-bas. Sans ce péché nous aurions été tous immortels et aurions joui de toutes les félicités que l'imagination se plaît à rêver.

Remarquons en passant que l'homme étant immortel et pouvant multiplier sa race à l'infini, il, serait arrivé un moment où non seulement le jardin donné à nos pères, mais encore la terre entière n'eût pas suffi à contenir tant d'êtres; chaque habitant n'aurait pu disposer d'un mètre carré pour se mouvoir; et nous ne parlons pas des animaux, il a été démontré que parmi eux il existe des espèces qui se multiplient avec une fécondité telle qu'à un moment donné les descendants d'une espèce quelconque envahiraient le globe entier, si la mort n'existait pas.

La mort, si nous en croyons la Bible, est indépendante des lois qui régissent l'organisme, elle est la conséquence du mal; mais les animaux meurent aussi, or n'ayant conscience ni du bien ni du mal, ils ne sont pas coupables.

Le dogme du péché originel a été reconnu, sanctionné et consacré par le deuxième concile d'Orange, par le pape Boniface II et enfin par le concile général de Trente[1].

Les paroles suivantes, empruntées à la Bible, pourront mettre, je crois, la conscience des croyants en repos sur cette prétendue tache originelle qui pèse d'un poids si lourd sur l'esprit de tant de gens superstitieux.

« L'Éternel me parla de nouveau et me dit : D'où vient que vous vous servez, parmi vous, de cette parabole et que vous l'avez fait passer en pro-

---

1. *Collection des conciles*, t. XXXV, Paris, 1644.

verbe dans Israël : Les pères ont mangé des raisins verts, et les dents des enfants en ont été agacées? »

« Je jure par moi-même, dit l'Éternel Dieu, que cette parabole ne passera plus en proverbe parmi vous.

« Si un homme est juste, et marche selon mes préceptes, *celui-là ne mourra point à cause de l'iniquité de son père*, mais il vivra.

« Son père qui avait opprimé les autres et commis des actions criminelles, *est mort à cause de sa propre iniquité.*

« Si vous dites : Pourquoi le fils n'a-t-il pas porté l'iniquité de son père? C'est parce qu'il a agi selon l'équité et la justice, c'est pourquoi il vivra.

« L'âme qui a péché mourra elle-même, *le fils ne portera point l'iniquité du père, et le père ne portera point l'iniquité du fils;* la justice du juste sera sur lui et l'impiété de l'impie sera sur lui.

« Si l'impie fait pénitence de tous les péchés qu'il avait commis, s'il garde tous mes préceptes, et agit selon l'équité et la justice, il vivra et ne mourra point.

« Je ne me souviendrai plus de toutes les iniquités qu'il avait commises, il vivra dans les œuvres de justice qu'il aura faites[1]. »

---

1. *Ézéchiel*, ch. XVIII, 1, 2, 3, 4, 5, 17, 18, 19, 20, 21, 22, 26.

Pour toute personne de bonne foi ces paroles sont une confirmation éclatante du grand principe de justice, qui veut que chacun soit responsable de ses propres actes et non de ceux des autres; ces paroles, enfin, sont écrasantes pour les défenseurs du péché originel; Dieu veut que chacun de nous soit son propre rédempteur.

Le Dieu que la raison proclame, que la conscience révèle n'a pas damné l'humanité entière, innocente de cette faute.

Les protestants, eux aussi, vouent à une damnation éternelle toute la postérité d'Adam; l'immortel Pascal, au contraire, trouve que « rien ne choque plus notre raison que de dire que le péché du premier homme ait rendu coupables ceux qui, étant si éloignés de cette source, semblent incapables d'y participer. »

On a osé soutenir que le soin que nous prenons de cacher notre corps à l'aide de vêtements était une preuve de la réalité du péché originel; nous rougissons de montrer le plus bel ouvrage du Créateur tel qu'il est sorti de ses mains. Remarquons que le visage est la seule partie de notre corps où viennent se peindre les sentiments de notre âme, la seule qui pouvait offrir à nos semblables des témoignages de notre prétendue déchéance originelle et que par conséquent il y avait intérêt à cacher; eh bien, c'est précisément cette partie-là qu'on n'a jamais songé à cacher, loin de là, on est heureux de la montrer quand elle est belle tandis qu'on voile tout ce qui ne rougit jamais sous l'empire d'aucune émotion. En vérité, cette preuve n'est pas sérieuse et cette manière de cacher sa honte ressemble singulièrement aux précautions que prendrait un chimiste voulant préserver sa tête et ses mains de l'action d'une substance dangereuse, en s'enveloppant soigneusement les pieds dans des étoffes précieuses. Dans nos musées, dans nos expositions, dans nos jardins publics, la créature humaine est souvent représentée dans sa nudité absolue et les enfants et les vieillards n'en sont point scandalisés.

Vous voulez que la honte soit l'aveu d'une faute, d'une tache, mais considérez donc la jeune fille dans sa candeur naïve, dans son innocence ingénue, elle rougit de tout et à propos de tout, et pourtant la jeune fille n'est-elle pas, dans sa simplicité, que la moindre chose effarouche, un véritable modèle de pureté, dites-moi si elle n'est pas un symbole de timidité et de vertu, regardez maintenant celle qui a foulé aux pieds tout ce qui fait la gloire et la grandeur de son sexe, celle-là ne rougit pas, et elle rougit d'autant moins qu'elle descend plus avant dans le vice; les héroïnes du naturalisme romantique n'ont aucune pudeur. L'homme au cœur pur, simple et bon est timide et modeste dans le sanctuaire de la famille, le forçat dans son bagne ne connaît aucune honte. Du reste, tout être doué d'une vive sensibilité est timide par cela seul que les moindres émotions se traduisent sur sa physionomie d'une manière expressive. Sans doute, c'est une grande torture morale pour celui qui n'a fait aucun mal de ne pouvoir se présenter dans le monde sans rougir comme s'il venait de commettre un crime. Mais si la timidité est un supplice qui oblige parfois de fuir ceux qu'on aime le plus et de renoncer à la famille, aux paisibles joies du foyer et qui, poussée trop loin, donne à toute personne une attitude gauche, embarrassée, souvent ridicule, qui fait accuser le meilleur cœur de fierté, d'orgueil ou de sécheresse, elle ne saurait néanmoins fournir aucun argument en faveur du péché originel.

D'un autre côté, si le vêtement avait pour but unique de cacher notre nudité, un vêtement aussi simple que possible, le même pour l'homme et pour la femme, eût suffi ; les bracelets et les colliers d'or ou de diamants sur les bras et les seins nus, la soie, le satin ou le velours étaient inutiles.

C'est l'instinct de la coquetterie, les exigences du climat, ainsi que les préjugés qui portent les peuples à se vêtir et à se parer comme ils le font. Le sauvage se tatoue le corps de couleurs brillantes pour le montrer ; l'homme préhistorique avait, lui aussi, ses objets de coquetterie. Les mœurs de Lacédémone, les fêtes licencieuses de Phénicie et de

Rome sous les Césars protestent contre une objection aussi puérile.

La morale humaine serait plus élevée et d'une logique plus sûre ; que d'imperfections dans cette justice, et pourtant elle ne punit pas l'innocent par cela seul qu'il est le fils d'un coupable, il a fallu de grands efforts de génie et toutes les ressources du sophisme pour faire accepter un tel dogme ; les défaillances de la raison ne sont pas irrévocables, tôt ou tard elle use de ses prérogatives, et remet en question ce qui semblait accepté de tous.

On a voulu voir une image de la solidarité du péché originel dans ce sentiment de répulsion et de mépris que nous éprouvons pour l'enfant d'un criminel. Si les parents usent leur énergie dans le désordre des passions ou se trouvent atteints de maladies graves, l'enfant qui naîtra d'eux portera la peine de leur conduite et héritera des maladies et des infirmités de son père et de sa mère. Dans cette grande question de l'hérédité, les médecins les plus éminents de ce siècle-ci s'inclinent devant la fatalité physique et rejettent dans l'ombre la responsabilité individuelle. Cette théorie détruirait toute idée de morale dans un grand nombre de faits et doit être rejetée. L'enfant, comme nous l'avons dit, s'est fait ce qu'il est dans les conditions que nous avons expliquées plus haut.

Les douleurs et les tristesses de l'existence ne suffisent point au christianisme, il faut travailler nous-mêmes à rendre cette existence aussi insupportable que possible ; l'Eglise veut que pour vivre on renonce à tout ce qui allège la souffrance, améliore notre condition terrestre, à tout ce qui enfin embellit et fait aimer la vie ; il semblerait que Dieu nous ait accordé la raison, l'imagination, l'ardente soif de connaître, des organes, des instincts impérieux pour nous infliger le supplice de Tantale que le mythe antique nous montre entouré de richesses et de l'abondance de toutes choses auxquelles il lui est interdit de toucher.

L'Église nous enseigne le mépris de la vie, elle exige la mortification de la chair jusqu'au martyre, elle nous interdit toutes les joies, même les plus naturelles ; la science de nos devoirs comme la raison ne nous défendent point de rechercher le bonheur, elles nous permettent au contraire un sage emploi de nos facultés ; cette pensée a été partagée par un homme qu'on n'aime guère à citer, mais qui cette fois a eu le sentiment du vrai. Loyola disait : « Puissiez-vous vous pénétrer de cette pensée que l'âme et le corps ont été créés par le même Dieu ; nous devons lui rendre compte des deux parties de notre être ; notre amour de Dieu ne nous oblige point à affaiblir l'une d'elles. »

Selon l'Eglise catholique, notre corps, quand nous cessons de vivre, demeure sur la terre où il se décompose ; l'âme dégagée de tout bien terrestre se présente devant Dieu, qui, assis sur son tribunal, la juge dans sa souveraineté ; l'âme du juste va au ciel, celle du coupable aux enfers. A la fin du monde la trompette du jugement dernier se fera entendre ; alors les corps reprendront leur première forme et les âmes qui les avaient abandonnés sur la terre les habiteront de nouveau ; les étoiles se détacheront du firmament, la lumière du soleil et de la lune sera obscurcie, c'est à ce moment que sera fixé le sort définitif de tous les mortels.

Saint Augustin prétend qu'on ressuscitera avec le corps qu'on avait à trente ans, et que chacun renaîtra avec le sexe qu'il possédait sur la terre ; ce sentiment est celui de la plupart des docteurs de l'Église. Laissons de côté cette trompette qui sera entendue de toutes les extrémités de la terre par des cadavres ; occupons-nous de choses plus sérieuses. Les étoiles doivent se détacher du firmament ; mais ces étoiles sont des soleils autour desquels tournent des terres comme la nôtre, ayant elles aussi leurs humanités, comment pourraient-elles disparaître à propos d'un petit monde comme le nôtre ? Les molécules ou éléments organiques qui formaient votre corps à une époque quelconque de votre vie ont appartenu avant vous à plusieurs êtres ; qui les possédera au dernier jour ? Qu'une jambe ait été perdue en Amérique, un bras en Océanie, un doigt en Afrique, un autre en Europe et le reste du corps dispersé au fond des mers profondes et lointaines, toutes ces parties séparées et tombées en poussière depuis des milliers de siècles se réuniront comme par enchantement pour reconstituer le corps que nous possédions sur la terre à un moment donné. Ainsi dans la vallée de Josaphat tous les corps détruits depuis des siècles par les vers et la pourriture ressusciteront avec le sang, les muscles, les os, les cheveux qu'ils avaient lorsqu'ils étaient vivants ? Le corps soumis à la crémation ou brûlé et dont les cendres auront été soigneusement conservées dans des urnes ou jetées au vent se changeront en bras, en jambes, formeront une tête, etc. Les momies desséchées que nous voyons dans certains musées d'Europe reprendront la fraîcheur de leurs premières années ?

D'après le Concile de Trente, saint Paul, saint Augustin, Bossuet, etc., le bien que nous sommes censé faire n'est point fait par nous, mais par Dieu. Il y a pour ces autorités les prédestinés au bien et les prédestinés au mal, nous sommes alors des marionnettes. Mais si nous ne sommes pas les auteurs de nos actions, si nous sommes voués au bonheur ou au malheur, qu'importe notre conduite ?

« C'est Dieu qui opère en vous et le vouloir et le faire [1]. » « L'Église sachant que c'est ce divin esprit qui fait en nous par sa grâce tout ce que nous faisons de bien [2]... » Comment peut-on prêter à Dieu de pareilles fantaisies, le *Quiétisme* de Fé-

---

1. *Épître aux Philippiens*, ch. II.
2. Bossuet, *Exposition de la doctrine catholique*.

nelon n'était pas moins dangereux, mais du moins ce grand esprit, fasciné, un moment, par l'ascendant d'une femme célèbre, reconnaît bientôt l'erreur et les dangers d'un tel système.

Il a été déclaré dans le deuxième canon du concile de Trente, que le coupable qui confesse ses péchés n'est absous qu'autant que le prêtre « a l'intention de faire ce que fait l'Église ».

Ainsi si le confesseur a été sous l'empire d'un sentiment différent de celui de l'Église, ce qu'on ne peut jamais savoir, vos péchés ne vous sont point remis, votre baptême, votre mariage n'ont aucune valeur devant Dieu.

Il est une croyance puérile profondément enracinée dans nos campagnes : le peuple croit que celui qui meurt d'une mort tragique était un être méchant et maudit. Rien ne pourrait lui enlever cette idée si le jour où le moribond quitte la vie est marqué par une violente tempête, par un vent furieux remplissant l'air de plaintes et de gémissements, par un orage menaçant éclatant dans un ciel sombre et livide.

Les chrétiens n'avaient que de fausses idées sur l'univers sidéral. Ils plaçaient l'*Enfer* au centre de la terre et autour de notre planète, qu'ils considéraient comme immobile, tournait le soleil ; au-dessus de la planète Saturne se trouve le firmament où sont fixées les étoiles ; par-dessus le firmament l'empyrée ou le séjour des bienheureux et des anges, telles étaient les idées de l'Église sur l'ordonnance de l'univers. Voici ce que pensait sur le prince de l'enfer saint Thomas d'Aquin : « Tous les changements qui peuvent se faire de nature et par les germes, le diable peut les imiter... Mais pour ce qui peut se faire sans germe, métamorphose d'homme en bête, la résurrection d'un mort, le diable ne peut les faire. » Le temps a marché depuis le moyen âge et tout le monde pense aujourd'hui sur ce sujet comme George Sand.

« Satan est seul sur la montagne où jadis il essaya de tenter le Christ. Personnification du mal absolu, menaçant l'homme d'une éternelle société avec lui et d'une torture éternelle sous ses lois. Le diable, cette création des âges de barbarie, a fait son temps et en attendant qu'il tombe sous la risée du peuple, il est permis aux poètes de le conduire au tombeau avec tous les honneurs dus à un symbole qui a tant vécu [1]. »

En ce qui concerne l'éternité des peines, nous devons faire remarquer que le mot éternel ne saurait être pris dans son sens absolu : la possession *éternelle* de la terre de Chanaan avait été promise par Dieu à Abraham et à sa postérité [2]. Saül devait régner *éternellement* sur Israël [3]. Le règne de la fa-

---

1. G. Sand.
2. *Exode*, ch. XIII, 15.
3. *Rois*, l. Ier, ch. XIII, 13.

mille de David devait être *éternel*[1]. Ces éternités dont on fait Dieu si prodigue sont finies depuis longtemps. Les textes sur lesquels on s'appuie sont contradictoires. « Il (Dieu) détruira tous les méchants [2]. Son ressentiment ne sera pas éternel [3]. Jéhovah soutient tous ceux qui tombent et relèvent tous ceux qui sont courbés [4]. »

Le dogme chrétien de l'éternité des peines et des récompenses a été reconnu et consacré par le quatrième concile général de Latran, par le concile de Florence (au XVe siècle) où se trouvaient réunis les docteurs et les représentants des églises grecque et latine, par le cinquième concile de Latran et par les décrets du concile de Trente. Saint Grégoire de Nysse et saint Clément d'Alexandrie rejettent ce dogme.

On croit pouvoir retenir l'homme sur la pente du mal en lui montrant sa perte irrévocable et des châtiments éternels; singulière illusion que l'expérience a depuis longtemps détruite. Le catholicisme adopta dès son origine ces croyances et depuis tant de siècles qu'elles sont enseignées nous voyons que les crimes et les passions n'ont point été bannis de la terre. L'homme ne croit pas à de tels châtiments, car ils répugnent à son bon

1. *Rois*, l. II, ch. VII, 13, 16 et suiv.
2. *Psaume* 145 v. 20.
3. *Psaume* 103, v. 9.
4. *Psaume* 145, v. 2.

sens, à sa raison et à l'idée qu'il se fait de la justice divine; nous pouvons donc dire que la crainte de ces châtiments dérisoires n'arrête point la main des criminels.

Comme du sein de la mort nous revenons à la vie et que de la vie nous allons à la mort, notre vie actuelle se trouve rattachée à nos existences passées et à venir par des liens indissolubles, nos châtiments et nos récompenses résultent des actions de nos existences passées. Des moralistes et des philosophes ont pensé qu'en offrant à l'homme la possibilité d'améliorer sa situation, d'expier ses fautes et de devenir vertueux dans l'une de ses existences futures on le pousserait peut-être à ajourner indéfiniment son retour au bien et sa perfectibilité.

Les résultats négatifs du dogme contraire, les considérations si puissantes qui militent en notre faveur rendent inutile toute réponse aux objections précédentes. L'enfer et le paradis de l'Église chrétienne étant absolument inutiles, ne sauraient exister, nous trouvons cet enfer et ce paradis dans toutes nos existences; nous nous créons à nous-mêmes l'enfer si nous vivons dans le mal et le paradis si nous vivons dans le bien.

L'un des plus nobles sentiments de l'âme humaine, la charité, se trouve étouffé dans le ciel chrétien; ce sublime instinct qui nous fait compatir à toute souffrance et nous porte à aider toute infortune ne peut s'exercer dans ce séjour des âmes vertueuses, comme nous le montre saint Thomas d'Aquin.

« Les bienheureux, dit-il, sans sortir de la place qu'ils occupent, en sortiront cependant d'une certaine manière en raison de leur don d'intelligence et de vue distincte *afin de considérer les tortures des damnés et en les voyant non seulement ils ne ressentiront aucune douleur, mais ils seront accablés de joie, et* ils rendront grâce à Dieu de leur propre bonheur en assistant à l'ineffable calamité des impies. »

Cynique et monstrueux égoïsme ; comment, nous resterons non seulement spectateurs indifférents, mais encore nous serons accablés de joie en voyant, dans l'enfer, les supplices et les tortures de nos pères, de nos mères, de nos frères, de nos sœurs, de nos enfants, de nos amis ? Quoi, dans ce ciel étrange il n'y aura pas une larme dans nos yeux, pas une plainte dans notre bouche, pas un regret dans notre cœur, pas un sentiment de pitié dans notre âme pour tant de créatures que nous aurons connues, que nous aurons aimées ? Il nous sera défendu de leur tendre la main et d'aider à leur réhabilitation afin qu'elles puissent revivre parmi nous ? Si un ami coupable se noie, est-ce qu'on reste sur le rivage les bras croisés, indifférent et heureux de le voir disparaître sous les flots ? Si un ami a quelque tort envers nous et qu'il demande à le réparer, nous lui en accorderons les moyens que le ciel lui refuse.

La religion chrétienne a voulu lier le salut de nos âmes à certaines pratiques religieuses, au baptême par exemple; on sait qu'elle promet le paradis à l'enfant qui a été baptisé et réserve à celui qui ne l'a pas été les *limbes* ou purgatoire spécial.

Quant à l'enfant qui ne fait qu'apparaître sur la terre et qui laisse de si vifs regrets, son existence fugitive peut être une expiation ou une épreuve pour lui et pour sa famille, du reste ce fait rentre dans les considérations générales que nous avons longuement traitées et qu'il est inutile de reproduire ici.

On se demande comment Dieu peut accorder des félicités éternelles à une âme qui n'a vécu que quelques secondes pendant lesquelles elle n'a pu faire ni bien ni mal, tandis qu'il impose à tant d'autres une longue vie semée d'épreuves si douloureuses, et comment l'enfant qui est mort sans baptême peut être damné pour un fait qui ne dépend pas de lui? Le baptême n'existe que depuis dix-neuf siècles et l'humanité, comme on le sait, est bien vieille! Écoutons saint Augustin: « Que personne ne promette aux enfants non baptisés un bien quelque part que ce puisse être, de repos ou de bonheur quelconque. Le Seigneur viendra juger les vivants et les morts, il en placera une partie à droite, l'autre à gauche, il dira à ceux de gauche : Allez au feu éternel, et à ceux de droite : Venez, les bénis de mon père, jouir du bonheur qui vous a été préparé dès l'origine du monde ; aucun lieu intermédiaire n'a été laissé où vous puissiez placer les enfants, donc ceux qui ne seront pas dans le royaume des élus seront dans le feu éternel [1]. »

Voilà deux enfants nés à la même heure, reposant sous le même toit : de célestes visions planent sur ces deux berceaux, ces frêles et angéliques créatures ignorent le bien et le mal, elles n'ont pu le faire ni l'une ni l'autre ici-bas.

On fait baptiser l'un, on diffère le baptême de l'autre qui meurt avant le jour fixé. Si nous demandons à la religion chrétienne quel sera dans ce cas le sort de ces deux enfants, elle nous répondra, comme nous l'avons vu, que le premier ira au ciel, et le second aux limbes. Mais ne voit-on pas qu'il n'a pas dépendu des deux enfants d'être ou de ne pas être baptisés et que par conséquent ils ne peuvent être ni punis ni récompensés pour un fait auquel ils n'ont pris aucune part ; ne sait-on pas que la morale la plus élémentaire et la logique naturelle exigent que chacun reçoive selon son mérite et porte la responsabilité des actes qui lui sont personnels ?

Console-toi donc, ô pauvre mère qui viens

---

[1]. S. Augustin, *Sermo* 294, *De baptismo parvulorum.*

de confier à la terre l'être en qui tu espérais revivre et qui a passé si vite du berceau à la tombe. Pendant neuf mois tu l'as nourri de ta plus pure substance : comme celui qui a été baptisé (sans qu'il ait rien fait pour cela), sa destinée n'est point interrompue, il la continuera de siècle en siècle et de monde en monde. Tous les deux sont frères des anges, car tous les deux ont été baignés des larmes d'une femme, imprégnés de son amour et sont sortis de son pauvre flanc déchiré !

Dieu dont la majesté et la justice dominent toutes les religions lui donnera comme au premier, selon les œuvres qu'il aura accomplies dans ses existences antérieures.

Quand les langues d'ici-bas voudront peindre en traits de feu la douleur suprême, elles n'auront qu'à regarder la femme dans l'œuvre sainte de son enfantement; quand le génie voudra laisser une image saisissante des souffrances terrestres, il n'aura besoin lui aussi que de contempler ce drame divin qui se joue si souvent sur la terre et dans lequel meurent tant de fois la mère et l'enfant.

X

L'ISLAM

OU RELIGION DES MUSULMANS

Mahomet, le fondateur de la religion musulmane, naquit à la Mekke en l'an 571. Il était âgé de quarante et un ans lorsqu'il conçut le projet de réunir dans une même foi les diverses tribus de l'Arabie; il se proclama l'envoyé de Dieu et choisit pour répandre sa religion douze disciples comme Jésus; il affirma que le koran lui avait été révélé par Dieu. Ce livre offre peu d'originalité; il est composé de récits, d'exhortations, de promesses et de menaces empruntés à la Bible, aux évangiles et aux traditions locales.

Le koran nie la trinité chrétienne [1], la divinité de Jésus et sa mort sur la croix : « Les infidèles n'ont point crucifié le Messie, ils ont mis à sa place un homme qui lui ressemblait. Dieu a enlevé

---

1. V. *Koran*, ch. LV, 1.

Jésus au ciel[1]. » Le Christ est considéré comme un apôtre semblable à ceux qui l'ont précédé[2]. L'unité de Dieu et l'immortalité de l'âme y sont affirmées en termes précis.

Le Musulman peut épouser quatre femmes à la fois ; les femmes sont inférieures aux hommes, grâce aux qualités que Dieu a accordées à ceux-ci.

Jugement dernier. — Lorsque retentira la trompette, les morts se réveilleront dans leurs tombeaux pour se réunir en un même lieu ; là le livre éternel des destinées, où se trouvent écrites les actions de tous les êtres, sera ouvert, le jugement prononcé, les bons seront conduits dans le paradis et les méchants dans l'enfer.

Paradis. — Le paradis promis par le prophète aux musulmans qui pratiquent le bien est d'un merveilleux que l'imagination orientale pouvait seule concevoir. Le séjour des élus est un magnifique jardin arrosé par de nombreux cours d'eau, de lait, etc.

Les fidèles, hommes et femmes, vêtus de soie et de velours, avec des bracelets d'or, vivront éternellement ; couchés sur des tapis moelleux et sous de mystérieux ombrages, entourés d'arbres chargés de fruits délicieux ; de gracieux enfants, qui resteront toujours jeunes, leur verseront en abondance les liqueurs les plus exquises ; des bos-

---

1. *Koran*, ch. iv, 156.
2. *Koran*, ch. v, 78, vi, 100.

quets féériques, des sites enchantés seront le partage des âmes justes. Les hommes possèderont selon leurs désirs des vierges sans tache, aux doux regards, des houris aux formes élégantes, aux grands yeux noirs. On gagne le paradis de Mahomet par les bonnes œuvres, l'humilité, l'aumône, le jeûne, la prière, la chasteté, la patience, le pélerinage à la Mekke[1].

Enfer. — Celui qui désobéit à Dieu, qui viole ses commandements et ne se conduit pas suivant la justice vivra pendant l'éternité dans les flammes de l'enfer. L'Éternel pardonne à ceux qui se repentent et pèchent par ignorance : les hypocrites seront aux derniers degrés. Chaque âme ne travaille que pour elle-même ; elle n'est responsable que de ses propres actes et ne portera point les fautes des autres. Dieu peut mettre fin aux tourments de l'enfer.

Au fond de la ténébreuse demeure, croît l'arbre de Zakkoum, à l'aspect étrange ; les cimes de cet arbre ressemblent à des têtes de démons et sont destinées à nourrir les damnés qui n'ont pour toute boisson que de l'eau bouillante[2].

1. Voyez sur le paradis *Koran*, ch. ix, 73 ; xiii, 23 ; xvi, 99, xviii, 30 ; xxxiii, 35 ; xxxvii, 47 ; xliv, 51 à 56.
2. Voyez *Koran*, ch. vii, 164 ; xxxvii, 60 à 66 ; xxix, 9.

CLASSIFICATION DES RELIGIONS

D'APRÈS LE NOMBRE DES CROYANTS

Bouddhistes	500	millions
Catholiques	200	—
Brahmanistes	150	—
Protestants	110	—
Grecs	80	—
Mahométans	80	—
Israélites	6	— 500
Sectes chrétiennes	10	—
Religions diverses connues	244	—
Religions diverses inconnues	19	— 500
	1,400 millions ».	

M. Hübner donne pour les deux derniers nombres 240 millions et 16 millions.

LIVRE VIII

LA VIE JUGÉE PAR LES GRANDS GÉNIES

I

LA VIE JUGÉE PAR LES GRANDS GÉNIES DE TOUS LES TEMPS

Bien que la vie terrestre de l'homme, si longue que puisse en être la durée, ne soit qu'un épisode très court de ses innombrables existences, ou un éclair fugitif dans le temps, cette vie n'en est pas moins l'objet de nos continuelles préoccupations. Ce n'est donc point un motif de vaine et frivole curiosité qui nous pousse à rechercher ce que les plus grands génies de tous les temps et de tous les lieux ont pensé de notre existence d'ici-bas.

Il est si vrai que le malheur est au fond de toute existence en ce monde qu'il est impossible à l'homme de réfléchir à sa condition sans en ressentir une amère tristesse ; si au moment de mourir on lui demandait s'il voudrait recommencer une nouvelle vie semblable à celle qui va finir, il est certain qu'il répondrait presque toujours non. Le passé n'a laissé que de doux souvenirs dans notre âme, le présent est prospère si vous voulez, mais que sera l'avenir?

Hélas! faut-il le dire, chez tous la note est triste et empreinte d'une profonde mélancolie! La souffrance, les maladies, les deuils, la mort de ceux qui nous sont chers, la nôtre aussi, les revers, les déceptions, les déchirements du cœur, la calomnie, les luttes, les soucis, les épreuves, les larmes, le malheur enfin sous toutes ses formes ne sont-ils pas la monnaie ordinaire dont la destinée nous fait payer le semblant de bonheur et les quelques joies qu'elle consent à nous accorder? Si brillante que soit la situation de l'homme, il faut l'amuser, le divertir, l'occuper sans cesse, l'empêcher de penser à sa destinée afin que sa vie soit tolérable. Tout le monde connaît les pages brûlantes où Lamartine nous parle des innocents stratagèmes qu'employait Graziella pour le distraire. Nul souci sur le front de la jeune fille, tout en elle était amour, joie et ivresse; eh bien, quelles sont les impressions que le poète a conservées des moments les plus délicieux passés avec Graziella? La belle enfant se livrait avec son frère à une danse entraînante, aux sons des instruments de musique en usage chez les familles pauvres d'Italie; laissons parler Lamartine.

« Bien que les instruments fussent gais et que les attitudes fussent celles de la joie, les airs étaient tristes.... Il en est ainsi de la musique partout où elle n'est pas un vain jeu de l'oreille, mais un gémissement harmonieux des passions qui sort de l'âme par la voix. Tous ses accents sont des soupirs, toutes ses notes roulent des pleurs avec le son. On ne peut frapper un peu fort sur le cœur de l'homme sans qu'il en sorte des larmes; tant la nature est pleine au fond de tristesse! et tant ce qui la remue en fait monter de lie à nos lèvres et de nuages à nos yeux. » Quand la jeune fille dansait la tarentelle, emportée par une gaieté folâtre, même alors, ajoute le poète : « Il y avait dans l'air, dans les attitudes, dans la frénésie même de ce délire, quelque chose de sérieux et de triste, comme si toute joie n'eût été qu'une démence passagère et comme si, pour saisir un éclair de bonheur, la jeunesse et la beauté même avaient besoin de s'étourdir jusqu'au vertige et de s'enivrer de mouvement jusqu'à la folie! »

« Triste est la voix de tous les âges, la voix de l'homme sur lui-même, de ce pauvre insecte qui chante quelques jours devant Dieu sa jeunesse et ses amours, et puis se tait pour l'éternité. »

Heureux dans les épreuves de la vie celui dont le cerveau n'est pas épuisé par l'étude, la méditation, il conservera pour réagir sur les événements de la vie une plus grande vigueur physique. Plus l'homme se rapproche de l'animal, et l'animal de la plante par le sentiment de leur être, et moins ils souffrent. C'est au sommet de l'intelligence qu'on rencontre les plus grandes tristesses morales. Nous n'avons ici-bas qu'une très petite somme de bonheur à dépenser, aussi au sein des joies les plus vives, lorsque tout nous sourit et que l'inconstante fortune semble avoir comblé nos vœux les plus chers, il se mêle à nos félicités je ne sais quel sentiment de mélancolie involontaire, une crainte instinctive, un vague pressentiment de quelque adversité s'empare subitement de nous. Je suis trop heureux, il m'arrivera quelque malheur, cela ne peut pas durer longtemps ainsi ou finira mal, voilà les expressions qui de tout temps ont jailli du cœur de l'homme au sein de ses prospérités continues, de ses faveurs ou de ses joies trop vives; dans ses plus grandes joies il voit des larmes. Bien que l'homme soit le plus malheureux des êtres, il est pourtant le seul à qui le rire ait été donné.

Écoutons maintenant la voix des siècles et les soupirs du génie.

II

Périsse le jour qui m'a vu naître et la nuit en laquelle il a été dit : un homme a été conçu !

Que ce jour se change en ténèbres ; que du haut du ciel Dieu ne le cherche point et qu'il soit à jamais privé de la lumière !

Qu'il soit enveloppé des ténèbres et des ombres de la nuit; qu'il soit entouré de noires vapeurs et plongé dans l'amertume !

Que cette nuit soit solitaire et indigne de louange !

Qu'elle soit maudite par ceux qui maudissent le jour... parce que cette nuit n'a point fermé le ventre qui m'a porté et détourné les maux de mes yeux !

Pourquoi ne suis-je pas mort dans le sein de ma mère ? Ou aussitôt que j'en suis sorti !

Pourquoi m'avoir reçu sur ses genoux et nourri du lait de son sein ?

Car maintenant, je dormirais tranquille et me reposerais dans mon sommeil...

C'est là que trouvent le repos ceux dont les forces sont épuisées.

C'est là que ceux qui étaient autrefois enchaînés ensemble ne souffrent plus et n'entendent plus la voix de leur oppresseur.

Pourquoi la vie a-t-elle été donnée à ceux qui sont dans l'amertume du cœur, et qui tressaillent de joie lorsqu'ils ont enfin trouvé le tombeau?...

La vie de l'homme sur la terre est un combat, et ses jours sont comme les jours du mercenaire.

Comme le nuage se dissipe et passe, ainsi celui qui descend dans l'abîme ne remontera plus!...

L'homme né de la femme vit peu de jours, et ces jours sont abreuvés d'amertume.

Comme la fleur, il s'élève et est cueilli; il fuit comme l'ombre et ne demeure jamais dans le même état.

Les jours de l'homme sont courts; leur nombre est entre vos mains; vous avez marqué les bornes de sa vie qu'il ne peut franchir.

L'arbre qu'on a coupé n'est point sans espérance; il peut reverdir et pousser de nouveaux rejetons.

Mais quand l'homme est mort, dépouillé et consumé, qu'est-il devenu, je vous prie?

L'homme une fois mort, pensez-vous qu'il revive?

JOB.

Vanité des vanités, dit l'*Ecclésiaste*, et tout n'est que vanité.

Que retire l'homme de tout le travail qui l'occupe sous le soleil?

J'ai vu tout ce qui se fait sous le soleil, et j'ai vu que tout n'était que vanité et affliction d'esprit...

J'ai dit en moi-même : Prenons toutes sortes de délices et jouissons des biens, et j'ai reconnu que tout cela n'était que vanité.

J'ai condamné les ris de la folie, et j'ai dit à la joie : Pourquoi me trompez-vous si vainement ?

J'ai fait faire des choses magnifiques; des maisons, des jardins; j'ai eu des serviteurs et de nombreux esclaves; j'ai eu des musiciens et des musiciennes, et tout ce qui fait le bonheur des enfants des hommes.

De tout ce que mes yeux ont désiré, je ne leur ai rien refusé, et j'ai permis à mon cœur de jouir de toutes sortes de plaisirs, et j'ai reconnu qu'il n'y avait en tout cela que vanité et affliction d'esprit.

Qui deviendra le maître de tous les ouvrages où je me suis appliqué avec tant de peine et de travail ?

Car après qu'un homme a bien travaillé à acquérir la science et la sagesse, et qu'il s'est donné tant de peine, il laissera tout ce qu'il a acquis à une personne qui n'aimera que l'oisiveté.

L'ECCLÉSIASTE.

L'embryon est suspendu dans un liquide, sa position dans le sein de sa mère est gênée, il souffre pendant son développement, vit dans l'ordure et ne peut se mouvoir ; il naît avec de cruelles douleurs, il est privé de connaissance, sa vie dépend de la volonté des autres, il est à leur merci. Les douleurs l'accompagnent pendant l'enfance, plongé dans l'ignorance, il ne sait d'où il vient ni où il va, ni ce qu'il faut faire, il ignore sa nature, son essence, il ne sait ce que c'est que le mal ou le bien, le vice et la vertu. Avec la vieillesse le corps devient informe, les membres perdent leur vigueur, le visage est amaigri et ridé, l'œil ne distingue plus les objets qu'à une faible distance ; son corps tremble, le dos est voûté, l'appétit est éteint, les mouvements pénibles, l'oreille engourdie, de la bouche coule une salive repoussante ; les sens éteints n'obéissent plus à la volonté, le vieillard est soulevé et habillé par des étrangers ; objet de mépris pour ses serviteurs, ses amis et sa femme, il ne peut se tenir propre, tout amusement lui est interdit ; raillé par ses inférieurs, délaissé par ses parents, les mains et les jambes sans force, il regrette sa jeunesse.

La pensée de redescendre sur la terre après la mort pour traverser de nouveau l'existence le tourmente.

Pendant toute sa vie l'homme est plongé dans l'affliction ; tout ce qui se rattache à lui est une semence de chagrin; femmes, enfants, serviteurs, maisons, terres, richesses, tout cela contribue beaucoup plus au malheur qu'à la félicité.

Visnnou Pourana, liv. IV et V.

Je n'avance rien d'extraordinaire et qui ne soit connu en quelque sorte de tous, lorsque je dis que pour tout animal, la vie est un état de souffrance et cela dès le commencement, soit qu'on le considère lorsqu'il est encore dans le sein de sa mère... ou dans ses premières années. Nous convenons tous que cet âge est accompagné de peines infinies. Vient ensuite un temps très court, où l'homme semble respirer pour quelques moments, c'est le milieu de la vie. Mais la vieillesse qui s'avance à grands pas fait souhaiter à quiconque n'est pas rempli de préjugés enfantins de ne pas recommencer une autre carrière, lorsqu'il jette les yeux sur celle qu'il vient de parcourir.

Platon.

Tandis que je considérais ce spectacle, il me sembla que la vie des hommes est une longue procession dont la fortune ordonne et règle les rangs, assignant à chacun de ceux qui la composent leurs différents costumes. Elle prend l'un au hasard, lui met une couronne sur la tête; elle revêt l'autre d'un habit d'esclave, pare celui-là des grâces de la beauté, rend celui-ci laid et ridicule, car il faut de la variété dans le spectacle. Souvent, au milieu de la procession, elle change le rôle et le costume des acteurs ; elle transforme la pourpre de Crésus en habit de laquais et de prisonnier; elle donne à Méandre, qui jusque-là n'avait marché qu'avec les valets, la royauté de Polycrate, et lui permet de jouer quelque temps ce personnage. Mais, quand la procession est finie, chacun rendant sa parure et dépouillant ses vêtements d'emprunt redevient ce qu'il était auparavant, sans différer en rien de son voisin. Beaucoup, par ignorance, se désolent et se fâchent lorsque la fortune leur redemande les ornements qu'elle leur avait fournis.

LUCIEN.

Oh! combien s'aveuglent sur leurs misères ceux qui ne bénissent pas la mort comme la plus belle institution de la nature! Soit qu'elle vienne clore une destinée prospère, soit qu'elle chasse le malheur présent, soit qu'elle éteigne le vieillard ou rassasié ou las de vivre, soit qu'au printemps de l'âge, durant ses rêves de félicité, elle moissonne l'homme en sa fleur, soit qu'elle rappelle l'enfance avant les rudes journées du chemin, la mort qui pour tous est le terme, pour beaucoup le remède, que souhaitent quelques-uns, ne mérite jamais mieux de nous que lorsqu'elle n'attend pas qu'on l'invoque. Elle affranchit l'esclave en dépit de son maître, dégage le captif de sa chaîne et tire de prison ceux qu'une ombrageuse tyrannie y retenait sans pitié. Si la fortune a mal réparti des biens communs à tous ; si, de deux êtres nés égaux, elle a livré l'un en propriété à l'autre, la mort rétablit l'égalité. Chez elle on ne fait rien de par le caprice de personne, et on ne sent point la bassesse de son état ; c'est elle dont la porte est ouverte à tous... La servitude n'est plus si fâcheuse quand, dégoûté du maître, on n'a plus qu'un pas à faire pour être libre. Contre les injures de cette vie, j'ai le bienfait de la mort.

Sénèque.

Le temps que dure la vie de l'homme n'est que d'un instant, il vit dans un mouvement continuel, ses sensations sont obscures et son corps marche de lui-même vers la corruption. Son âme est un tourbillon, sa destinée une énigme insoluble, la gloire une indéterminée. Enfin tout ce qui appartient au corps est un fleuve qui s'écoule, ce qui regarde l'âme n'est qu'illusion et fumée, l'existence est un combat, la vie une halte en pays étranger, la célébrité l'oubli.

L'empereur Marc-Aurèle.

La pâle mort frappe à la chaumière du pauvre, comme au palais des rois, ô fortuné Sestius, et la courte durée de la vie nous interdit l'illusion des longues espérances. Bientôt la nuit fatale pèsera sur toi.

Ne cherche point, ô Leuconoé, à connaître, malgré les dieux, quel terme ils ont mis à nos jours... Oh! qu'il vaut bien mieux se soumettre à tout ce qui peut arriver!

Docile aux conseils de la sagesse, filtre tes vins et mesure tes espérances à la courte durée de la vie; tandis que nous parlons, le temps jaloux s'enfuit; jouissons d'aujourd'hui sans trop croire à demain...

La même nuit nous attend tous; tous nous devons fouler une fois le chemin de la mort... Les funérailles de l'enfance et de la vieillesse se confondent!

C'est le repos que demande aux dieux le navigateur surpris au milieu de la mer... Mais ce repos... ni les pierres précieuses, ni la pourpre, ni l'or ne sauraient l'acheter; non, ni les trésors des rois, ni les licteurs consulaires ne peuvent charmer les troubles douloureux de l'âme, ni les soucis qui voltigent sous les lambris dorés.

> ....bene est, cui deus obtulit
> Parca quod satis est manu.

Heureux le mortel à qui d'une main prudente les dieux ont accordé le nécessaire!

HORACE.

Jamais l'aurore, jamais la sombre nuit n'ont visité ce globe sans entendre, à la fois, les cris plaintifs de l'enfance au berceau et les sanglots de la douleur éplorée auprès d'un cercueil!

Lucrèce.

Être ou ne pas être, voilà la grande question! Y a-t-il plus de courage pour l'âme à soutenir les assauts et les traits poignants de la cruelle fortune que de s'armer contre un océan de passions déchaînées et d'y mettre fin en les combattant? Mourir, c'est dormir, rien de plus. Et dire que ce sommeil met un terme aux peines du cœur et aux mille douleurs que la nature a données pour apanage à notre pauvre chair! C'est là un dénouement que l'on doit vivement souhaiter. Mourir! dormir! rêver peut-être; voilà le mystère! Quels rêves ferons-nous dans ce sommeil, où nous aurons dépouillé notre enveloppe mortelle? Voilà ce qui m'arrête; voilà la pensée qui fait que les souffrances ont une durée si longue! Quel est l'homme qui pourrait se résoudre à supporter les outrages, les fléaux du monde, les injustices d'un tyran, les affronts de l'homme hautain, les déchirements de l'amour dédaigné, les lenteurs de la justice, l'insolence des gens en place, les mépris dont les hommes indignes accablent le mérite résigné quand cet homme peut si facilement se procurer le repos.

Qui consentirait à gémir et à suer sous le fardeau d'une vie accablante, si ce n'était la terreur de quelque chose après la mort ?

Ce pays inconnu d'où nul voyageur ne revient, voilà ce qui ébranle et trouble la volonté ; voilà ce qui fait que nous nous résignons à souffrir les maux qui nous accablent, plutôt que de fuir vers ceux qui nous sont inconnus !...

La vie n'est qu'une ombre ambulante, c'est le pauvre comédien qui se pavane et s'agite tant que dure son heure, sur les planches du théâtre, après quoi on n'entend plus parler de lui.

SHAKESPEARE.

Heureux âge et siècles heureux que ceux auxquels les anciens donnaient le nom d'âge d'or, non point parce que ce métal, qui s'estime tant dans cet âge de fer, se recueillait sans aucune peine à cette époque fortunée, mais parce qu'alors ceux qui vivaient ignoraient ces deux mots : *tien* et *mien !* En ce saint âge toutes choses étaient en commun. Pour se procurer l'ordinaire soutien de la vie, personne, parmi les hommes, n'avait d'autre peine à prendre que celle d'étendre la main et de cueillir sa nourriture aux branches des robustes chênes, qui conviaient libéralement les mortels au festin de leurs fruits. Les claires fontaines et les fleuves rapides leur offraient en abondance des eaux limpides et délicieuses. Dans les fentes des rochers et dans le tronc des arbres, les diligentes abeilles établissaient leurs républiques, offrant sans nul intérêt, à la main du premier venu, la fertile moisson de leur doux labeur. Tout alors était paix, amitié, concorde. Le soc aigu de la pesante charrue n'osait point ouvrir et déchirer les pieuses entrailles de notre première mère; car, sans y être forcée, elle offrait, sur tous les points de son sein fertile, ce qui pouvait alimenter, satisfaire et réjouir ses enfants.

Alors les naïves et folâtres bergerettes s'en allaient de vallée en vallée, de colline en colline, la tête nue, les cheveux tressés, sans autre vêtement que ceux que savait inventer leur ingénieuse candeur, et leurs atours n'étaient point comme ceux dont on fait usage aujourd'hui où la soie et la pourpre se plient aux mille fantaisies de la coquetterie; c'étaient des feuilles d'arbres, avec lesquelles elles allaient peut-être aussi parées que le sont de nos jours les femmes de la cour avec les inventions étranges que leur a enseignées l'oisive curiosité. Alors les amoureux mouvements de l'âme se montraient avec ingénuité comme elle les ressentait, sans chercher pour les faire valoir d'artificieuses paroles; point de fraudes, point de mensonges, point de malice qui vinssent se mêler à la franchise, à la bonne foi. La justice seule faisait entendre sa voix, sans qu'osât la troubler celle de la fureur ou de l'intérêt qui l'étouffe et l'opprime maintenant ; la loi du bon plaisir ne s'était pas encore emparée de l'esprit du juge ; les jeunes filles et l'innocence marchaient de compagnie, sans guide, sans défense et sans avoir à craindre que la médisance ou de criminels desseins ne souillassent leur vertu.

CERVANTES.

Il est à remarquer qu'il faut ou gagner les hommes ou les t..., parce qu'ils se vengent des offenses légères, ce qu'ils ne peuvent pas faire pour les grandes ; de sorte que lorsqu'on offense un homme, il faut faire en sorte qu'il ne puisse pas se venger...

Il y a si loin de la manière dont on vit à celle dont on devrait vivre, que celui qui laisse ce qui se fait pour ce qu'on devrait faire, apprend à se ruiner plutôt qu'à se préserver...

Est-il mieux d'être aimé que craint ou mieux vaut-il être craint qu'aimé ?..... Il est plus sûr d'être craint qu'aimé. Car on peut dire que tous les hommes, en général, sont ingrats, inconstants, dissimulés, lâches devant le danger et âpres au gain... Les hommes craignent moins d'offenser celui qui se fait aimer que celui qui se fait redouter, car l'amour est un lien que les hommes, qui sont tous méchants, rompent aussitôt qu'ils y trouvent leur intérêt, au lieu que la crainte est entretenue par la peur de la peine qui ne les quitte jamais... Mais il faut savoir bien jouer son rôle, il faut être habile à feindre et à dissimuler, car les hommes sont si simples et si accoutumés à obéir aux circonstances, que celui qui trompe trouvera toujours quelqu'un à tromper.

MACHIAVEL.

Il ne faut pas avoir l'âme fort élevée pour comprendre qu'il n'y a point ici de satisfaction véritable et solide; que tous nos plaisirs ne sont que vanité; que nos maux sont infinis; et qu'enfin, la mort, qui nous menace à chaque instant, doit infailliblement nous mettre dans peu d'années dans l'horrible nécessité d'être éternellement ou anéantis ou malheureux.

Il n'y a rien de plus réel que cela ni de plus terrible. Faisons tant que nous voudrons les braves, voilà la fin qui attend la plus belle vie du monde. Qu'on fasse réflexion là-dessus, et qu'on dise, ensuite, s'il n'est pas indubitable qu'il n'y a de bien en cette vie qu'en l'espérance d'une autre vie...

Je ne sais qui m'a mis au monde, ni ce que c'est que le monde, ni que moi-même. Je suis dans une ignorance terrible de toutes choses. Je ne sais ce que c'est que mon corps, que mes sens, que mon âme et cette partie même de moi qui pense ce que je dis, qui fait réflexion sur tout et sur elle-même et ne se connaît non plus que le reste. Je vois ces effroyables espaces de l'univers qui m'enferment, et je me vois attaché à un coin de cette vaste étendue sans que je sache pourquoi je suis plutôt placé en ce lieu qu'en un autre, ni pourquoi ce peu de temps qui m'est donné à vivre m'est assigné à un point plutôt qu'à un autre de toute l'éternité qui m'a précédé et de toute celle qui me suit...

Comme je ne sais d'où je viens, aussi je ne sais où je vais; et je sais seulement qu'en sortant de ce monde je tombe pour jamais ou dans le néant ou dans les mains d'un Dieu irrité, sans savoir à laquelle de ces deux conditions je dois être éternellement en partage...

Qu'on s'imagine un nombre d'hommes dans les chaînes, et tous condamnés à mort, dont les uns étant chaque jour égorgés à la vue des autres, ceux qui restent voient leur propre condition dans celle de leurs semblables, et, se regardant les uns les autres avec douleur et sans espérance, attendent leur tour : c'est l'image de la condition des hommes.

PASCAL.

Que ne puis-je vous faire voir l'ennui qui dévore les grands, et la peine qu'ils ont à remplir leurs journées! L'obsession où ils sont de cette multitude de valets dont ils ne peuvent se passer ; l'inquiétude qui les porte à changer de lieu sans en trouver un qui leur plaise ; l'ennui qui les suit jusque sur le trône ! Ne voyez-vous pas que je meurs de tristesse dans une fortune qu'on aurait eu peine à imaginer... J'ai été jeune et jolie, j'ai goûté des plaisirs, j'ai été aimée partout dans un âge plus avancé ; j'ai passé des années dans le commerce de l'esprit, je suis venue à la faveur et je vous proteste que tous les états laissent un vide affreux, une inquiétude, une lassitude, une envie de connaître autre chose, parce qu'en tout cela rien ne satisfait entièrement.

Madame de MAINTENON.

Qu'est-ce que la vie humaine, qu'une mer furieuse et agitée, où nous sommes sans cesse à la merci des flots... Que sont les hommes eux-mêmes, que les tristes jouets de leurs passions insensées et de la vicissitude éternelle des événements... Ils flottent au gré de l'inconstance des choses humaines, voulant sans cesse se fixer dans les créatures et sans cesse obligés de s'en déprendre croyant toujours avoir trouvé le lieu de leur repos, et sans cesse forcés de recommencer leur course ; lassés de leurs agitations et, cependant toujours emportés par le tourbillon... Ils boivent jusqu'à la lie toute l'amertume de leur calice ; ils ont beau le verser d'un vase dans un autre, se consoler d'une passion par une passion nouvelle, d'une perte par un nouvel attachement... l'amertume les suit partout.

MASSILLON.

Toute notre sagesse consiste en préjugés serviles : tous nos usages ne sont qu'assujettissement, gêne et contrainte. L'homme civil naît, vit et meurt dans l'esclavage.

Tout ce qui tient à l'homme se sent de sa caducité, tout est fini, tout est passager dans la vie humaine et quand l'état qui nous rend heureux dureroit sans cesse, l'habitude d'en jouir nous ôterait le goût. Si rien ne change au dehors, le cœur change, le bonheur nous quitte ou nous le quittons.

Nous jugeons trop du bonheur sur les apparences : nous le supposons où il est le moins ; nous le cherchons où il ne saurait être : la gaieté n'en est qu'un signe très équivoque. Un homme gai n'est souvent qu'un infortuné qui cherche à donner le change aux autres et à s'étourdir lui-même. Ces gens si riants, si ouverts, si sereins dans un cercle, sont presque tous tristes et grondeurs chez eux. Le vrai contentement n'est ni gai ni folâtre ; jaloux d'un sentiment si doux, en le goûtant on y pense, on le savoure, on craint de l'évaporer. Un homme vraiment heureux ne parle guère et ne rit guère ; il resserre pour ainsi dire le bonheur autour de son cœur. Les jeux bruyants, la turbulente joie voilent les dégoûts et l'ennui. Mais la mélancolie est amie de la volupté; l'attendrissement et les larmes accompagnent les plus douces jouissances et l'excessive joie elle-même arrache plutôt des pleurs que des ris.

J.-J. ROUSSEAU, *Emile*, liv. IV et V.

La franchise, cette qualité noble et généreuse qu'on ne trouve plus, pas même dans nos romans, n'est plus la manie que d'un certain nombre d'hommes qu'on nomme fous ou imprudents... Cependant elle est presque toujours la marque d'une âme véritablement élevée, et le plus souvent aussi elle est accompagnée d'un courage indomptable. Être sincère dans le monde, c'est se présenter au combat avec des armes inégales, et lutter, le sein découvert, contre un homme plastronné qui vous tend un poignard. Les vains compliments, les perfides protestations qui surchargent tous nos discours nous accoutument à tout altérer, à tout exagérer; et l'on ne peut penser, sans indignation, à quel bas prix on doit réduire dans le cours de cette fausse monnaie, les expressions les plus énergiques d'amitié, de bienveillance, de soumission, l'on offre tout parce que l'on ne peut rien donner. Eh! qu'on ne croie pas que ces faussetés de convention n'influent point sur la conduite et sur l'âme. Celui qui prostitue ses lèvres ne peut avoir un cœur pur. L'habitude et l'exemple encouragent parce que la plupart des hommes n'ont point de caractère...

Celui qui a dit qu'on doit vivre avec son ami comme devant devenir notre ennemi était peut-être fort prudent; mais cette maxime n'est pas à notre portée; elle sent trop la ruse; elle ravit un des plus grands plaisirs de la vie.

MIRABEAU.

La cloche salue des accents solennels de la joie l'enfant bien-aimé à ses premiers pas dans la vie, qu'il commence aux bras du sommeil. Pour lui reposent encore dans le sein du temps les destins sombres ou sereins; les tendres soins de l'amour maternel veillent sur son matin doré... Les années fuient aussi rapides que la flèche. L'adolescent se sépare fièrement de la jeune fille; il s'élance plein d'ardeur dans la vie, parcourt le monde, le bâton de voyage à la main, puis il rentre étranger au foyer paternel...

La couronne virginale se joue avec grâce, dans les cheveux de la fiancée, quand la cloche l'appelle à la fête brillante. Ah! la plus belle solennité de la vie met fin aussi au printemps de la vie; avec la ceinture, avec le voile s'évanouit la belle illusion et la passion fuit... la fleur se fane, mais le fruit doit mûrir; il faut que l'homme s'élance au dehors, dans les luttes de la vie, qu'il travaille, plante et crée, qu'il gagne par la ruse, par la force, qu'il tente le sort pour conquérir la fortune.

Au sein ténébreux de la terre sacrée nous confions l'œuvre de nos mains, le laboureur lui confie la semence qu'il espère recueillir; plus précieuse est la semence que nous cachons éplorés dans le sein de la terre, espérant que du fond des cercueils elle fleurira pour renaître à une vie plus belle.

Du haut de l'église, en sons lourds et inquiets, la cloche fait retentir son chant sépulcral, ses coups graves et tristes accompagnent un pèlerin dans son dernier voyage. Ah! c'est l'épouse, l'épouse chérie; c'est la mère dévouée que le noir prince des ombres arrache aux bras de son époux, aux tendres enfants qu'elle lui a donnés à la fleur de l'âge. Ah! les doux liens de la famille sont à jamais brisés... au foyer orphelin, règnera désormais l'étrangère sans amour.

Schiller.

La gloire, la sagesse, la puissance et l'amour me furent donnés en partage; j'ai possédé la jeunesse et la santé, les vins les plus exquis ont rempli mes coupes; les formes les plus ravissantes m'ont enivré de leurs voluptueuses caresses, le soleil de la beauté a réchauffé mon cœur, et ses doux rayons ont attendri mon âme, j'ai possédé toutes les splendeurs que la terre peut offrir aux mortels!

Et maintenant je cherche, dans mes souvenirs, quels sont, parmi ces jours, ceux que je voudrais voir renaître avec toutes les séductions et toutes les ivresses que la terre peut offrir à l'homme; pas un seul jour ne se lève, pas une heure ne s'est écoulée sans amertume.

BYRON.

Semblables aux agneaux qui jouent dans la prairie, tandis que le boucher fait son choix au milieu du troupeau, dans nos jours heureux, nous ignorons à ce moment quel malheur le destin nous prépare, persécution, ruine, maladie, folie, cécité, etc.

Tout ce que nous voulons nous approprier nous résiste; toute chose a sa volonté hostile qu'il faut vaincre, l'histoire ne nous montre que guerres, et séditions parmi les peuples, les années de calme ne sont qu'accidentelles, des entr'actes de quelques instants.

Néanmoins de même que s'il était soustrait à la pression atmosphérique notre corps éclaterait, de même si le poids de nos tribulations, de nos douleurs, de notre misère, de nos déceptions, de nos efforts était retranché de notre existence, l'excès de son arrogance serait telle qu'elle le briserait ou le pousserait à la démence. Il faut toujours à chacun de nous une certaine somme de douleurs, de soucis et de misère, comme il faut du lest à un navire pour se tenir en équilibre et marcher droit.

Travail, inquiétude, peine et misère, tel est sans doute, pendant toute la vie, le sort de presque tous les humains. Cependant, si tous nos vœux étaient aussitôt exaucés, avec quoi pourrait-on remplir l'existence et quel serait l'emploi du temps? Placez les hommes dans un pays où tout croîtrait de soi-même, où les alouettes toutes rôties tomberaient dans la bouche et où, trouvant sans difficulté la femme de ses désirs, on pourrait la posséder sans obstacles, alors, l'ennui tuerait les hommes; ils se suicideraient, s'assassineraient et se causeraient plus de tourments que ceux que leur a légués la nature. Par conséquent nulle autre scène, nulle autre vie ne sauraient convenir à une telle race.

Dans les premiers jours de notre jeunesse, nous nous trouvons placés en présence de la destinée qui va s'ouvrir devant nous, comme des enfants devant un rideau de théâtre, dans l'attente joyeuse et impatiente de la pièce qu'on va jouer sur la scène, il est heureux que nous n'en puissions rien savoir d'avance. Car pour qui sait ce qui va se passer, les enfants sont des coupables sans avoir fait le mal, condamnés non pas à mourir, mais à vivre, et qui néanmoins ignorent encore quelle sera leur sentence. Tous n'en désirent pas moins vivre longtemps.

Celui qui peut se représenter la somme de douleurs, de misère de toute nature que le soleil éclaire dans sa course sera d'avis qu'il serait préférable que cet astre fût privé de la puissance de faire surgir sur la terre le phénomène de la vie.

Notre vie peut aussi être regardée comme un épisode qui vient troubler le calme et la joie du néant. Enfin celui-là même dont la vie est tolérable acquiert de plus en plus, à mesure qu'il vieillit, la conviction qu'elle est un désappointement, une sorte de mystification, presque une duperie.

Quiconque a survécu à deux ou trois générations se trouve dans les mêmes sentiments que le spectateur assis dans une baraque de saltimbanques quand on lui montre deux ou trois fois les mêmes farces de suite.

Supposez que l'acte de la génération soit une chose de raison et de réflexion et nullement un besoin et une volupté : la race des hommes existerait-elle encore? Chacun, ému de pitié pour la génération à venir, ne lui aurait-il pas épargné le fardeau de la vie ; ou tout au moins n'aurait-il pas hésité à le lui imposer de sang-froid?

Si on considère la vie, au point de vue de sa valeur objective, il est douteux qu'elle soit préférable au néant ; je dirai même que, si l'expérience et le raisonnement pouvaient émettre un avis, ils accorderaient leur faveur au néant. Si l'on frappait à la porte des tombeaux pour interroger les morts et leur demander s'ils veulent revivre, ils secoueraient la tête. Voltaire a dit : « On aime la vie ; mais le néant ne laisse pas d'avoir du bon ; » et aussi : « Je ne sais pas ce que c'est que la vie éternelle, mais celle-ci est une mauvaise plaisanterie. »

La vie de l'homme, considérée à distance et vue de haut dans l'ensemble de ses traits les plus significatifs, se montre toujours comme un spectacle tragique ; mais si on l'examine dans ses détails elle nous présente le caractère d'une comédie. Car le train et l'inquiétude de chaque jour, l'agacerie, les craintes et les désirs de tous les instants, les disgrâces de chaque heure sous l'action du hasard qui pense toujours à nous mystifier, c'est là une véritable comédie. Mais les vœux trompés, et les espérances que le destin foule impitoyablement aux pieds, les cruelles erreurs de toute la vie, les douleurs et la mort au dernier acte, voilà l'éternelle tragédie.

La vie n'est pas un présent dont on peut jouir sans peine, mais une tâche dont il faut s'acquitter à force de travail, de là, dans les grandes et les petites choses, une misère générale, un labeur incessant, une lutte sans fin, une concurrence sans merci, une activité imposée avec la tension extrême de toutes les forces du corps et de l'esprit...

Là des préjugés insensés, ici une politique subtile excitant les peuples à s'égorger les uns les autres; il faut que le sang et la sueur de la foule coulent en abondance pour satisfaire les fantaisies ou expier les fautes de quelques-uns. En temps de paix le commerce et l'industrie prospèrent, de merveilleuses inventions ont lieu, les vaisseaux sillonnent l'océan et rapportent de tous les coins de la terre des mets exquis, les flots engloutissent des milliers de victimes... Et quel est le but final de tant d'efforts?...

Une fois sa passion satisfaite, tout amant éprouve une étrange déception; il ne s'explique pas que l'objet de tant de désirs passionnés ne lui procure qu'un plaisir éphémère suivi d'un rapide désenchantement...

Au fond l'homme est une bête sauvage, un animal féroce; nous ne le connaissons que dompté et apprivoisé, à l'état de civilisation; aussi nous reculons plein d'effroi devant les explosions accidentelles de sa nature. Mais que les verrous et les chaînes de l'ordre légal disparaissent, que l'anarchie existe, c'est alors qu'il se montrera ce qu'il est.

SCHOPENHAUER.
Fragments tirés de ses œuvres.

Personne n'a puisé plus d'ivresse dans un regard, plus de miel dans un sourire, plus d'enchantement dans un soleil, plus de rêverie dans une nuit d'été, plus d'enthousiasme heureux ou pieux dans le spectacle d'une montagne, d'une vallée, d'une mer, et, faut-il le dire, plus de gaieté oublieuse quelquefois dans l'épanchement communicatif d'une table d'amis, laissant déborder la saillie de leur esprit, comme l'écume de leurs verres, et remettant les tristesses de la vie ou de la mort à demain...

Mais, malgré les dispositions équitables... et je dirai même heureuses de ma nature, tout pesé, tout balancé, tout calculé, tout pensé et repensé en dernier résultat, la vie humaine (si on soustrait Dieu, c'est-à-dire l'infini) est le supplice le plus divinement ou le plus infernalement combiné, pour faire rendre, dans un espace de temps donné, à une créature pensante la plus grande masse de souffrances physiques ou morales.

Y a-t-il quelque chose de plus monstrueux que d'appeler à la vie (et quelle vie!) et de réveiller de la mort non sentie, pour remourir dans les tortures d'une seconde mort sentie, un être qui ne demandait ni ce bienfait ni ce supplice, et qui dormait son sommeil de néant?

Pour moi (toujours l'immortalité à part je sais trop ce que j'en pense. A l'exception de quelques jours d'ivresse, dans lesquels l'homme ne raisonne pas précisément parce qu'il est ivre, il y a peu d'heures de ma vie où, si le Tout-Puissant m'eût consulté je ne lui eusse rejeté avec horreur le don de la vie.

La mort nourrissant la vie et la vie nourrissant la mort! La guerre éternelle entre tout ce qui respire, pour se disputer un atome d'espace, un instant de vie! comme si celui qui possède toutes les éternités et tous les espaces s'était complu à accumuler des myriades d'êtres animés et aimants dans un cirque étroit et muré, afin de jouir de cette affreuse mêlée de sang. Des pièges d'un génie infernal creusés ou tendus sur la route de tous les êtres de la terre et de la mer. L'homme, enfin, saignant la colombe qui se penche apprivoisée sur son épaule, l'agneau caressant, la poule qui chante sur son seuil, le bœuf qui a aidé le laboureur pendant dix ans à creuser son sillon ! et bientôt le cheval, qui piaffe à sa voix, qui pleure sur son corps, qui combat pour lui, qui meurt pour son salut ou pour sa gloire! et bientôt, sans doute aussi, le chien, cette incarnation de l'amitié, qui donnerait mille fois son sang de lui-même.

Parlez-nous des lois d'amour et chantez-nous les bergeries de la nature! O poètes, ô naturalistes! Oh! que les Indiens sont sages de s'être refusés seuls à être les complices de cette anthropophagie, et de dire : Nous mourrons, ou nous soutiendrons notre vie, par des aliments innocents. Il n'y aura pas de sang volontaire sur notre pain quotidien.

Nous vivons très peu de temps ; et à quoi se passe ce clignement d'œil d'existence ? A chanceler sans équilibre, à balbutier sans parole pendant les premières années qu'on appelle heureuses parce qu'elles sont celles où l'homme a le moins conscience de son être. A vingt ans, l'homme n'a pas encore vécu et le tiers de sa vie est écoulé. A l'exception du petit nombre qui trouve, comme dit le peuple, son pain tout cuit, l'homme passe le reste de son existence active à gagner très péniblement ce pain ; et par quels métiers ? et avec quelles sueurs ?

Demandez-le au laboureur qui creuse sous le même soleil et sous la pluie le même sillon sur la même colline, pour y déposer, pendant soixante ans, le même grain d'herbe ou la même racine qui contient sa pauvre vie !

Demandez le au matelot qui creuse d'un bout de l'Océan à l'autre éternellement les mêmes vagues, pour rapporter, au prix de son éternelle absence, à sa famille, une pincée d'or convertie en quelques bouchées de pain !

Demandez-le au soldat qui consume les plus belles années de sa jeunesse à passer la même arme de son bras droit à son bras gauche, à mesurer son pas en cadence sur le pas d'un autre automate pensant, à tuer sans haine, à être tué sans que la gloire même sache son nom.

Demandez-le à tous les métiers manuels par

lesquels l'immense multitude change sa sueur contre son aliment?

Demandez-le au magistrat sans repos dans la conscience, au médecin sans sommeil sur son oreiller, à l'ambitieux sans limite dans sa soif de domination et de primauté sur ses semblables, à l'orateur, à l'écrivain, au poète, dévorés de l'insatiable désir de surpasser leurs rivaux.

A peine avez-vous pris l'habitude de cet inexplicable mystère appelé l'existence, qu'il faut penser à en sortir. Vos sens s'émoussent un à un comme de mauvais outils incapables de creuser même vos propres pensées. De ce jour vous portez en vous, dans vos rêves, dans vos ambitions, dans vos plans, dans vos joies, dans vos amours, dans vos vertus même, je ne sais quel sentiment de la brièveté et de l'inanité de toute chose et de vous-même, qui s'appelle mélancolie, dégoût de vivre et qui n'est que l'ombre portée de la mort sur la vie.

Encore si le jour et l'heure de cette mort étaient connus et fixés d'avance, quelque courte que fût la vie, on pourrait prendre ses mesures, on pourrait régler ses pensées sur son horizon, on pourrait resserrer ou élargir son sort à la mesure de son temps. Ce serait triste, mais on ne serait du moins ni fou ni trompé devant la nature. L'incertitude de son heure combinée avec la certitude de son avènement en fait pour l'homme qui pense non plus une mort future mais une mort présente, une mort vivante.

Aussi voyez ce que cet inconnu de la mort fait de nos joies, de nos espérances, de nos amours! Vous déposez votre cœur tout entier, comme un fardeau qui pèse à porter, dans le sein d'une épouse jeune et adorée, qui ne doit vous le rendre qu'à la tombe, la mort la cueille dans vos bras, sous vos baisers, et le fossoyeur ensevelit, sans le voir, deux cœurs dans un seul cercueil!

Ainsi de nos pères de nos mères, ainsi de nos enfants, ainsi de nos amis, ainsi de nos contemporains, ces parents de temps... êtres aimés que nous espérions devoir nous survivre, et dont nous voyons les rangs s'éclaircir prématurément autour de nous et nous laisser seuls de nos dates, dépaysés dans des générations inconnues!

LAMARTINE.

J'ai vécu, j'ai passé ce désert de la vie,
Où toujours, sous mes pas, chaque fleur s'est flétrie;
Où toujours l'espérance, abusant ma raison,
Me montrait le bonheur dans un vague horizon;
. . . .
Qu'un autre, s'exhalant en regrets superflus,
Redemande au passé ses jours qui ne sont plus,
Pleure de son printemps l'aurore évanouie,
Et consente à revivre une seconde vie :
Pour moi, quand le destin m'offrirait à mon choix,
Le sceptre du génie ou le trône des rois,
La gloire, la beauté, les trésors, la sagesse,
Et joindrait à ses dons l'éternelle jeunesse,

J'en jure par la mort, dans un monde pareil,
Non, je ne voudrais pas rajeunir d'un soleil.
Je ne veux pas d'un monde où tout change, où tout passe,
Où, jusqu'au souvenir, tout s'use et tout s'efface ;
Où tout est fugitif, périssable, incertain ;
Où le jour de bonheur n'a pas de lendemain.

LE MÊME.

La jeunesse et la santé sont deux remparts qui bravent les assauts de la tristesse, et tant qu'ils nous protègent elle ne peut guère remporter sur nous que de faibles et courts avantages. Mais ces murailles protectrices sont sans cesse minées par le temps, et les déceptions de la vie en détachent chaque jour quelque pierre, jusqu'à ce que la brèche étant une fois ouverte et s'élargissant toujours, la tristesse passe et repasse à son aise, en attendant qu'elle s'établisse au cœur de la place et n'en sorte plus. Qui de nous ne l'a connu, ce merveilleux ressort de la jeunesse et de l'inexpérience, si prompt à se redresser sous la plus dure étreinte? Rebondissant sous le choc comme nos balles rapides et, s'élevant d'autant plus haut qu'elle a été frappée plus fort, notre âme adolescente, rabattue par les premières déceptions de la vie, ne s'en élance que mieux dans le vaste champ de ses espérances ; mais après tant d'élans hardis et tant de chutes profondes, elle perd sa force et, sans réagir davantage contre le coup qui la frappe, elle languit à terre, amollie, flétrie, souillée, roulée par le sort comme par le pied d'un passant.

C'est ainsi que s'épuise en nous ce fonds de force et de vie... Cette réserve une fois consommée, l'équilibre est rompu contre nous, et, comme un homme qui voit tous les jours croître ses dépenses et diminuer ses richesses, nous avons de plus en plus de peine à faire face aux chagrins de la vie. Les illusions s'en vont une à une, et nous avons beau restreindre de plus en plus nos espérances, comme pour tenter, par notre modération, la générosité du sort, comme pour faire au-devant de lui la moitié du chemin, il nous trompe toujours et nous demande incessamment un sacrifice après un sacrifice... Ainsi le sort nous presse et après nous avoir dépouillé de cette illusion, il nous dit : quitte encore cette autre, donne-moi enfin ce que tu as de plus sacré ou de plus cher. Et alors même que, par une sorte de négligence, quelque chose nous est laissé; alors même que, par une faveur singulière, nous avons accompli ou possédé une partie de ce qui excitait nos désirs, quelle âme humaine n'a en elle-même, au bout d'un certain temps, assez d'illusions détruites, assez de déceptions accumulées, assez de ruines intérieures pour que, au moindre souvenir qui les agite, il ne s'en échappe, comme une noire vapeur, un nuage épais de tristesse.

Prévost-Paradol.

Tant que mon faible cœur, encor plein de jeunesse,
A ses illusions n'aura pas dit adieu,
Je voudrais m'en tenir à l'antique sagesse,
Qui du sombre Epicure a fait un demi-dieu.
Je voudrais vivre, aimer, m'accoutumer aux hommes,
Chercher un peu de joie et n'y pas trop compter,
Faire ce qu'on a fait, être ce que nous sommes,
Et regarder le ciel sans m'en inquiéter,
Je ne puis; malgré moi l'infini me tourmente,
Je n'y saurais songer sans crainte et sans espoir;
Et, quoi qu'on en ait dit, ma raison s'épouvante
De ne pas le comprendre et pourtant de le voir.
Qu'est-ce donc que ce monde et qu'y venons-nous faire,
Si, pour qu'on vive en paix, il faut voiler les cieux?
Passer comme un troupeau les yeux fixés à terre,
Et renier le reste, est-ce donc être heureux?
Non, c'est cesser d'être homme et dégrader son âme.

. . . .

Que faire donc? « Jouis, dit la raison païenne;
Jouis et meurs; les dieux ne songent qu'à dormir.
Espère seulement, répond la foi chrétienne;
Le ciel veille sans cesse, et tu ne peux mourir. »
Entre ces deux chemins j'hésite et je m'arrête :
Je voudrais, à l'écart, suivre un plus doux sentier.
Il n'en existe pas, dit une voix secrète;
En présence du ciel, il faut croire ou nier.

. . . .

. . . . Je veux croire et j'espère.
Que vais-je devenir et que veut-on de moi?
Me voilà dans les mains d'un Dieu plus redoutable
Que ne sont à la fois tous les maux d'ici-bas;
Me voilà seul, errant, fragile et misérable,
Sous les yeux d'un témoin qui ne me quitte pas.
Il m'observe, il me suit. Si mon cœur bat trop vite,

J'offense sa grandeur et sa divinité.

. . . .

Pour expier une heure il faut l'éternité
Mon juge est un bourreau qui trompe sa victime.
Pour moi tout devient piège et change de nom.
L'amour est un péché, le bonheur est un crime
Et l'œuvre des sept jours n'est que tentation ;

. . . .

On me dit cependant qu'une joie infinie
Attend quelques élus. — Où sont-ils, ces heureux?
Si vous m'avez trompé, me rendrez-vous la vie?
Si vous m'avez dit vrai, m'ouvrirez-vous les cieux?
Hélas! ce beau pays dont parlaient vos prophètes,
S'il existe là-haut, ce doit être un désert.
Vous les voulez trop purs, les heureux que vous faites,
Et quand leur joie arrive, ils en ont trop souffert.

. . . .

Si mon cœur, fatigué du rêve qui l'obsède,
A la réalité revient pour s'assouvir,
Au fond des vains plaisirs que j'appelle à mon aide
Je trouve un tel dégoût, que je me sens mourir.

ALFRED DE MUSSET.

Quand le poète peint l'enfer, il peint sa vie :
Sa vie, ombre qui fuit, de spectres poursuivie ;
Forêt mystérieuse où ses pas effrayés.
S'égarent à tâtons hors des chemins frayés,
Noir voyage aux bords douteux, aux profondeurs énormes.

. . . .

Au bas de chaque marche une plainte est assise,
Et l'on y voit passer avec un faible bruit
Des grincements de dents blanches dans la sombre nuit.

Là sont les visions, les rêves, les chimères.

. . . .

L'amour, couple enlacé, triste et toujours brûlant.
Qui dans un tourbillon passe une plaie au flanc;
Dans un coin la vengeance et la faim, sœurs impies,
Sur un crâne rongé côte à côte accroupies;
Puis la pâle misère, au sourire appauvri;
L'ambition, l'orgueil de soi-même nourri;
Et la luxure immonde, et l'avarice infâme;
Plus loin la lâcheté, la peur, la trahison,
Offrant des clefs à vendre et goûtant du poison.
Oui, c'est bien là la vie, ô poète inspiré!
Et son chemin brumeux d'obstacles encombrés.

Victor Hugo.

C'était le jour des Morts. . . . . .

. . . .

Et chacun s'en allait dans le grand cimetière
Morne s'agenouiller sur le coin de la pierre
    Qui recouvre les siens,
Prier Dieu pour leur âme, et, par des fleurs nouvelles.
Remplacer en pleurant les pâles immortelles.

. . . .

Et comme je voyais bien des croix sans couronne,
Bien des fosses dont l'herbe était haute, où personne
    Pour prier ne venait,
Une pitié me prit, une pitié profonde
De ces pauvres tombeaux délaissés, dont au monde
    Nul ne se souvenait.

. . . .

    Si c'était vrai, les morts
Tordraient leurs bras noueux de rage dans leur bière
Et feraient, pour lever leur couvercle de pierre
    D'incroyables efforts!

Peut-être le tombeau n'est-il pas un asile
Où, sur son chevet dur, on puisse enfin, tranquille,
  Dormir l'éternité
Dans un oubli profond de toute chose humaine,
Sans aucun sentiment de plaisir ou de peine
  D'être ou d'avoir été.
Peut-être aux passions qui nous brûlaient, émue,
La cendre de nos cœurs vibre encore et remue
  Par delà le tombeau,
Ces morts abandonnés sans doute avaient des femmes,
Quelque chose de cher et d'intime ; des âmes
  Pour y verser la leur ;
S'ils étaient éveillés au fond de cette tombe,
Sentir qu'on a passé sans laisser plus de marque
Qu'au dos de l'océan le sillon d'une barque ;
  Que l'on est mort pour tous ;
Voir que vos mieux aimés si vite vous oublient,
Au moins, si l'on pouvait. . . . .
Autour du cimetière, entre les tombes blanches,
  Se promener un peu !
S'en revenir chez soi. . . . .
  S'asseoir dans son fauteuil,
Feuilleter ses bouquins et fouiller son pupitre
Jusqu'au moment où l'aube illuminant la vitre,
  Vous renvoie au cercueil !
La mort ne serait plus le remède suprême ;
L'homme, contre le sort, dans la tombe elle-même
  N'aurait pas de recours,
Et l'on ne pourrait plus se consoler de vivre,
Par l'espoir tant fêté du calme qui doit suivre
  L'orage de nos jours.
Dans le fond de mon âme agitant ma pensée,
Je restais là rêveur et la tête baissée
  Debout contre un tombeau.
La bise feuille à feuille emportait la couronne

20

Dont les débris jonchaient le fût de la colonne
                    On aurait dit des pleurs
Que sur la jeune fille, au printemps moissonnée,
Pauvre fleur du matin, avant midi fanée,
                    Versaient les autres fleurs.
Tout à coup. . . . .
                    J'entends qu'on parlait.
C'était un dialogue.

LA TRÉPASSÉE.

Est-ce une illusion ? cette nuit tant rêvée,
La nuit du mariage, elle est donc arrivée?
                    C'est le lit nuptial.
Voici l'heure où l'époux, jeune et parfumé, cueille
La beauté de l'épouse, et sur son front effeuille
                    L'oranger virginal.

LE VER.

Cette nuit sera longue, ô blanche trépassée !
Avec moi, pour toujours la mort t'a fiancée ;
                    Ton lit c'est le tombeau.

LA TRÉPASSÉE.

Mon bien-aimé, viens donc! l'heure est déjà passée.
Oh! tiens-moi sur ton cœur, entre tes bras pressée
                    J'ai bien peur, j'ai bien froid.
Réchauffe à tes baisers ma bouche qui se glace.
Oh! viens, je tâcherai de te faire une place,
                    Car le lit est étroit !

LE VER.

Cinq pieds de long sur deux de large. La mesure
Est prise exactement ; cette couche est trop dure :
                    L'époux ne viendra pas.
Il n'entend pas tes cris. Il rit dans quelque fête.

LA TRÉPASSÉE.

Quel est donc ce baiser humide et sans haleine?
Cette bouche sans lèvre, est-ce une bouche humaine;
    Est-ce un baiser vivant?

LE VER.

Ce baiser c'est le mien; je suis le ver de terre :
Me voilà ton époux, je te serai fidèle.

LA TRÉPASSÉE.

Quelle torture! O Dieu! quelle angoisse cruelle!
Mais que faites-vous donc lorsque je vous appelle,
    O ma mère, ô ma sœur?

LE VER.

Dans leur âme déjà ta mémoire est fanée,
Et pourtant sur ta fosse, ô pauvre abandonnée,
    L'oranger est tout frais.
La tenture funèbre à peine repliée,
Comme un songe d'hier elles t'ont oubliée,
    Oubliée à jamais.

LA TRÉPASSÉE.

L'herbe pousse plus vite au cœur que sur la fosse;
Une pierre, une croix, le terrain qui se hausse,
    Disent qu'un mort est là.
Mais quelle croix fait voir une tombe dans l'âme?
Oubli! seconde mort, néant que je réclame,
    Arrivez, me voilà!

THÉOPHILE GAUTIER.

III

LE SUICIDE

Quand ton esprit est assiégé par de telles idées (idées mauvaises), recours aux pèlerinages, va en suppliant aux temples des dieux préservateurs... fuis sans retour la société des méchants, et peut-être que ces pratiques te soulageront de ton mal, sinon, persuade-toi que la mort vaut mieux et sors de la vie.

PLATON.

Un des plus grands bienfaits de l'éternelle loi, c'est que pour un seul moyen d'entrer dans la vie, il y en a mille pour en sortir. Attendrai-je les rigueurs de la maladie ou des hommes, quand je puis me faire jour à travers les tourments et balayer les obstacles ? Le grand motif pour ne pas nous plaindre de la vie c'est qu'elle ne retient personne. Tout est bien dans les choses humaines dès que nul ne reste malheureux que par sa faute.

Vous plaît-il de vivre ? vivez, sinon vous êtes libre : retournez au lieu d'où vous êtes venu.

SÉNÈQUE, *Lettres à Lucilius*, LXX.

Et ce n'est pas la recepte à une seule maladie, la mort est la recepte à touts maulx ; c'est un port très asseuré, qui n'est jamais à craindre, souvent à rechercher. Tout revient à un, que l'homme se donne sa fin, ou qu'il la souffre, qu'il courre au-devant de son jour, ou qu'il l'attende ; d'où qu'il vienne, c'est toujours le sien : en quelque lieu que le filet se rompe, il y est tout : c'est le bout de la fusée. La plus volontaire mort, c'est la plus belle. La vie dépend de la volonté d'aultruy ; la mort, de la nostre. En aulcune chose nous ne debvons tant nous accommoder à nos humeurs, qu'en celle là. La réputation ne touche pas une telle entreprinse, c'est folie d'y avoir respect... Aux plus fortes maladies, les plus forts remèdes... Dieu nous donne assez de congé, quand il nous met en tel estat que le vivre est pire que le mourir, c'est faiblesse de céder aux maulx, mais c'est folie de les nourrir... Hegesias disait, que comme la condition de la vie, aussi la condition de la mort debvoit despendre de nostre eslection...

Mais cecy ne s'en va pas sans contraste ; car plusieurs tiennent ; que nous ne pouvons abandonner cette garnison du monde, sans le com-

mandement exprez de celuy qui nous y a mis.
Il y a bien plus de constance à user la chaîne qui nous tient qu'à la rompre et plus d'espreuve de fermeté en Régulus qu'en Caton... C'est le rolle de la couardise, non de la vertu, de s'aller tapir dans un creux, soubs une tumbe massive, pour éviter les coups de la fortune ; la vertu ne rompt son chemin ny son train, pour orage qu'il fasse.

MONTAIGNE.

DE SAINT-PREUX

Oui, Mylord, il est vrai, mon âme est oppressée du poids de la vie : depuis longtemps elle m'est à charge. Chercher son bien et fuir son mal, en ce qui n'offense point autrui, c'est le droit de la nature. Quand notre vie est un mal pour nous et n'est un bien pour personne, il est donc permis de s'en délivrer. Les sophistes demandent si jamais la vie peut être un mal ; on serait bien plus tenté de demander si jamais elle fut un bien ; selon eux c'est une lâcheté de se soustraire à ses douleurs et à ses peines, et il n'y a que des poltrons qui se donnent la mort. O Rome, conquérante du monde, quelle troupe de poltrons t'en donna l'exemple ! Qu'Arrie, Éponine, Lucrèce soient dans le nombre, elles étaient femmes ; mais

Brutus, mais Cassius et toi qui partageais avec les
dieux les respects de la terre étonnée, grand et
divin Caton, toi dont l'image auguste et sacrée animait
les Romains d'un saint zèle et faisait frémir
les tyrans, tes fiers admirateurs ne pensaient pas
qu'un jour, dans le coin poudreux d'un collège,
de vils rhéteurs prouveraient que tu ne fus qu'un
lâche pour avoir refusé au crime heureux l'hommage
de la vertu dans les fers. Qu'un magistrat à
qui tient le salut de la patrie, qu'un père de famille
qui doit la subsistance à ses enfants se dévouent à
leur devoir quoiqu'il arrive; mais celui qui consomme
dans son lit le pain d'une famille qui peut
à peine en gagner pour elle, celui qui ne tient à
rien, et que le ciel réduit à vivre seul sur la terre,
pourquoi n'aurait-il pas au moins le droit de
quitter un séjour où ses plaintes sont importunes
et ses maux sans utilité?

MYLORD EDOUARD

Jeune homme, un aveugle transport t'égare.
Tu t'ennuies de vivre et tu dis : la vie est un mal.
Tôt ou tard, tu seras consolé et tu diras : la vie
est un bien. La tristesse, l'ennui, les regrets, le
désespoir sont des douleurs peu durables qui ne
s'enracinent jamais dans l'âme, et l'expérience
dément toujours ce sentiment d'amertume qui nous
fait regarder nos peines comme éternelles. Penses-

y, jeune homme, que sont dix, vingt, trente ans pour un être immortel?

Philosophe d'un jour! ignores-tu que tu ne saurais faire un pas sur la terre sans y trouver quelque devoir à remplir, et que tout homme est utile à l'humanité par cela seul qu'il existe? Écoute-moi, jeune insensé, tu m'es cher, j'ai pitié de tes erreurs. S'il te reste au fond du cœur le moindre sentiment de vertu, viens, que je t'apprenne à aimer la vie. Chaque fois que tu seras tenté d'en sortir, dis en toi-même : que je fasse encore une bonne action avant de mourir; puis, va chercher quelque indigent à secourir, quelque infortuné à consoler, quelque opprimé à défendre. Si cette considération te retient aujourd'hui, elle te retiendra encore demain, après-demain, toute ta vie.

J.-J. Rousseau.

Un moyen presque sûr de ne pas céder à l'envie de se tuer, c'est d'avoir toujours quelque chose à faire. Pourquoi avons-nous moins de suicides dans les campagnes que dans les villes? C'est que dans les champs, il n'y a que le corps qui souffre, à la ville c'est l'esprit. Le laboureur n'a pas le temps d'être mélancolique. Ce sont les oisifs qui se tuent ; ce sont ces gens si heureux aux yeux du peuple...

Il faut une âme forte pour surmonter aisément l'instinct le plus puissant de la nature...

Le dégoût de son existence, l'ennui de soi-même, est encore une maladie qui cause des suicides. Le remède serait un peu d'exercice, la chasse, la comédie, une femme aimable. Tel homme qui, dans un accès de mélancolie, se tue aujourd'hui aimerait à vivre s'il attendait huit jours.

VOLTAIRE.

Virgile a réservé une place à part dans ses enfers à ces morts infortunés; il les montre séparés des autres ombres, tristes et livrés à l'éternel et inutile regret d'une vie dont ils eurent le malheur de vouloir se délivrer; c'est là leur supplice...

> ....Quam vellent æthere in alto
> Nunc et pauperiem et duros perferre labores!
> Fas obstat...

On voit, dans cette triste et touchante image, le sentiment judicieux de l'antiquité sur la mort volontaire; l'homme qui avait mis fin à ses jours semblait être allé chercher, en échange de cette vie, quelque chose de plus dur à supporter que la vie. On distinguait entre ne pouvoir survivre à la liberté de sa patrie et succomber à ses propres disgrâces.

A quoi bon discuter si la vie est ou n'est pas à nous, et s'il nous est permis de nous en défaire quand il ne nous plaît plus de la conserver? Il n'y a point d'orgueil humain dans le suicide, pas la moindre pensée de révolte contre le ciel. C'est l'acte d'un découragement, l'évasion tristement délibérée d'un malheureux qui a senti faillir son courage ou ses forces; c'est l'issue d'une lutte, presque toujours bien longue, entre une destinée souffrante et le plus puissant de tous les instincts, celui qui attache à la vie.

Mille chemins ouverts y conduisent toujours, a dit le poëte.

Chose étrange que le favori de la création soit le seul être qui se tue; que seul il ait la conscience de son existence, et seul aussi la faculté d'en sortir quand elle lui est à charge!...

Il ne saurait faire tomber un cheveu de sa tête avant le temps marqué par sa constitution particulière, et il sera tout entier tombé en pourriture et mangé par les vers dans six semaines, s'il est pris aujourd'hui d'un besoin de destruction de soi, dont peut-être le moindre incident heureux ou inattendu le ferait revenir demain.

On flotte pendant des mois, des années, entre l'espoir d'un meilleur sort et la difficulté de vaincre l'horreur qu'inspire la destruction de soi. Ce n'est que quand l'esprit s'est épuisé à chercher inutilement de nouvelles diversions, à inventer des moyens de salut et que l'espérance, trompée, ne sait plus à quelle illusion s'abuser encore, que l'irrévocable, l'irrémissible nécessité de subir son sort arrive enfin.

L'âme la plus commune a là quelques instants d'un sublime et effrayant empire sur elle-même, car tout homme a vécu, a connu quelque bien sur la terre, et tout au moins a joui d'un beau ciel, a eu des sens, des passions qui laissent à regretter...

Je meurs, mais la minute, la seconde qui suivra immédiatement, j'ai toujours eu pour elle une indéfinissable horreur :

........To die, to sleep.....
To sleep ! perchance to dream.

Ce n'est que dans la mort volontaire que l'on est vraiment face à face avec l'impression anticipée de sa propre destruction, rien ici qui voile l'abîme, nul moyen de détourner les yeux. Le passage n'est point facilité par l'affaiblissement des organes, comme le plus souvent dans la mort naturelle, ni par l'exaltation de quelque passion ou l'abrutissement, comme dans les autres morts violentes. Loin de là, il faut que l'esprit soit présent et fasse l'office d'exécuteur. Eh bien, il n'est certainement point de supplice humain comparable à la violence qu'ont eu à se faire à eux-mêmes ces fugitifs infortunés.

Si l'homme qui a résolu sa propre destruction pouvait savoir quel spectacle il laisse après lui, je ne dis pas à ses amis, mais à des curieux, à des allants et venants, à des hommes de police... Je dis qu'après cette vue un homme ne se tuerait point.

ARMAND CARREL.

Il existe je ne sais quoi de grand et d'épouvantable dans le suicide. Les chutes d'une multitude de gens sont sans danger, comme celles des enfants ; mais, quand un grand homme se brise, il doit venir de bien haut, s'être élevé jusqu'aux cieux, avoir entrevu quelque paradis inaccessible ; implacables doivent être les ouragans qui le forcent à demander la paix de l'âme à la bouche d'un pistolet. Combien de jeunes talents, confinés dans une mansarde, s'étiolent et périssent faute d'un ami, d'une femme consolatrice, au sein d'un million d'êtres, en présence d'une foule lassée d'or et qui s'ennuie. Entre une mort volontaire et la féconde espérance dont le sort appelait un jeune homme à Paris, Dieu seul sait combien se heurtent de conceptions, de poésies abandonnées, de désespoirs et de cris étouffés, de tentatives inutiles et de chefs-d'œuvre avortés. Chaque suicide est un poème sublime de mélancolie !

BALZAC.

Le suicide est étroit et ne veut pas d'extension, et dès qu'il touche à vos proches, le suicide s'appelle meurtre. Songez aux petites têtes blondes et songez aux cheveux blancs. Vous voilà mort, c'est bon, et demain? Des jeunes filles qui n'ont pas de pain, cela est horrible. Ah! ces êtres si gracieux et si doux, qui emplissent la maison de chasteté, qui chantent, qui jasent, qui sont comme un parfum vivant, qui prouvent l'existence des anges dans le ciel par la pureté des vierges sur la terre. Ces adorables et honnêtes créatures, qui sont votre bénédiction et votre orgueil, ah! mon Dieu, elles vont avoir faim! Que voulez-vous que je vous dise? Il y a un marché de chair humaine! Songez à la rue, songez au pavé couvert de passants, songez aux boutiques devant lesquelles des femmes vont et viennent décolletées et dans la boue. Ces femmes-là aussi ont été pures. Songez à vos sœurs, ceux qui en ont. La misère, la prostitution, les sergents de ville, Saint-Lazare ; voilà où vont tomber ces délicates belles filles, ces fragiles merveilles de pudeur, de gentillesse et de beauté.

Victor Hugo.

LIVRE IX

ASPIRATIONS DE L'HUMANITÉ

I

L'IMMOBILITÉ DES RELIGIONS EST INCONCILIABLE AVEC LA CONTINUITÉ DU PROGRÈS. — EXPLICATION DES INÉGALITÉS PHYSIQUE, INTELLECTUELLE ET MORALE.

Nous sentons tous aujourd'hui que les idées religieuses dominantes chez les différents peuples ne répondent plus aux besoins des temps modernes. Les religions antiques, renfermées dans un cercle de croyances déterminées, ne pouvaient s'accommoder indéfiniment aux transformations continues des sociétés humaines.

L'homme, n'étant pas né infaillible, ne pouvait dès le début de l'existence découvrir en toutes choses le vrai; il est donc naturel que ses idées, ses sentiments se modifient avec le temps; s'il en était autrement, il faudrait admettre que l'étude, les événements, l'expérience de la vie et les leçons de l'histoire ne lui ont rien appris, ce qui serait la négation du progrès.

Toute théorie religieuse qui, par ses dogmes arrêtés, s'immobilise dans le temps où elle fut conçue, est condamnée à disparaître tôt ou tard. Pour s'adapter à toutes les époques, il faut que la base de son enseignement soit conforme au développement indéfini, au perfectionnement constant de l'humanité. La conception religieuse que nous avons exposée dans cet ouvrage répond parfaitement à cet idéal.

Combien de temps durera l'état transitoire dans lequel nous vivons? Nul ne le sait, mais partout des penseurs, messies ou disciples de l'évangile moderne, des tribuns de l'avenir parcourent la terre, enseignant les générations, défrichant le champ de l'erreur et du mal pour y jeter à pleines mains la semence généreuse de la justice et de la vérité. Il semble enfin qu'une lueur indécise flotte à l'horizon des âges nouveaux et que des voix mystérieuses sortent de je ne sais quels Sinaïs en flammes! Et c'est dans ce siècle de lumière et d'activité dévorante qui, trouvant la terre trop petite, porte ses regards audacieux jusqu'aux confins des univers perdus dans l'infini, qu'on ose opposer les miracles de la superstition et des cerveaux malades aux prodiges de la science et du génie!

Si nous n'avons jamais existé avant la vie présente, si notre destinée a pour début la vie actuelle, les titres de tous sont les mêmes devant Dieu; nul n'a plus fait que l'autre pour mériter son amour ou exciter sa colère et, par une conséquence à laquelle il est impossible d'échapper, les destinées de tous les êtres devraient être les mêmes, mais comme elles diffèrent prodigieusement les unes des autres, nous nous trouverions dans la nécessité de rayer des langues humaines les mots de justice, de raison, etc.

Tel naît doué d'un génie merveilleux, tel autre idiot, l'un dans un palais, comblé de fortune, de caresses, l'autre dans la rue, recueilli par le passant, maudit de tous. Celui-ci fort, vigoureux, plein de santé, celui-là maladif, souffreteux. Tel grandit au milieu de tous les vices, ayant devant lui l'exemple du mal, en proie à toutes les souffrances. Tel autre se développe au sein des plus pures vertus, exempt d'infirmités. Pourquoi des destinées si différentes, si les droits ou les titres de tous sont les mêmes en venant sur la terre?

Ici les accablés, les agonisants, les affamés, les désespérés, le père sans travail, la femme malade sur son grabat, autour d'elle des enfants déguenillés et blêmes qui lui demandent du pain. O vision lamentable, et partout l'offre des vierges par les mères. Oh! la joie de l'époux, son doux rêve de bonheur sacrifié à l'immonde prostitution; cette première aurore d'amour, ce premier enchantement de la vie offerts pour quelques pièces de monnaie au premier acheteur trouvé! Cela fait mal à penser, mais combien plus à sentir? Vous tous que la fortune a bien traités, un bal de moins dans vos palais, quelque bijou inutile de moins aussi et il y aura un peu moins de misère dans les taudis et de nudités forcées dans la rue. Une tanière sombre, glacée ; le soir un peu de paille, de linge sale sur le sol humide puis des larves s'adossant au hasard, les unes aux autres ; père, mère, frères, sœurs. La destinée fait de ces juxtapositions et de ces entrelacements monstrueux.

Et c'était pour cela, c'était pour manger, pour boire, pour s'accoupler et faire des petits qui feront comme leurs parents que tous ces misérables sont venus sur la terre ? C'était pour tendre la main, et quand il ne tombe rien dedans, pour se prostituer de l'enfance à la mort que la femme est venue dans ce monde ? C'était pour être la bête de somme d'un maître capricieux ou cruel, pour tuer et pour être tué, pour faire les plus viles besognes ; c'était pour jeter ses espérances au vent des déceptions, pour pleurer à jamais ce qu'il adore et pour être pleuré à son tour de ceux qui l'aiment que l'homme est né ? S'il en était ainsi, si cela était vrai, quelle farce burlesque serait la vie ! Quelle puissance serait celle qui nous obligerait à être les forçats d'un tel bagne et les pantins d'une comédie aussi grotesque et aussi sinistre. Là le monde heureux, réjoui, satisfait, radieux, libre, riant, allant joyeux où le mènent ses fantaisies ; vivant dans le luxe, les voluptés, les folles distractions, les festins ;

ici, les agonisants, les désespérés, les affamés.

Le fond de la vie ne peut être ainsi, la gloire ou la fortune si facilement conquises, les succès rapides, le génie si vite développé et tous ces faits contradictoires qui excitent notre admiration ou notre étonnement, d'où peuvent-ils provenir si ce n'est de nos existences antérieures où toutes ces choses avaient été préparées de longue main ?

Si nous avons passé nos vies antérieures dans l'étude et les fortes méditations, qu'y a-t-il de plus naturel que nous naissions avec le génie de Newton, de Raphaël, de Shakespeare, de Beethoven, de Paganini, de Victor Hugo, de Michelet, etc. ; et si, indifférent à tout travail de l'esprit, asservi aux plus viles passions, nous avons vécu oisifs, pourquoi naîtrions-nous avec le génie des grands hommes ?

Si dans ces existences du passé on a pratiqué le bien, pourquoi recueillerait-on le même fruit que celui qui a fait le mal ?

Les inégalités des êtres, inégalité physique, intellectuelle ou morale, s'expliquent sans peine par les lois qui régissent nos différentes facultés ici-bas. Celui qui, comme Newton ou La Place, aura cultivé toute sa vie les hautes mathématiques, naîtra dans sa prochaine existence avec des aptitudes remarquables pour cette science, celui qui aura cultivé la poésie comme Homère, Virgile, V. Hugo, naîtra poète. Si le premier n'a étudié que la science des nombres, il n'aura aucune aptitude pour la poésie, et si le dernier n'a vécu que dans le monde des rêves et de la contemplation, il n'aura aucune prédisposition pour les calculs abstraits, il en sera de même de toutes nos facultés. Ceci est naturel, comme il est naturel que d'un grain de blé, il naisse du blé et non un chêne ou un singe. C'est là une belle fatalité de la vie ; si on sème une graine de tulipe, on ne peut pas obtenir qu'il naisse une fauvette, si on n'a jamais étudié l'histoire, on ne connaîtra jamais les faits qu'elle raconte.

Celui qui a brisé sa vigueur, détruit sa santé par les excès, les débauches, les privations, naîtra avec un corps débile, maladif, celui qui aura vécu calme, pur de toute souillure, dans les saines pratiques de l'hygiène, naîtra avec un tempérament robuste. Voilà pourquoi nous ne sommes pas égaux ; pourquoi tel être est un artiste éminent comme Paganini ou Rachel, dans l'art pour lequel il a donné toute son existence et n'a aucune connaissance de l'algèbre ou de l'économie sociale pour lesquelles il n'a jamais donné une minute. Voilà pourquoi il y a des gens sans énergie, rachitiques, presque idiots, se traînant à peine, et des gens doués d'une force extraordinaire supportant sans fatigue les plus durs travaux, à l'esprit délié, ouvert, sûr, délicat, profond.

Si les lois qui président dans ce monde au développement de l'être physique et au perfectionnement de toutes nos facultés sont les mêmes que dans les autres mondes, et il n'y a aucune raison de penser qu'il en soit autrement, les différences infinies de constitution, de tempérament, d'aptitude, de goût, de moralité, de situation, d'intelligence s'expliquent d'elles-mêmes. Dans le cours de la vie on veut, tant cela semble conforme à la justice, que la situation, ou le rang que nous occupons parmi nos semblables soit mérité ou conquis par notre mérite personnel. On trouve naturel que ce soit aux hommes les plus instruits à enseigner les autres, aux généraux les plus habiles à commander les armées, aux plus méritants à occuper les plus hauts emplois. Pourquoi la situation que nous occupons dès notre entrée dans cette vie et dans celles qui la suivront ne serait-elle pas soumise aux mêmes lois, pourquoi toute faculté, tout défaut, toute qualité ne seraient-ils pas le résultat de faits antérieurs? Pourquoi l'idéal de justice que nous trouvons si naturel pour tout ce qui se passe dans le cours de l'existence ne le serait-il pas pour le passé comme pour l'avenir?

Quant à l'identité, à l'absence supposée dans cette vie des souvenirs de nos existences passées, nous croyons avoir suffisamment répondu aux objections qu'on pourrait faire à ce sujet. Nous n'en dirons ici que quelques mots. On sait que dans la vie actuelle, quantité de souvenirs ont disparu à un moment donné de la mémoire de l'homme;

plusieurs faits ne subsistent que dix ans, vingt ans, d'autres disparaissent complètement dans un intervalle moins long, et pourtant il n'y a point eu là discontinuité de vie, c'est la même existence qu'il y a dix ans, vingt ans, la même où tout ces faits ont eu lieu. Pour les souvenirs au contraire qui se rapportent à nos existences du passé, il y a eu interruption, il y a eu le passage d'un monde à un autre monde, d'une vie à une autre vie, il y a eu la mort entre ces souvenirs et cette vie; ainsi ces souvenirs lointains, qui du reste seraient une entrave pour le présent, ne peuvent être que très vagues.

La théorie de la préexistence des individus peut seule expliquer la vie actuelle. La diversité si nombreuse des conditions ne peut se comprendre que par la variété infinie de la conduite des êtres dans leurs existences passées. Chacun doit récolter ce qu'il a semé, recevoir selon son mérite, ses œuvres. L'homme est un candidat, un aspirant éternel au mieux, à l'idéal ; il s'en va cheminant, à travers les siècles, étudiant au sein des humanités où il vit les programmes que lui propose la destinée; dans ces concours d'où nul n'est exclus, les meilleures places sont offertes aux plus méritants.

La vie actuelle, répétons-le, est le résultat où l'expiation des existences antérieures, ou bien une épreuve, une montée, une initiation aux vies supérieures de l'avenir. Nos renaissances s'imposent, avec une nécessité et une logique non moins inéluctables que nos existences dans le passé. Les infortunes imméritées, les affections brisées, les aspirations et les rêves infinis, les dévouements et les abnégations sublimes, l'impossibilité que la vie de l'homme de génie et celle de la brute, de l'homme de bien et du scélérat, de la victime innocente et du bandit suant le sang se termine de la même manière ou que le dernier résultat soit le même des deux côtés suffisent amplement pour démontrer l'immortalité de l'âme où la persistance de l'homme après la mort.

Pour développer les facultés de votre intelligence et les qualités de votre cœur vous sacrifiez toutes les joies de cette vie, vous renoncez à la gloire, aux plaisirs, à l'ambition, à la fortune, votre charité inépuisable verse à pleines mains autour de vous tout ce que vous possédez, tel autre dédaigne les nobles occupations de l'esprit, poursuit la fortune, vole de plaisir en plaisir, de fête en fête, ne vit que pour lui et on croit à une même fin pour des conduites si différentes ?

Vous avez tout sacrifié au bien-être de vos semblables, tout immolé pour les rendre heureux, et ceux-ci vous ont persécuté jusqu'à votre dernière heure ; les méditations et les profondes études de votre vie vous ont mis sur la voie de quelque grande découverte, encore quelques jours et vous alliez léguer à vos contemporains le résultat de vos travaux, qui pouvaient exercer sur les destinées de l'humanité l'influence la plus salutaire et la plus décisive; vous mourrez et votre œuvre reste inconnue. Tant de génie et de labeurs peuvent-ils être stériles? Se peut-il que les êtres les plus merveilleusement doués par le cœur et l'intelligence aient pendant cinquante ans, quatre-vingts ans semé dans la douleur et dans le champ du progrès tous les trésors de leur riche nature et qu'il n'en naisse rien ? Vous pouvez mourir en mettant la dernière main à une œuvre utile au bonheur des générations : des millions d'inconnus qui n'y auront pris aucune part en recueilleront mille satisfactions, et vous, qui avez créé ce nouvel instrument de bien-être, seriez le seul qui n'en retireriez aucun avantage?

La gloire accompagnant la poussière au tombeau ; la renommée offerte au néant, la reconnaissance et les hommages de la postérité pour l'être disparu, aussi insensible que le marbre destiné à perpétuer son souvenir à travers les âges? Puérils hochets de la vanité humaine, aussi inutiles que les mets les plus exquis à ceux qui ne sont plus.

Ce n'est que dans les dernières années de notre existence que nous possédons la plus grande expérience des hommes et des choses, alors que tout nous semble inutile. Les projets sans fin, les brillantes espérances adoucissent encore les heures sombres du soir de la vie, c'est-à-dire au moment où il faut la quitter. Cette expérience que nous avons acquise au prix de tant de peine, de travail et de douleurs ne nous servirait jamais, elle vient trop tard. Ces aspirations vers l'idéal ne se réaliseraient point, elles viennent hors saison, ce qu'il y a de meilleur en nous serait condamné à ne jamais voir le jour? Les natures vulgaires qui mesurent leur bonheur à la quantité et à la qualité des aliments qu'elles absorbent, aux plaisirs qu'elles goûtent seraient dans le vrai; la destinée la mieux remplie serait celle qui aurait eu le plus de jouissances ou de plaisirs. Les côtés supérieurs de l'homme, la vertu, le génie seraient une duperie?

L'ensemble de la vie, étudiée sous ses divers aspects, conduit aux mêmes conclusions et justifie toutes nos espérances. Toute théorie philosophique de la destinée, basée sur une existence unique et renfermée dans les limites de la naissance et de la mort, ne pourra jamais satisfaire les intelligences d'élite; elle n'a pour elle aucun argument sérieux.

On nous parle des satisfactions que nous retirons du devoir, des peines qui frappent les méchants : ces satisfactions et ces peines sont souvent dérisoires. L'homme de bien peut sacrifier sa vie, sa fortune, ses forces pour la cause de l'humanité et mourir son œuvre à peine terminée, il a été utile à ses semblables, mais lui s'en va sans recueillir la moindre satisfaction personnelle ; sait-il toujours en mourant si ses efforts contribueront au bonheur des hommes? Un criminel adroit peut enfin quitter ce monde sans être inquiété par la justice.

L'homme vigoureux peut donner libre carrière à ses passions sans que sa santé en ressente la moindre atteinte, celui qui est faiblement constitué ne peut se permettre la moindre peccadille sans mettre sa vie en danger. L'envie, la haine, l'hypocrisie, qui ne se traduisent par aucun fait susceptible de tomber sous l'application des lois, restent impunies. Les dévouements modestes et ignorés d'une longue vie ont, pour celui qui les accomplit, le même résultat que les crimes inconnus pour le bandit. Les massacres sans autre motif que le caprice d'un conquérant sont plus souvent glorifiés que flétris. Le contentement qu'on éprouve en faisant le bien et le remords qui poursuit le malfaiteur sont loin de donner une pleine et entière satisfaction à l'idéal de justice qui est en nous; tout le monde sait que plus on s'enfonce dans le crime, dans la passion, moins on est puni par le remords qui, par l'habitude du mal, trouble de moins en moins la conscience et disparaît quelquefois complètement; quant à l'homme simple, bon, honnête, la moindre dérogation à ses devoirs, la faute la plus légère lui causent les plus vifs tourments; une parole un peu sévère dite à un ami lui causera plus de remords qu'un meurtre à un criminel. Il n'existe sur la terre, comme on vient de le voir, aucune sanction réelle aux actes de notre vie.

Que de coupables échappent à la justice des

hommes, que de forfaits impunis, de victimes sacrifiées, de dévouements sans récompenses, de travaux sans résultats, de sacrifices et de sueurs inutiles, de larmes ignorées, de nobles passions étouffées, de vœux stériles, d'espérances trompées, que de justes persécutés, de criminels absous et comblés d'honneurs, que de cantiques de louange pour l'ignominie, que d'humiliations pour la vertu, que de bonheur perdu, que de joies gaspillées, que de sublimes inspirations et d'œuvres de génie utiles au progrès, à la vérité, ne verront jamais le jour faute d'un éditeur ou d'un patronage généreux, que d'inepties ordurières, d'élucubrations triviales qui gâtent le cœur et l'esprit des foules que le succès élève aux nues; que de laquais, d'équipages, d'or, de satin, de diamants, pour la femme qui foule aux pieds la vertu, quelle étroite mansarde, que de gêne, quelle pauvre mise, pour l'humble ouvrière, quel maigre repas après dix-huit heures de travail, que de millions jetés dans d'immondes débauches, que de lèvres blêmes, de vierges tombées, de suicides déguisés faute d'un morceau de pain! Si l'existence datait de notre terre, si notre premier éveil à la vie avait eu lieu ici-bas, et si notre dernier souffle perdu dans le néant éternel devait clore à jamais le cycle de notre destinée, le hasard, l'habileté, la ruse, le mal, le désordre, la force seraient les vrais dieux qui président aux destinées de l'homme; et pour observer les lois de la logique, on devrait élever des autels au hasard, faisant souvent plus et mieux pour le succès que les plus profondes conceptions de l'intelligence et les plus durs travaux ; à la ruse, au mal, à l'hypocrisie, plus utiles dans bien des cas que la franchise et le bien ; à la force enfin bâillonnant la justice, terrassant le droit.

Par ses lectures, ses méditations des grandes œuvres de l'esprit humain, le penseur vit dans un monde tellement supérieur à celui avec lequel l'inflexible nécessité l'oblige de passer sa vie, qu'il a peu de chance de réussir dans une société où le succès appartient presque toujours à quiconque est « médiocre et rampant ». Heureux, pour les succès de ce monde, celui dont l'idéal intellectuel ne dépasse point les vulgarités de la vie, le savoir-faire dans les choses banales lui permet de réussir où l'homme de génie échoue, le regard de celui-ci plane si haut qu'il dépasse toujours le but, son amour des vérités supérieures lui inspire le dégoût des questions triviales et futiles du terre-à-terre.

Si la libre et pleine satisfaction de nos besoins matériels est tout, si être un boyau toujours fonctionnant, un estomac bien rempli constitue l'état le plus parfait de cette vie, le porc peut nous servir de guide ; une poignée de glands, du son, un peu d'eau et le voilà au comble de ses vœux, son désir ne s'élève pas plus haut : comme un philosophe utilitaire ou un moraliste pratique, il reste insensible à toutes les tortures du monde moral et étranger à tous les soucis de l'intelligence. Si cette vie est tout, si rien n'existe après, le but suprême de l'homme doit être le bonheur de l'animal dans sa courte vie, lui qui est si facilement heureux et à si peu de frais doit être l'idéal de tous, et plus on se rapprochera de lui par sa manière de vivre, plus on sera près de la perfection. Alors la plus grande ignorance devient la plus grande sagesse, et le génie la plus ridicule folie, le sentiment une chose insensée, l'égoïsme une chose enviable; toutes les tendances de l'humanité étrangères au boire, au manger, à la volupté sont d'extravagantes bévues; tous les élans vers le bien, toute bonne action, tout effort pour épurer son cœur, agrandir son intelligence sont des duperies. Pourtant l'oubli le plus profond pour la mémoire de ceux qui ont ainsi compris la vie, la glorification éternelle des poètes, des savants, etc., prouvent qu'il y a dans l'humanité quelque chose de supérieur à ses jouissances matérielles.

Si pendant quelques minutes, l'enfant pouvait avoir, dans le sein de sa mère, le pressentiment de son avenir, et s'il lui était donné de traduire sa pensée, ne dirait-il pas : J'ai ici dans ma vie actuelle des yeux dont je ne fais aucun usage, des mains qui me sont inutiles, des jambes et aucun espace pour me mouvoir, un cœur et rien à aimer ou à haïr, un cerveau sans emploi; je possède des sens et des organes dont je n'ai actuellement nul besoin ; mais bientôt ces sens et ces organes me seront nécessaires, j'aurai besoin de tout cela dans la vie nouvelle qui suivra celle-ci.

Ce que l'enfant, dans le sein de sa mère, pourrait dire pour sa future vie, pour celle qu'il connaîtra plus tard, pourquoi ne pourrions-nous pas le dire de nos existences à venir? Pourquoi les facultés, que dans nos plus sublimes élans vers l'infini, nous sentons en nous et qui sont actuellement sans emploi, nous auraient-elles été accordées pour ne jamais nous servir? Pourquoi les pressentiments de l'embryon seraient-ils vrais et ceux de l'homme faux? Ce que l'enfant pressent dans sa vie inférieure n'est pas plus vrai que ce que l'homme espère dans le développement de ses facultés.

Si enfin l'âme est immortelle, si elle revit, si l'être persiste après la mort pour recueillir le fruit de ses œuvres, si chacun de nous doit être récompensé ou puni selon le bien ou le mal qu'il aura fait ; il faut bien absolument admettre l'existence d'un juge supérieur aux hommes. Pour que chacun reçoive ce qui lui est dû, pour rendre une décision sûre dans des causes si nombreuses et si délicates, pour rassembler tous les faits, recueillir les détails infinis de chaque vie, les apprécier à leur valeur précise, il faut évidemment qu'il possède un jugement infaillible et un pouvoir illimité afin d'assurer l'exécution de ses décisions.

II

ÉNIGMES DE LA VIE. — CAUSE ET ORIGINE DE LA MORT. — IMMORTALITÉ PHYSIQUE DANS LA NATURE ORGANIQUE. — LA SCIENCE, LE SENTIMENT. — RÊVES. — REGRETS ET ASPIRATIONS.

> Tout ce qui vit ici-bas doit mourir, c'est la loi terrestre, mais tout ce qui meurt sur la terre, revit dans les cieux, c'est la loi divine.

Nous ne connaîtrons peut-être jamais ici-bas l'énigme de la vie et de l'infini et pourtant notre pensée inquiète poursuit cette énigme de toutes les puissances de son insatiable curiosité.

L'existence de la matière dans l'univers constitue à elle seule un problème insoluble et ce n'est pas le seul. Comment cette matière brute s'est-elle transformée en substance vivante? La science nous dit que la matière vivante résulte de la combinaison d'un certain nombre d'atomes d'oxygène, d'hydrogène, d'azote et de carbone, très bien, mais comment ces principes essentiels de la vie se sont-ils associés pour former un organisme animé et comment sont nés dans cet organisme le sentiment, l'intelligence, la conscience, etc.? On parle d'atomes, mais on ne les a jamais vus, jamais les plus patients observateurs n'ont pu distinguer dans l'eau, par exemple, les atomes de l'oxygène ou de l'hydrogène; ces éléments, enfin, sont-ils les mêmes dans tous les corps et dans toutes les conditions? Dans les muscles, ils font mouvoir ceux-ci et dans le cerveau ils le font penser, dans le cœur ils font battre cet organe; nous ignorons du reste ce que c'est qu'une combinaison. On voit donc que lorsqu'on prête à la matière les propriétés nécessaires pour créer la vie sur les planètes on fait une hypothèse de pure fantaisie, ne reposant sur aucune donnée positive. Tous les êtres vivants peuvent dériver d'une première cellule, mais qui a créé cette première cellule?

Si l'origine ou l'explication de la vie est impénétrable, l'origine et la cause de la mort ne sont pas moins mystérieuses.

Pourquoi mourons-nous? La vie n'aurait-elle pas pu s'éterniser dans un certain nombre d'individus, toujours les mêmes au lieu de se transmettre d'un individu à un autre? Les soins infinis de l'instruction, de l'éducation, les regrets pour ceux que nous perdons n'auraient pas existé; la génération eût été inutile, l'enfance et la jeunesse eussent été inconnues; un état de choses tout différent du nôtre eût existé sur la terre. Des transformations organiques seraient devenues nécessaires pour nous permettre de passer d'un monde à un autre. Ce globe si imparfait n'eût pas suffi à nos aspirations ; qui se fût résigné à y vivre à jamais ? Du reste, il doit disparaître un jour, la destinée définitive de l'humanité ne pouvait s'y accomplir et si la mort est la condition inéluctable de notre montée vers les vies supérieures de l'infini, nous devons la bénir comme tout ce qui nous élève au-dessus de nous-mêmes et non la maudire.

Quoi qu'il en soit, nous devons constater que quand nous nous demandons quelle est la cause de la mort, il nous est impossible de la découvrir et qu'il n'y a aucune raison scientifique qui puisse expliquer pourquoi l'on meurt.

Elle ne peut pas être une nécessité de la création, une loi imposée à toute existence par la puissance qui a créé la vie, mais il se peut qu'elle soit la condition transitoire ou définitive des planètes inférieures. Cette condition néanmoins n'est pas absolue, car il y a dans la nature des êtres qui ne meurent jamais, qui sont physiquement immortels. Les *protozoaires* ne meurent pas, ils ne cessent d'exister que par accident ; une *monère* se sépare en deux parties formant deux individus complets qui vivent séparément qui à leur tour se divisent à l'infini sans qu'il y ait jamais de cadavres. Chez les infusoires et même chez les mammifères, la vie peut être suspendue pendant des mois, des années. Les fakirs de l'Inde, par un entraînement gradué, parviennent à se plonger dans des catalepsies de longue durée.

A l'origine de la vie, celle-ci disparaissait peut-être de temps en temps des planètes, il pouvait y avoir des interruptions dans la chaîne des vivants. L'individu résumant l'histoire du passé et pouvant produire un arrêt dans sa vitalité, il est probable que la vie n'a existé d'une manière continue, permanente sur la terre que depuis le jour où on a pu la transmettre à un individu semblable à soi.

Pourquoi la nourriture qui pendant de longues années répare si facilement nos forces épuisées, ne maintient-elle pas toujours le corps en bon état ? L'animal ayant, comme la plante, la faculté de décomposer l'acide carbonique, c'est-à-dire mettre en liberté ses éléments constitutifs, de s'approprier le carbone et d'en faire de la chair vivante, pourquoi l'homme qui a fait ce prodige de créer de la vie en lui, des muscles, des os, des nerfs, etc., ne peut-il pas faire une chose infiniment plus simple, maintenir en bon état les énergies créées ? Comment ces millions de cellules qui ont créé une individualité pensante abdiquent-elles quand l'ennemi se présente pour anéantir leur œuvre ? Pourquoi au sommet du monde organique le moindre souffle détruit-il la vie, pourquoi aux degrés inférieurs l'immortalité matérielle ?

On se demandera éternellement : Qu'y avait-il et qu'étions-nous avant notre naissance, qu'y aura-t-il et que serons-nous après la mort ? Qu'existe-t-il au delà des merveilles que nos regards découvrent dans les champs de l'immensité, derrière ce ciel bleu et ces soleils lointains ? D'où venons-nous, qui nous a créés ainsi que tout ce qui existe ?

Le philosophe demande aux conceptions abstraites, aux formules métaphysiques, la réponse à tant de questions troublantes ; le savant la cherche dans les merveilles et dans les harmonies de l'infini, dans la contemplation de l'univers, dans l'étude de la nature, dans l'organisation des êtres, dans leur savante structure anatomique. Le dieu inconnu ne semble-t-il pas en effet avoir consigné les preuves les plus décisives de son existence dans le livre éternellement ouvert de la création et dans une langue accessible à tous les esprits ? Les religions ou les philosophies ont-elles jamais parlé au cœur de l'homme avec une éloquence comparable à celle que nous présente l'étude de l'univers et de la vie ? Est-il un cantique des hommes qui ait célébré la divinité comme le cortège majestueux de soleils, de planètes et de satellites qui planent dans l'immensité et qui obéissent si docilement à ses lois ? Les plus savantes abstractions de la métaphysique ont-elles jamais glorifié le Dieu de nos espérances avec des accents aussi persuasifs que les merveilles de la nature ? La vie dans sa plus haute expression, le plus imperceptible insecte perdu dans sa goutte de rosée comme dans un vaste monde, ne sont-ils pas des démonstrations vivantes du principe mystérieux que la terre adore avec les autres humanités vivant sur les astres?

D'autres enfin la demandent au sentiment, à la poésie du cœur, et voilà pourquoi le songeur fuit les foules bruyantes, s'en va dans les bois, s'assied au bord des ruisseaux et là, sous de riants ombrages, au milieu des décors changeants, des perspectives éblouissantes, il écoute les bruits, les murmures et son âme s'emplit de douces harmonies qui la bercent mollement sur les nuages d'or de la rêverie.

Dans les lointains indécis, dans les éclaircies faites d'ombre et de lumière, il regarde pensif l'enfant qui joue sous les yeux des époux ravis; les amants enlacés, comme Roméo et Juliette sur le balcon de Vérone; couples heureux qui passent devant le songeur comme une vision de la joie et de la jeunesse éternelles, comme un gai reflet du printemps, âmes en fleurs dont les émotions naissantes édénisent le matin de la vie! Oh! qui n'a senti ces joies sans regretter leur fugitive durée? Mais la nature entière crie à celui qui lui demande le mystère de son destin qu'il retrouvera ces extases de la terre sur d'autres mondes, embellies par mille attraits inconnus. Alors le front de l'inspiré s'illumine de subites lueurs, puis il improvise ses chants au milieu de ses collaborateurs désintéressés, les petits oiseaux jaseurs aux folles chansonnettes, les petites fleurs à l'innocent parfum, les grands arbres silencieux à l'aspect vénérable; et c'est ainsi que l'âme du penseur, dilatée par les impressions du monde extérieur, par les mélancolies, les idylles ou les élégies de la vie qui charment ou font saigner son cœur, reçoit de l'infini la grande révélation de l'avenir.

Quelles perspectives étranges et inattendues ouvrent au monde moderne les découvertes récentes des savants sur le somnambulisme naturel, spontané ou provoqué, sur l'hypnotisme, la léthargie, la catalepsie ? Nous savons aujourd'hui que ces divers états sont des états pathologiques où n'intervient ni le merveilleux ni le surnaturel, mais qui n'en révèlent pas moins l'un des côtés les plus mystérieux de la nature humaine. Ces découvertes si graves au point de vue social et philosophique et qui sont appelées à rendre d'incalculables services à l'art de guérir, nous permettent enfin d'expliquer et de reproduire à peu près tous les prétendus miracles de l'antiquité et des âges suivants.

Les expériences de M. Charcot, les phénomènes provoqués par le docteur Luys sur une jeune fille mise en état de somnambulisme, de catalepsie, etc., jettent un jour tout nouveau sur la sorcellerie et les prodiges imaginaires du passé.

Un tube scellé, renfermant une petite quantité d'ipéca est placé sur le cou de la jeune fille, aussitôt celle-ci manifeste l'envie de vomir; on remplace ce tube par un flacon de morphine et la voilà qui semble plongée dans un profond sommeil. On étend son bras droit en lui fermant le poing et en inclinant légèrement sa tête à droite, c'est l'attitude de la menace, alors ses yeux s'ouvrent menaçants, ses lèvres se contractent, la physionomie exprime la plus violente colère. On lui relève la tête en plaçant sa main droite près de sa bouche, comme on fait pour envoyer un baiser, tout à coup elle devient gaie et sourit gracieusement à l'assistance en lui envoyant des baisers. Enfin le docteur Luys met dans le cou de la patiente, toujours endormie, un flacon de haschisch, l'effet est instantané. S'adressant à quelqu'un qui se trouve en face d'elle, elle lui dit: Comment vas-tu? Viens que je t'embrasse, mon chéri. Celui-ci restant insensible à ses avances; elle s'adresse à un autre spectateur en lui disant: Viens, veux-tu? tu feras Pippo, moi, je chanterai les couplets de Bettina, et sans attendre la réponse elle se met à chanter:

> Un baiser, c'est bien douce chose,
> Tu le sais, sur leur lèvre rose,
> C'est avec cela que les mamans
> Consolent les petits enfants!
> Dans tous les...

Le flacon ayant été enlevé, la voix s'arrête; on le rapproche et la jeune fille chante la suite :

>...pays de la terre,
>Est-il rien qui soit plus charmant?
>Baiser de sœur..,

On éloigne le flacon et la voix s'affaiblit et murmure doucement :

>...Baiser de mère.
>Baiser d'époux, baiser d'amant.

On rapproche le flacon et alors la voix reprend, sonore, émue, vibrante :

>Baiser d'époux, baiser d'amant,
>Cela veut dire que l'on s'aime,
>C'est le premier...

La voix s'arrête, on devine que le flacon de haschisch vient d'être enlevé. On réveille alors la jeune fille qui, étonnée et confuse, regarde les spectateurs, en se frottant les yeux.

Ces phénomènes n'ont point lieu dans le secret du huis clos, devant quelques témoins complaisants, intéressés, simples ou ignorants, comme les miracles d'autrefois; mais au grand jour, dans de vastes amphithéâtres, remplis de savants, de sceptiques, etc.

Parfois ce sont les songes ailés qui évoquent pendant notre sommeil de magiques apparitions, de souriantes images. Qui n'a eu de ces rêves étranges où on se voit agir, parler à des distances considérables du lieu où on se trouve et où on croit faire des choses si étonnantes qui, éveillés, causent une si vive surprise?

Tous ces faits, tous ces phénomènes, nous donnent la certitude qu'il existe en nous, à l'état latent, des facultés mystérieuses qui ne peuvent pas nous avoir été données pour ne jamais nous servir. N'est-il pas naturel d'admettre qu'elles sont mises en réserve pour l'avenir, comme certaines facultés de l'embryon qui ne lui servent que lorsqu'il vit de notre vie.

La vie actuelle n'est donc qu'une manière transitoire et incomplète de manifester notre véritable individualité, un mode d'exister approprié à la planète que nous habitons.

Nature terrible et voilée, aux troublantes énigmes, brûlant foyer d'amour et de vie, saint labeur de l'intelligence, sanglots du génie insulté, crimes comblés d'or et d'encens, virginité du cœur, amour désintéressé des choses de l'esprit, timide vertu, humble devoir opprimés et délaissés dans votre indigence, qui pourrait attester comme vous notre immortalité et nous donner avec autant de certitude l'idée que la mort n'est qu'une des étapes de l'odyssée humaine qui se déroule à travers les mondes et l'éternité!

Oh! vous tous qui pleurez la perte d'un être béni

dont la grâce, la beauté, la jeunesse épanouie, le doux et chaste sourire, furent l'enchantement de votre existence et la fête de votre vie ; avez-vous pu voir disparaître dans la mort tant d'êtres adorés sans conserver l'indestructible espérance de les revoir un jour ? Je ne m'adresse point à la foule indifférente qui, le premier amour disparu, s'en console par d'autres, et oublie si facilement l'objet des premiers enchantements célestes qui repose inanimé au fond de son sépulcre, bien que son esprit appartienne toujours à ce monde. On envie ces heureux qui peuvent ensevelir de tels souvenirs dans un éternel oubli, mais on frémit en voyant avec quel sans gêne et quelle prodigalité ils usent des corps de femmes et gaspillent tant de cœurs aimants de jeunes filles.

Bien qu'une réalité de ce monde, j'ai toujours considéré les enfants et les jeunes filles comme un rêve du ciel, comme une vision anticipée des mondes supérieurs. Voyez les enfants, les petites filles surtout, quoi de plus gracieux que ce petit peuple, blond et rose, ouvrant comme de jolis oiseaux du paradis leurs petites ailes à toutes les joies de l'existence. Et la fillette, cette fraîche vision de la vie qui possède tous les attraits de l'enfance et toutes les séductions de la jeunesse, et qui est pour le cœur et pour les yeux comme les premières ivresses du printemps et les premiers baisers de l'amour dans son aube enchantée, quel songe de l'imagination nous présenta jamais un être aussi captivant. Dans l'épanouissement complet et harmonique des dons de son intelligence et de son cœur, la jeune fille est la grâce et le sourire du monde sous la forme la plus belle et la plus expressive qui ait jamais été adorée dans aucun temps et chez aucun peuple.

Aussi quel deuil dans les âmes quand le vent de la mort emporte tant de fleurs charmantes à peine écloses ; quel vide dans la famille et dans le cœur au départ de ces êtres sacrés ? Ah ! du moins quel que soit, pour les indifférents, le sort réservé à vos pures et jeunes mémoires, votre souvenir restera éternellement cher aux âmes sensibles qui vous survivront ici-bas et le lieu où reposera votre cendre virginale sera un lieu béni où on viendra demander à Dieu de vous faire un doux nid d'amour, de paix et de bonheur au sein des mondes privilégiés où les vierges de la terre sont sœurs des vierges du ciel, et les enfants les petits amis des chérubins.

Hier la joie vivante, aujourd'hui le départ, mais demain le réveil sur une autre terre. Nous savons que vous ne nous quittez point pour toujours, ombres si chères à nos âmes éperdues et que lorsque, en emportant le dernier baiser de la terre, vous dites : Adieu, l'ange de l'espérance penché sur vos fronts dit : Au revoir ! Ainsi donc au revoir, enfants de notre amour, au revoir, nos sœurs et nos amantes. Le temps et le lieu où nous nous reverrons sont inconnus ; mais, quoi qu'il arrive, nous nous retrouverons tous à ce suprême rendez-vous donné au delà de la vie. Allez donc en paix vers l'éternité mystérieuse, vers les félicités inéprouvées et puisque c'est du sein de la mort que doit jaillir l'immortelle et divine étincelle de la vie, que nos bénédictions et nos vœux vous accompagnent dans ce sombre défilé. A cette nuit d'épouvante ont déjà succédé les visions radieuses de l'immensité. Vous avez vaincu la mort, extase de nos yeux, joie de notre cœur, ravissement de notre vie ; vous voltigez d'astre en astre, dans le firmament joyeux, et vous assistez aux fêtes des étoiles !

Dans quel lieu de l'infini revis-tu, douce amie des belles années ? O toi, morte à seize ans, dans ce beau mois des fleurs où tout chante et sourit dans la nature entière et où l'ivresse de la vie déborde des cœurs aimants comme une liqueur généreuse d'un vase trop plein. Printemps joyeux de la vie, pourquoi s'en aller chez les morts, quand le printemps de la nature revient chez les vivants ?

Sois bénie, enfant, dans tout ce que tu as aimé dans ce monde ; sois bénie, jeune fille, dans les joies et dans les tristesses de ton passé, sois bénie, chaste fleur, cueillie dans ton riant matin. Amour, illusions envolées, rires heureux, jeunesse, beauté, douces choses qui flottent un instant sur nos lèvres en feu, qui pourrait nous consoler sur la terre de votre perte éternelle !

O sainte poésie, tu as fait descendre, dans le ciel de nos rêves, bien des anges d'amour et de beauté ; devant notre jeunesse éblouie, tu as fait passer de suaves, d'ineffables visions, mais rien n'a pu ternir en nous la douce et chère image de l'être charmant qui vit dans notre pensée et à qui le ciel avait oublié de donner des ailes.

Pour prix ou pour sanction de ses luttes, de ses efforts, de ses vertus comme de ses crimes, le matérialisme offre à l'homme le néant ou l'absence de toute manifestation consciente de l'existence après la mort ; il réserve aux justes, aux savants, aux bienfaiteurs des peuples la même fin qu'aux criminels, aux ineptes et aux tyrans. Nul encouragement pour le bien, nulle crainte pour le mal. Notre théorie philosophique de la destinée est infiniment plus morale et plus consolante, elle accorde à chacun selon son mérite ou son démérite, pour prix de nos efforts, elle nous offre l'accroissement indéfini de nos facultés, de notre bien-être physique, intellectuel et moral ; elle promet la continuité de la vie humaine afin que toute espérance se réalise et qu'aucune aspiration ne soit étouffée. Mais un jour, me dira-t-on, nous serons tous des dieux ? Non. Si la vie terrestre durait toujours, nous pourrions nous diriger vers un point quelconque de l'univers sans jamais trouver de limites marquant les confins de la création et sans pouvoir épuiser la durée des éternités, puisque le temps et l'univers sont infinis. Eh bien, la perfection elle aussi est infinie. Si inaccessible que puisse paraître l'idéal de l'humanité actuelle, il pourra être réalisé, dépassé sans que nous puissions jamais atteindre aux limites suprêmes de l'absolu. Oui, pour nous tous, il y aura dans notre vie, un jour dont nous ne verrons pas le soir, une nuit dont nous ne verrons pas le matin, une heure où nos yeux cesseront de voir tout ce que nous aurons aimé et adoré ici-bas et où il faudra dire adieu au monde des vivants, à ses joies, à ses tristesses. Mais tout ne sera pas fini, lorsque sonnera cette dernière heure; des abîmes de la mort et du fond du sépulcre, nous nous réveillerons dans les énergies puissantes de la nature pour nous élancer de nouveau dans le champ de nos espérances et, portés sur le fleuve de vie, nous continuerons notre destinée immortelle sous d'autres cieux.

L'idylle suave et fraîche au matin, l'élégie sombre et glacée au soir de la vie. D'abord les yeux innocents de l'enfance ingénue, ses pures joies, ses étonnements naïfs, ses espiègleries, ses gentillesses, ses mutineries adorables qui laissent voir le sourire de l'ange sous les révoltes de l'enfant. Puis la jeunesse radieuse, avec ses lèvres roses, ses joues vermeilles, ses cheveux noirs et abondants, ses dents blanches, ses yeux vifs, ses expansions généreuses, ses vivantes énergies, et, au-dessus de tout, ses illusions charmantes, ses rêves splendides et étoilés, ses enthousiasmes, ses ivresses et ses extases aux heures bénies de la vie où la nature veut que le cœur aime et s'épanouisse comme une fleur divine dans la joie universelle des êtres. Oh! qui que vous soyez, vous rappelez-vous ce temps, vous souvenez-vous de tel lieu parcouru avec l'être qu'on ne nomme pas? Si dure qu'ait été votre destinée, qui de vous n'a connu, alors, les rêves éthérés des poètes et balbutié, de ses lèvres émues, les mélopées brûlantes de l'imagination? Viennent ensuite la virilité puissante, la lutte pour la vie, les œuvres fécondes, la fortune, la gloire pour les plus heureux ; la compagne qui marche de front aux rudes labeurs, encourage, soutient, fait de ses sourires et de ses caresses des talismans enchantés qui font l'époux victorieux dans les combats de la destinée, la famille, les enfants qui, comme de petits exilés du paradis, le font revivre au foyer. Enfin la vieillesse souffreteuse, cassée, ridée, sans cheveux, sans dents, les mains tremblantes, les pieds chancelants, désenchantée, le cœur mort, les yeux éteints, tournant mélancoliquement ses regards vers le passé; les maladies, les regrets, les espérances trompées, l'isolement, la mort sombre et désolée avant le lever du rideau sur les scènes mystérieuses d'une autre vie. L'être invisible et insaisissable qui pense, aime et souffre en nous, et qui confond notre destinée avec ce qu'il y a de plus grand et de plus sublime dans la nature vivante, s'assimile sur chacun des mondes où il vit les éléments divers qui s'harmonisent avec sa nature, puis, chargé de son butin précieux, l'immortel voyageur s'envole d'astre en astre à travers le temps et l'infini.

Le terme de son pèlerinage se dérobe sans cesse à sa poursuite, car il a pour limites l'éternité dans le temps et l'infini dans l'espace. Dans ce voyage qui plonge si loin dans le passé et qui ne finira jamais, que d'incidents pour celui qui le fait!

S'il n'a adoré ici-bas que les idoles de boue et de chair, dégradé sa raison, étouffé le sentiment du devoir par le crime, il s'en va l'âme chargée d'une responsabilité terrible, brisée, anéantie et poursuivie de spectres affreux; mais, s'il a compris la haute vocation de sa vie, si le sentiment du bien a inspiré tous ses actes, si de nobles études lui ont révélé les splendeurs de l'intelligence, il s'en va escorté de visions souriantes et emporte de la terre de mélancoliques regrets et de sublimes espérances, des impressions grandioses et d'éblouissantes images!

TABLE

LIVRE PREMIER

DESTINÉE EXTRA-TERRESTRE DE L'HUMANITÉ.

I.	— Évolution des idées. — Insuffisance des croyances religieuses du passé. — Religion de l'avenir	7
II.	— Misères et splendeurs de la destinée	11
III.	— L'âme et le corps au sein du temps et de l'espace. — Nécessité d'une variété infinie d'existences	17
IV.	— Hypothèse et réfutation d'une existence ou d'une épreuve unique	23
V.	— Contradictions de la vie présente. — Extension de nos facultés dans l'avenir	28
VI.	— Succès et déceptions de l'existence. — La vie au point de vue du matérialisme et du spiritualisme.	34
VII.	— Vide de la vie sans l'action et le devoir	42

LIVRE II

DE LA PRÉEXISTENCE DE L'HOMME.

I.	— L'homme avant sa naissance. — Pluralité des existences de l'âme dans les premiers siècles du christianisme. — Origine des idées. — Genèse de nos connaissances	51
II.	— La justice divine et la diversité des conditions. — Des facultés extraordinaires au début de la vie.	59
III.	— L'identité	68

IV. — Sympathies et antipathies sans motif connu, explication. — Préexistence de l'enfant à l'union des parents. — Marche ascendante de l'âme humaine.   72

LIVRE III

RENAISSANCE DE L'HOMME OU IMMORTALITÉ DE L'AME.

I. — Vaut-il mieux vivre avec l'espérance de renaître qu'avec la conviction que tout finit à la mort?..   81
II. — Distinction du corps et de l'âme. — Influence réciproque du physique et du moral. — Persistance de l'être..   87
III. — La terre, au centre de laquelle certaines religions ont placé l'enfer, ainsi que la planète assignée aux élus devant disparaître un jour, l'enfer et le paradis chrétiens ne peuvent être éternels. — Opinions diverses sur l'immortalité de l'âme...   98
IV. — Tout ce que l'homme acquiert dans une existence l'accompagne dans celles qui la suivent.......   114

LIVRE IV

LE BIEN ET LE MAL SUR LA TERRE IMPLIQUENT DES EXISTENCES DIFFÉRENTES, ANTÉRIEURES ET ULTÉRIEURES A CELLE-CI.

I. — L'existence du bien et du mal sur la terre ne s'explique qu'en admettant que l'homme a vécu avant cette vie et qu'il continuera à vivre après.   125
II. — Même sujet. — Le bien, mobiles divers. — Conclusion..   137

LIVRE V

LES DIVERSES ACTIONS DES HOMMES ET LES SANCTIONS DE LA LOI MORALE SUR LA TERRE.

I. — Sanction de la loi morale sur la terre............   161
II. — Définition du bien et du mal. — Chaque peuple peut professer plusieurs religions, mais il lui faut une morale unique........................   164
III. — Insuffisance des diverses sanctions............   174

IV. — La vie vaut-elle la peine de vivre? Y a-t-il beaucoup de gens qui voudraient la recommencer? 189

LIVRE VI

DIEU. — LA MATIÈRE ET LA CRÉATION.

I. — Cause première des choses et des êtres, la matière et la vie. — Multiplicité des dieux. — L'infaillibilité et la science. — Hypothèse d'un dieu méchant................................. 199
II. — Problème du mal. — Liberté de l'homme. — Bonté et prescience de Dieu...................... 210
III. — La matière et les merveilles de la création....... 215

LIVRE VII

LA VIE FUTURE D'APRÈS LES GRANDES RELIGIONS DE L'HUMANITÉ.

I. — Les châtiments et les récompenses de la vie future d'après les grandes religions de l'humanité..... 235
II. — L'Inde............................... 239
III. — L'Égypte............................ 244
IV. — La Perse............................ 247
V. — Les Juifs............................ 251
VI. — La Grèce............................ 256
VII. — Rome............................... 266
VIII. — Le Bouddhisme....................... 279
IX. — Le Christianisme...................... 281
X. — L'Islam.............................. 308

LIVRE VIII

JUGEMENTS DIVERS SUR LA VIE.

I. — La vie jugée par les grands génies de tous les temps.............................. 315
II. — (Suite).............................. 319
III. — Le suicide........................... 356

LIVRE IX

ASPIRATIONS DE L'HUMANITÉ

I. — L'immobilité des religions est inconciliable avec

la continuité du progrès. — Explication des iné-
galités physique, intellectuelle et morale....... 369
II. — Énigmes de la vie. — Cause et origine de la mort.
Immortalité physique dans la nature organique.
— La science, le sentiment. — Rêves, regrets
et aspirations............................... 385

CORBEIL. — Imprimerie CRÉTÉ.

Publications de la Librairie Académique PERRIN & C¹ᵉ

COUSIN (Victor). — * **Premiers essais de Philosophie** (Cours de 1815). 6ᵉ édition. 1 volume in-12............ 3 fr. 50

— * **Histoire générale de la Philosophie**, depuis les temps les plus anciens jusqu'au xixᵉ siècle. 11ᵉ édition définitive, avec les dernières notes de l'auteur, augmentée d'un chapitre inédit sur la *Philosophie religieuse* et accompagnée d'une table analytique dressée par M. J. Barthélemy Saint-Hilaire. 1 fort volume in-12... 5 fr.

— * **Philosophie de Locke** (Cours de 1830). 6ᵉ édition. 1 vol. in-12....................................... 3 fr. 50

FERRAZ. — **Histoire de la Philosophie en France au XIXᵉ siècle.** (*Ouvrage couronné par l'Académie française.*) 2ᵉ édition. 3 volumes in-12............................. 12 fr.

1ʳᵉ partie : *Socialisme, naturalisme et positivisme.* 1 vol. 4 fr.

2ᵉ partie : *Traditionalisme et ultramontanisme :* J. de Maistre, de Bonald, Lamennais, Ballanche, Bautain, Gratry, etc. 1 vol................................ 4 fr.

3ᵉ partie : *Spiritualisme et libéralisme :* Madame de Staël, Laromiguière, Maine de Biran, Ampère, Royer-Collard, De Gérando, Victor Cousin, Théodore Jouffroy, Guizot, Charles de Rémusat, Adolphe Garnier et Émile Saisset. Développements du spiritualisme. 1 vol. in-12. 4 fr.

PEZZANI (A.). — **Novissima verba** ou Dernières pensées d'un philosophe. 1 brochure in-12................. 1 fr.

— **Prophétie sur l'Italie** et l'état futur de l'Église, imprimée en 1854 avec une introduction et des notes. 1 brochure in-12..................................... 25 c.

— **Saint Jean-Baptiste.** 1 brochure in-12............ 50 c.

— **La Philosophie de l'Avenir.** Brochure in-12...... 60 c.

— **Une Philosophie nouvelle.** Ce qu'elle doit être devant la science. 1 vol. in-12............................. 2 fr.

PIOGER (Abbé). — **Le Dogme chrétien et la Pluralité des mondes habités.** 1 volume in-12 avec planches...... 4 fr.

www.ingramcontent.com/pod-product-compliance
Lightning Source LLC
Chambersburg PA
CBHW052125230426
43671CB00009B/1126